Europarechtliche Einflüsse auf das nationale Steuerermittlungsverfahren

Europäische Hochschulschriften

European University Studies

Publications Universitaires Européennes

Reihe II	**Rechtswissenschaft**
Series II	Law
Série II	Droit

Band/Volume **5970**

Florian Armbruster

Europarechtliche Einflüsse auf das nationale Steuerermittlungsverfahren

PL ACADEMIC RESEARCH

Bibliografische Information der Deutschen Nationalbibliothek
Die Deutsche Nationalbibliothek verzeichnet diese Publikation in der Deutschen Nationalbibliografie; detaillierte bibliografische Daten sind im Internet über http://dnb.d-nb.de abrufbar.

Zugl.: Heidelberg, Univ., Diss., 2017

D 16
ISSN 0531-7312
ISBN 978-3-631-73845-0 (Print)
E-ISBN 978-3-631-73865-8 (E-PDF)
E-ISBN 978-3-631-73866-5 (EPUB)
E-ISBN 978-3-631-73867-2 (MOBI)
DOI 10.3726/b12592

PL Academic Research ist ein Imprint der Peter Lang GmbH.
Peter Lang – Frankfurt am Main · Bern · Bruxelles · New York · Oxford · Warszawa · Wien

Diese Publikation wurde begutachtet.

www.peterlang.com

Meinen Eltern
und Sabrina

Vorwort

Diese Arbeit wurde im Wintersemester 2016/2017 von der Juristischen Fakultät der Ruprecht-Karls-Universität Heidelberg als Dissertation angenommen. Rechtsprechung und Literatur sind bis Mitte 2017 berücksichtigt.

Ich danke vor allem meinem Doktorvater Herrn Prof. Dr. Dres. h.c. Paul Kirchhof, Richter am Bundesverfassungsgericht a.D., für die Freiheit, die er mir bei Themenwahl und Ausarbeitung ließ. Seine wertvollen Anregungen wusste ich sehr zu schätzen. Bereits während meiner Tätigkeit am Institut für Finanz- und Steuerrecht der Ruprecht-Karls-Universität Heidelberg sowie bei der Forschungsstelle Bundessteuergesetzbuch unter seiner Leitung gab er mir die Möglichkeit, mein Wissen und meine Erfahrungen zu erweitern. Herrn Prof. Dr. Hanno Kube, LL.M. (Cornell) danke ich für die zügige Erstellung des Zweitgutachtens.

Mein herzlicher Dank gilt schließlich meinen Eltern Brigitte und Trudpert Armbruster sowie meiner Frau Sabrina, deren grenzenloser Unterstützung ich mir in sämtlichen Belangen stets sicher sein konnte. Ohne deren Rückhalt, Förderung und Zuspruch wäre diese Arbeit nicht möglich gewesen.

Heidelberg, im August 2017 — Florian Armbruster

Inhaltsverzeichnis

A. Einführung 15

I. Überblick 15

II. Zielsetzung der Arbeit 18

B. Grundprinzipien des nationalen Steuerermittlungsverfahrens 19

I. Das Ermittlungsverfahren als Teil des Besteuerungsverfahrens 19

II. Rechtsstaatlicher Auftrag der Finanzbehörden 20

III. Grundsätze der Gesetzmäßigkeit und Gleichmäßigkeit der Besteuerung 21

1. Gesetzmäßigkeit der Besteuerung 21

2. Gleichmäßigkeit der Besteuerung 23

IV. Der Untersuchungsgrundsatz des § 88 AO 25

1. Allgemeines 25

2. Inhalt und Grenzen des Untersuchungsgrundsatzes 27

a) Art und Umfang der Sachverhaltsermittlung 27

b) Die Mitwirkungspflicht der Beteiligten 30

aa) Grundsätzliches 30

bb) Allgemeine Mitwirkungspflicht nach § 90 Abs. 1 AO 31

cc) Mitwirkungspflicht des Steuerpflichtigen und Untersuchungsgrundsatz 32

3. Gesteigerte Mitwirkungspflichten bei Auslandssachverhalten 34

a) Arten der erweiterten Mitwirkungspflichten 35

aa) Sachaufklärungspflicht 36

bb) Aufklärungsvorsorgepflicht 37

cc) Beweismittelbeschaffungspflicht 38

dd) Beweismittelbeschaffungsvorsorgepflicht 38

b) Grenzen der erweiterten Mitwirkungspflichten 39

V. Zwischenergebnis 39

C. Regelungsbefugnis und Kompetenzgrenzen der Europäischen Union zur Ausformung eines einheitlichen Steuerermittlungsverfahrens 43

I. Regelungsbefugnis und Kompetenzgrenzen der Europäischen Union im Bereich des Verfahrensrechts 44

1. Allgemeines 44

2. Prinzip der begrenzten Einzelermächtigung, Theorie der *implied powers* und *effet utile* Auslegung 46

a) Prinzip der begrenzten Einzelermächtigung 46

b) Theorie der *implied powers* und *effet utile* Auslegung 48

II. Fehlende unionsrechtliche Kompetenz zur Ausformung eines einheitlichen Steuerermittlungsverfahrens 49

1. Begrenzte Aufgaben der Europäischen Union im Steuerbereich 49

2. Rechtsangleichungskompetenzen der Europäischen Union 51

a) Rechtsangleichung aufgrund der Art. 114, 115 AEUV 52

b) Rechtsangleichung aufgrund der „Kompetenzergänzungsklausel" des Art. 352 AEUV 55

3. Der Grundsatz der Steuerverfahrensautonomie der Mitgliedstaaten 56

III. Zwischenergebnis 57

D. Unionsrechtliche Einflüsse auf das Steuerermittlungsverfahren im Bereich des harmonisierten Rechts der indirekten Steuern 61

I. Harmonisierungskompetenz der Europäischen Union 61

II. Bestandsaufnahme der Harmonisierung 61

1. Umsatzsteuer 61

2. Sonstige Verbrauchsteuern 63

III. Unionsrechtliche Vorgaben für das Steuerermittlungsverfahren 64

1. Amtshilferichtlinie 65

2. Beitreibungsrichtlinie 66

3. Zusammenarbeitsverordnung ... 66
4. Bewertung der Sekundärrechtsakte bezüglich ihrer Auswirkungen auf das Steuerermittlungsverfahren ... 68
a) Vermeintliche Ausnahmen vom Grundsatz der Verfahrensautonomie der Mitgliedstaaten ... 68
b) Koordinierte Verwaltungszusammenarbeit ... 70
IV. Der Untersuchungsgrundsatz im harmonisierten Steuerrecht ... 71
1. Das Urteil in der Rechtssache *Kommission/Italien*, Rs. C-132/06 ... 72
a) Sachverhalt und Rechtsfrage ... 72
b) Entscheidung des EuGH ... 73
2. Bewertung der Entscheidung ... 75
V. Zwischenergebnis ... 76

E. Unionsrechtliche Einflüsse auf das Steuerermittlungsverfahren im Bereich des nichtharmonisierten Rechts der direkten Steuern ... 79
I. Keine ausdrückliche Harmonisierungskompetenz der Europäischen Union ... 79
II. Bestandsaufnahme der Harmonisierung ... 80
1. Überblick ... 80
2. Mutter-Tochter-Richtlinie ... 82
3. Fusionsrichtlinie ... 82
4. Zinsrichtlinien ... 83
III. Unionsrechtliche Einflüsse auf das Steuerermittlungsverfahren ... 84
1. Überblick ... 84
2. Vorgaben des Sekundärrechts ... 84
a) EU-Amtshilferichtlinie ... 85
aa) Grundsätzliches zur zwischenstaatlichen Amtshilfe durch Auskunftsaustausch ... 85
bb) Die EG-Amtshilferichtlinie ... 86
cc) Die Notwendigkeit einer neuen EU-Amtshilferichtlinie ... 87

dd) Die neue EU-Amtshilferichtlinie ... 89
ee) Vorschläge der Kommission für eine Änderung der EU-Amtshilferichtlinie ... 92
b) Bewertung der Amtshilferichtlinie bezüglich ihrer Auswirkungen auf das Steuerermittlungsverfahren ... 96
3. Vorgaben des Primärrechts für die Ausgestaltung und Anwendung des Steuerermittlungsverfahrens ... 100
a) Äquivalenz und Effektivität als Gebote des Unionsrechts ... 100
b) Europäisches Primärrecht als Maßstab, insbesondere Grundfreiheiten ... 102
aa) Grundfreiheiten im europäischen Steuerrechtsraum ... 102
bb) Auswirkungen der Grundfreiheiten auf das nationale Steuerrecht ... 103
c) Prüfungsumfang des EuGH, insbesondere Rechtfertigungsgründe ... 105
aa) Prüfungsumfang ... 105
bb) Anerkannte Rechtfertigungsgründe ... 106
IV. Zwischenergebnis ... 107

F. Spannungsverhältnis zwischen den Vorgaben des Unionsrechts und den verfassungsrechtlichen Anforderungen an das nationale Steuerermittlungsverfahren ... 111

I. Die Rechtsprechung des EuGH ... 111
1. Überblick ... 111
2. Amtshilfe als Schwerpunkt der Sachverhaltsermittlung ... 113
a) Das Urteil in der Rechtssache *Bachmann*, Rs. C-204/90 ... 113
b) Das Urteil in der Rechtssache *Schumacker*, Rs. C-279/93 ... 115
3. Gleichbehandlung der Ermittlungsinstrumente der Amtshilfe und der Mitwirkung des Steuerpflichtigen ... 118
a) Das Urteil in der Rechtssache *Vestergaard*, Rs. C-55/98 ... 118
b) Das Urteil in der Rechtssache *Danner*, Rs. C-136/00 ... 120
4. Mitwirkung des Steuerpflichtigen als Schwerpunkt der Sachverhaltsermittlung ... 122

a) Das Urteil in der Rechtssache *Jäger*, Rs. C-256/06 ... 122
b) Das Urteil in der Rechtssache *Persche*, Rs. C-318/07 ... 123
c) Das Urteil in der Rechtssache *Meilicke II*, Rs. C-262/09 ... 126

II. Ausreichende Berücksichtigung des verfassungsrechtlich gebotenen Verifikationsprinzips? ... 130
1. Besteuerungsgewalt als Grundlage staatlicher Souveränität ... 130
2. Unionsrecht und Untersuchungsgrundsatz ... 132
a) Bereich des harmonisierten Rechts der indirekten Steuern ... 133
b) Bereich des nichtharmonisierten Rechts der direkten Steuern ... 134
3. Der Rechtfertigungsgrund der Wirksamkeit der Steueraufsicht im Lichte des Verifikationsprinzips ... 136
a) Nationale Steuerverwaltung: Kompetenzvorbehalt der Mitgliedstaaten oder bloße „Restzuständigkeit"? ... 137
b) Der Hinweis des EuGH auf die Amtshilferichtlinie und die Mitwirkungspflichten des Steuerpflichtigen ... 139
aa) Möglichkeiten der Amtshilferichtlinie ... 139
bb) Mitwirkungspflichten des Steuerpflichtigen ... 141

III. Ausreichende Berücksichtigung der unionalen Kompetenzbestimmungen? ... 143
1. Prinzip der begrenzten Einzelermächtigung ... 144
2. Subsidiaritätsprinzip und Verhältnismäßigkeitsgrundsatz ... 145
3. Angemessener Ausgleich zwischen den Anforderungen der europäischen Grundfreiheiten und der Steuersouveränität der Mitgliedstaaten ... 146
4. Die Rolle des EuGH ... 147

IV. Zwischenergebnis ... 149

G. Bedeutung der Unionsgrundrechte für das nationale Steuerermittlungsverfahren ... 157

I. Entwicklungsstufen der Grundrechte ... 157

II. Inhalt und Anwendungsbereich der Grundrechte ... 159

III. Ausstrahlung auf das Steuerermittlungsverfahren ... 163

1. Die Unionsgrundrechte im harmonisierten Bereich 163
2. Die Unionsgrundrechte im nichtharmonisierten Bereich 164
3. Stellungnahme 166

H. Zusammenfassung der Ergebnisse 169

Literaturverzeichnis 187

A. Einführung

I. Überblick

Die Europäisierung des nationalen Steuerrechts ist seit Längerem im Fortschreiten begriffen. Im Hinblick auf die Harmonisierung der indirekten Steuern hat die Europäische Union[1] auf der Kompetenzgrundlage des Art. 113 AEUV das nationale Recht vor allem im Bereich der fiskalisch bedeutsamen Verbrauchsteuern durch Richtlinien weitgehend angeglichen[2]. Diese Entwicklung hat insbesondere bei der für den gemeinsamen Binnenmarkt wesentlichen Umsatzsteuer zu einer fast vollständigen Harmonisierung der jeweiligen mitgliedstaatlichen Steuervorschriften geführt[3]. Auch auf dem Gebiet der direkten Steuern, für das die Mitgliedstaaten der Europäischen Union keine ausdrückliche Kompetenz zur Harmonisierung eingeräumt haben und in dem deshalb auf die allgemeinen Rechtsangleichungsvorschriften der Art. 114 und 115 AEUV zurückzugreifen ist, gibt es einige Sekundärrechtsakte, die geeignet sind, zu einer Koordinierung der mitgliedstaatlichen Steuersysteme beizutragen. Hier sind vor allem die Mutter-Tochter-Richtlinie[4] zur Besteuerung von Dividenden, die eine Tochtergesellschaft an ihre Muttergesellschaft ausschüttet, die Zinsrichtlinie[5] über eine gemeinsame Steuerregelung für Zahlungen von Zinsen und Lizenzgebühren zwischen verbundenen Unternehmen verschiedener Mitgliedstaaten sowie die

---

1 Durch den Vertrag von Lissabon v. 1.12.2009 ist die Europäische Union an die Stelle der Europäischen Gemeinschaft getreten und ist deren Rechtsnachfolgerin geworden, vgl. Art. 1 Abs. 3 EUV.

2 *Englisch*, IStR 2009, S. 37.

3 *Haase*, Internationales Steuerrecht, Rn. 759.

4 Richtlinie des Rates v. 23.7.1990 über das gemeinsame Steuersystem der Mutter- und Tochtergesellschaften verschiedener Mitgliedstaaten (90/435/EWG); ABl. Nr. L 225, S. 6; zuletzt geändert durch Richtlinie des Rates v. 30.11.2011 (2011/96/EU); ABl. Nr. L 345, S. 8 sowie durch Richtlinie des Rates v. 27.1.2015 (2015/121/EU); ABl. Nr. L 21, S. 1.

5 Richtlinie des Rates v. 3.6.2003 über eine gemeinsame Steuerregelung für Zahlungen von Zinsen und Lizenzgebühren zwischen verbundenen Unternehmen verschiedener Mitgliedstaaten (2003/49/EG); ABl. Nr. L 157, S. 49 ff.; zuletzt geändert durch Richtlinie des Rates v. 13.5.2013 (2013/13/EU); ABl. Nr. L 141, S. 30.

Fusionsrichtlinie[6] zu nennen. Im Falle der Realisierung der in Planung befindlichen gemeinsamen körperschaftsteuerlichen Bemessungsgrundlage (GKKB) käme es auch im Bereich der Unternehmensbesteuerung zu einer Rechtsvereinheitlichung[7]. Allerdings betreffen all diese Rechtsakte bislang im Wesentlichen nur das materielle Steuerrecht[8]. Dieses muss aber auch verfahrensrechtlich durchsetzbar sein. Sonst bleibt es „papierenes Recht“[9].

Im europäischen Rechtssystem existiert jedoch keine einheitliche Kodifikation des Steuerverfahrens im Allgemeinen und des Steuerermittlungsverfahrens im Besonderen. Auch nach dem Inkrafttreten des Vertrages von Lissabon am 1.12.2009 hat sich im Bereich der bisherigen Zuständigkeitsverteilung zwischen der Europäischen Union und den Mitgliedstaaten insoweit keine nennenswerte Änderung ergeben[10]. Das Steuerermittlungsverfahren als Teil des Verfahrensrechts fällt in den Anwendungsbereich der institutionellen und verfahrensrechtlichen Autonomie der Mitgliedstaaten. Der Grundsatz der *Verfahrensautonomie der Mitgliedstaaten* hat nunmehr in Art. 291 Abs. 1 AEUV sogar eine explizite Regelung und primärrechtliche Absicherung erfahren[11].

Dennoch ist das nationale Verfahrensrecht nicht frei von Einflüssen des europäischen Rechts[12]. Im Bereich des Rechts der indirekten Steuern ist die Harmonisierung aufgrund der ausdrücklichen Ermächtigung des Unionsgesetzgebers durch die Mitgliedstaaten zur Angleichung der für die Errichtung und das Funktionieren des Binnenmarktes bedeutsamen Rechtsmaterie auch auf der

---

6 Richtlinie des Rates v. 23.7.1990 über das gemeinsame Steuersystem für Fusionen, Spaltungen, die Einbringung von Unternehmensteilen und den Austausch von Anteilen, die Gesellschaften verschiedener Mitgliedstaaten betreffen, sowie für die Verlegung des Sitzes einer Europäischen Gesellschaft oder einer Europäischen Genossenschaft von einem Mitgliedstaat in einen anderen Mitgliedstaat (90/434/EWG); ABl. Nr. L 225, S. 1; zuletzt geändert durch Richtlinie des Rates v. 13.5.2013 (2013/13/EU); ABl. Nr. L 141, S. 30.

7 Vgl. Vorschlag der Europäischen Kommission v. 16.3.2011 für eine Richtlinie des Rates über eine gemeinsame konsolidierte Körperschaftsteuer-Bemessungsgrundlage (GKKB), KOM (2011) 121, S. 4; vgl. in jüngster Zeit die Mitteilung der Kommission v. 17.6.2015, KOM (2015) 302 final, S. 8 f., sowie die beiden Richtlinienvorschläge v. 25.10.2016, KOM (2016) 683 final und KOM (2016) 685 final.

8 *Englisch*, IStR 2009, S. 37 f.

9 *Tipke*, StuW 2004, S. 4.

10 *Dürrschmidt*, NJW 2010, S. 2090.

11 *Kahl*, in: Calliess/Ruffert, EUV/AEUV, Art. 4 EUV, Rn. 51, 64.

12 Statt vieler siehe *Klimeck*, Einfluss des europäischen Primärrechts auf das nationale Verfahrensrecht, 2006, S. 235.

Verfahrensebene weitgehend fortgeschritten. Hier sind insbesondere die Mehrwertsteuersystemrichtlinie[13], die Beitreibungsrichtlinie[14] sowie die Zusammenarbeitsverordnung[15] zu nennen.

Im Bereich des Rechts der direkten Steuern existieren sekundärrechtliche Vorgaben für das Verfahrensrecht in Gestalt der Beitreibungsrichtlinie[16] und insbesondere der Amtshilferichtlinie[17]. Primärrechtliche Vorgaben für die Ausgestaltung und Anwendung des nationalen Steuerermittlungsverfahrens ergeben sich aus den aus Art. 4 Abs. 3 EUV abgeleiteten Geboten der Äquivalenz und der Effektivität sowie aus den europäischen Grundfreiheiten. Als „Einfallstor“ dient dem EuGH hierbei die Formel, dass die Mitgliedstaaten ihre vorbehaltenen Zuständigkeiten auch auf dem Gebiet der direkten Steuern *unter Beachtung des Unionsrechts* ausüben müssen[18]. Seit der Entscheidung *Avoir fiscal*[19] im Jahr 1986 hat sich die Rechtsprechung des EuGH – trotz des Fehlens einer besonderen Harmonisierungskompetenz – mit einer beachtlichen Dynamik entwickelt.

---

13 Richtlinie des Rates v. 28.11.2006 über das gemeinsame Mehrwertsteuersystem (2006/112/EG); ABl. Nr. L 347, S. 1; zuletzt geändert durch Richtlinie des Rates v. 17.12.2013 (2013/61/EU); ABl. Nr. L 353, S. 5.

14 Richtlinie des Rates v. 16.3.2010 über die Amtshilfe bei der Beitreibung von Forderungen in Bezug auf bestimmte Steuern, Abgaben und sonstige Maßnahmen (2010/24/EU); ABl. Nr. L 84, S. 1; vormals Richtlinie des Rates v. 15.3.1976 über die gegenseitige Unterstützung bei der Beitreibung von Forderungen in Bezug auf bestimmte Abgaben, Zölle, Steuern und sonstige Maßnahmen (76/308/EWG), zuletzt kodifiziert mit der Richtlinie des Rates v. 26.5.2008 über die gegenseitige Unterstützung bei der Beitreibung von Forderungen in Bezug auf bestimmte Abgaben, Zölle, Steuern und sonstige Maßnahmen (2008/55/EG); ABl. Nr. L 150, S. 28.

15 Verordnung (EG) Nr. 1798/2003 des Rates v. 7.10.2003 über die Zusammenarbeit der Verwaltungsbehörden auf dem Gebiet der Mehrwertsteuer und zur Aufhebung der Verordnung (EWG) Nr. 218/92; ABl. Nr. L 264, S. 1; zuletzt geändert durch Verordnung (EU) Nr. 904/2010 des Rates v. 7.10.2010, ABl. Nr. L 268, S. 1.

16 Richtlinie des Rates v. 16.3.2010 über die Amtshilfe bei der Beitreibung von Forderungen in Bezug auf bestimmte Steuern, Abgaben und sonstige Maßnahmen (2010/24/EU); ABl. Nr. L 84, S. 1 ff.

17 Richtlinie des Rates v. 15.2.2011 über die Zusammenarbeit der Verwaltungsbehörden im Bereich der Besteuerung und zur Aufhebung der Richtlinie 77/799/EWG (2011/16/EU); ABl. Nr. L 64, S. 1 ff.; zuletzt geändert durch Richtlinie des Rates v. 6.12.2016 (2016/2258/EU); ABl. Nr. L 342, S. 1.

18 EuGH v. 14.2.1995, Rs. C-279/93, *Schumacker*, Slg. 1995, I-225, Rz. 21; Siehe bereits auch EuGH v. 28.1.1986, Rs. 270/83, *Avoir fiscal*, Slg. 1986, 273 ff.; *Drüen/Kahler*, StuW 2005, S. 173.

19 EuGH v. 28.1.1986, Rs. 270/83, *Avoir fiscal*, Slg. 1986, 273 ff.

In dieser „negativen“ oder „stillen“ Harmonisierung liegt der Berührungspunkt zwischen den Vorgaben des Unionsrechts und den verfassungsrechtlichen Anforderungen an das nationale Steuerermittlungsverfahren.

II. Zielsetzung der Arbeit

Im Folgenden wird der Versuch unternommen, am Beispiel des für das Besteuerungsverfahren bedeutsamen Steuerermittlungsverfahrens aufzuzeigen, inwieweit das europäische Recht auf die nationale Verfahrensrechtsordnung einwirkt und welchen konkreten Einfluss es auf die Ermittlung des besteuerungserheblichen Sachverhalts durch die deutsche Finanzverwaltung ausübt. Es sollen in diesem Zusammenhang insbesondere die Probleme herausgearbeitet werden, die sich aus dem Spannungsverhältnis von europäischem Recht und den verfassungsrechtlichen Anforderungen an das nationale Steuerermittlungsverfahren ergeben.

Zu Beginn der Untersuchung wird ein Überblick über die Grundzüge des nationalen Steuerermittlungsverfahrens und dessen verfassungsrechtlicher Bedeutung gegeben. Hieran schließt sich eine Darstellung zur Regelungsbefugnis und den Kompetenzgrenzen der Europäischen Union zur Ausformung eines einheitlichen Steuerermittlungsverfahrens an. Sodann werden die Einflüsse des Unionsrechts auf das Steuerermittlungsverfahren im Bereich des harmonisierten Rechts der indirekten Steuern in Kürze aufgezeigt.

Im sich anschließenden Hauptteil der Arbeit wird der Rechtsrahmen herausgearbeitet, der im nichtharmonisierten Recht der direkten Steuern die Konfliktlage zwischen den unionsrechtlichen und insbesondere den grundfreiheitlichen Vorgaben einerseits und den verfassungsrechtlichen Anforderungen an das nationale Steuerermittlungsverfahren andererseits begründet. Besonderes Augenmerk wird hierbei auf die Rechtsprechung des EuGH und deren Auswirkungen auf den nichtharmonisierten Bereich der direkten Steuern am Beispiel einiger bedeutsamer Entscheidungen gerichtet. In diesem Rahmen soll auch der Frage nachgegangen werden, inwieweit und auf welche Weise ein Ausgleich zwischen den betroffenen Interessen von Unionsrecht, Finanzverwaltung und Steuerpflichtigem hergestellt werden kann.

Der abschließende Teil der Arbeit widmet sich der in der akademischen Diskussion bislang kaum Beachtung findenden Fragestellung, inwieweit auch die unionsrechtlichen Grundrechte, die durch den Vertrag von Lissabon in den Rang europäischen Primärrechts erhoben wurden, auf das nationale Steuerermittlungsverfahren ausstrahlen.

B. Grundprinzipien des nationalen Steuerermittlungsverfahrens

I. Das Ermittlungsverfahren als Teil des Besteuerungsverfahrens

Das Besteuerungsverfahren in Deutschland gliedert sich in einzelne, jeweils eigenständige Verfahrensstufen. Die Abgabenordnung (AO) unterteilt das Besteuerungsverfahren in fünf Abschnitte: Allgemeine Verfahrensvorschriften (§§ 78 bis 133 AO), Durchführung der Besteuerung (§§ 134 bis 217 AO), Erhebungsverfahren (§§ 218 bis 248 AO), Vollstreckung (§§ 249 bis 346 AO) und außergerichtliches Rechtsbehelfsverfahren (§§ 347 bis 368 AO).

Die Besteuerung im gestuften Verwaltungsverfahren beginnt mit dem Ermittlungsverfahren zur Steuerfestsetzung (§§ 85 ff., 134 ff., 149 ff. AO), woran sich das Festsetzungs- und Feststellungsverfahren anschließt (§§ 155 ff., 179 ff. AO). Hierauf folgen das Erhebungsverfahren (§§ 218 ff. AO) und das Vollstreckungsverfahren (§§ 249 ff. AO). Die jeweiligen Verwaltungsverfahren der AO stehen allerdings nicht beziehungslos zueinander[20]. Vielmehr setzt das Erhebungsverfahren die vorangegangene Steuerfestsetzung voraus; die Verwirklichung des festgesetzten Anspruchs in Form der Vollstreckung setzt wiederum die Steuererhebung voraus.

Die Stellung des Ermittlungsverfahrens lässt sich nicht ganz eindeutig in diesen Stufenaufbau einordnen, obgleich ein jedes Besteuerungsverfahren stets mit dem Ermittlungsverfahren beginnt. Die Erforschung des für die Besteuerung maßgeblichen Sachverhalts dient jedoch nicht nur der Vorbereitung der Steuerfestsetzung, die mit dem Erlass des Steuerbescheides ihren Abschluss findet, sondern wird häufig auch später zur Verifikation des erlassenen Steuerbescheides durchgeführt[21].

Innerhalb des Steuerermittlungsverfahrens unterscheidet man ein allgemeines und ein besonderes Ermittlungsverfahren. Das allgemeine Steuerermittlungsverfahren befasst sich mit der Ermittlung und Erfassung der steuerpflichtigen Personen, mit der Erforschung des verwirklichten besteuerungserheblichen Sachverhalts sowie darauf beruhend der Ermittlung der Besteuerungsgrundlagen[22].

---

20 *Seer*, in: Tipke/Lang, Steuerrecht, § 21, Rn. 150.

21 *Seer*, in: Tipke/Lang, Steuerrecht, § 21, Rn. 151.

22 Zum Begriff der Besteuerungsgrundlagen vgl. *Seer*, in: Tipke/Lang, Steuerrecht, § 6, Rn. 40, 44.

Das besondere Steuerermittlungsverfahren umfasst hingegen diejenigen Maßnahmen der Finanzbehörde, die die Besteuerungsgrundlagen einer eingehenden, über das im allgemeinen Ermittlungsverfahren übliche und mögliche Maß hinausgehenden Prüfung unterziehen. Besondere Verfahren der Sachaufklärung sind insbesondere die Außenprüfung (§§ 193 bis 207 AO), die Steuerfahndung (§ 208 AO), die Steueraufsicht in Zoll- und Verbrauchsteuerangelegenheiten (§§ 209 bis 217 AO) sowie die Umsatzsteuer-Nachschau gemäß § 27 lit. b) UStG zur Sicherstellung einer gleichmäßigen Festsetzung und Erhebung der Umsatzsteuer.

II. Rechtsstaatlicher Auftrag der Finanzbehörden

Die wesentlichen Vorschriften über das Ermittlungsverfahren befinden sich im Allgemeinen Teil der Verfahrensvorschriften, insbesondere in den §§ 85 bis 117 der AO.

Die Bedeutung dieser Normen ergibt sich daraus, dass die in ihnen niedergelegten Grundsätze in jedem Stadium des Besteuerungsverfahrens wirksam werden können, vom Beginn des Verfahrens mit der Erfassung der Steuerpflicht, über das Festsetzungs-, Erhebungs- und Vollstreckungsverfahren, bis hin zum Rechtsbehelfsverfahren[23].

Nach § 85 Satz 1 AO haben die Finanzbehörden den Auftrag, die Steuern nach Maßgabe der Gesetze gleichmäßig festzusetzen und zu erheben. § 85 Satz 2 AO hebt ergänzend hervor, dass die Finanzbehörden auch sicherzustellen haben, dass die Steuern nicht verkürzt, zu Unrecht erhoben oder Steuererstattungen und Steuervergünstigungen nicht zu Unrecht gewährt oder versagt werden. Diese Aufgabennorm geht von dem den Finanzbehörden durch Art. 108 GG erteilten Verfassungsauftrag zur Verwaltung der Steuern aus und verwirklicht zwei grundlegende, verfassungsrechtliche Besteuerungsgrundsätze: die Gesetzmäßigkeit und die Gleichmäßigkeit der Besteuerung[24].

---

23 *Kruse*, Lehrbuch des Steuerrechts, Bd. 1, Allgemeiner Teil, S. 322; *Seer*, in: Tipke/Kruse, AO/FGO, § 85, Rn. 5.

24 *Wünsch*, in: Koenig, AO, § 85, Rn. 1.

III. Grundsätze der Gesetzmäßigkeit und Gleichmäßigkeit der Besteuerung

1. Gesetzmäßigkeit der Besteuerung

Steuerrecht ist Eingriffsrecht. Es belastet den Steuerpflichtigen im Schutzbereich der Grundrechte und untersteht deshalb dem Gesetzesvorbehalt[25]. Die Auferlegung von Steuerlasten ist als Grundrechtseingriff nur zulässig, sofern und soweit sie durch förmliches[26] Gesetz angeordnet ist. Der Vorbehalt des Gesetzes verwirklicht das Prinzip „Keine Steuer ohne Gesetz" („nullum tributum sine lege")[27]. Sowohl Tatbestand als auch Rechtsfolge müssen im Gesetz niedergelegt sein. Darüber hinaus dürfen Rechtsverordnungen und Verwaltungsakte nicht gegen das Gesetz verstoßen (sog. Vorrang des Gesetzes).

In zahlreichen ausländischen Verfassungen ist die Gesetzmäßigkeit der Besteuerung in einer eigenen Vorschrift der Verfassung ausdrücklich angeordnet[28], während in Deutschland eine explizite Regelung fehlt. Das BVerfG hat den Gesetzesvorbehalt wiederholt aus dem Rechtsstaatsprinzip abgeleitet[29]. Gleichwohl ergibt sich die Gesetzmäßigkeit der Besteuerung auch konkret aus dem Grundgesetz selbst, namentlich aus Art. 2 Abs. 1, 20 Abs. 3, 14 Abs. 1 Satz 2, Abs. 3 Satz 2 GG[30]. Das BVerfG hat schon früh entscheiden, dass zur Handlungsfreiheit, die in umfassendem Sinn durch Art. 2 Abs. 1 GG geschützt ist, auch das Grundrecht des Bürgers gehört,

> *„nur auf Grund solcher Rechtsvorschriften zur Steuer herangezogen zu werden, die formell und materiell der Verfassung gemäß sind und deshalb zur verfassungsmäßigen Ordnung gehören"*[31].

---

25 *P. Kirchhof*, Besteuerung nach Gesetz, in: FS Kruse, 2001, S. 18 f.

26 Zur Voraussetzung eines formellen Gesetzes vgl. *Hey*, in: Tipke/Lang, Steuerrecht, § 3, Rn. 234; *Kruse*, Lehrbuch des Steuerrechts, Bd. 1, Allgemeiner Teil, S. 58 f.

27 *Hey*, in: Tipke/Lang, Steuerrecht, § 3, Rn. 231.

28 Dazu ausführlich *Tipke*, StRO I, S. 125.

29 Siehe BVerfGE 2, 307, 316 ff., BVerfG v. 10.6.1953, 1 BvF 1/53; BVerfGE 13, 318, 328, BVerfG v. 24.1.1962, 1 BvR 232/60; BVerfGE 34, 348, 365, BVerfG v. 28.2.1973, 2 BvL 19/70; BVerfGE 41, 251, 259 f., BVerfG v. 27.1.1976, 1 BvR 2325/73; BVerfGE 84, 239, 268, 271, BVerfG v. 27.6.1991, 2 BvR 1493/89; Tipke, StRO I, S. 126 m.w.N.

30 Zur verfassungsrechtlichen Ableitung des Grundsatzes der Gesetzmäßigkeit der Besteuerung vgl. *Tipke*, StRO I, S. 126 f. m.w.N.; *Hey*, in: Tipke/Lang, Steuerrecht, § 3, Rn. 231 ff.

31 Grundlegend hierzu BVerfGE 9, 3, 11, BVerfG v. 3.12.1958, 1 BvR 488/57; BVerfGE 19, 206, 215 ff., BVerfG v. 14.12.1965, 1 BvR 413/60; BVerfGE 19, 226, 241 f., BVerfG v. 14.12.1965, 1 BvL 31/62; BVerfGE 19, 248, 251, BverfG v. 14.12.1965, 1 BvR 586/58;

Steuergesetze greifen in die allgemeine Handlungsfreiheit gerade in deren Ausprägung als persönliche Entfaltung im vermögensrechtlichen und im beruflichen Bereich (Art. 14 Abs. 1, Art. 12 Abs. 1 GG) ein[32]. Das Steuergesetz darf keine „erdrosselnde Wirkung" haben[33]. Das geschützte Freiheitsrecht darf demnach nur so weit beschränkt werden, dass dem Steuerpflichtigen als Grundrechtsträger

> *„ein Kernbestand des Erfolges eigener Betätigung im wirtschaftlichen Bereich in Gestalt der grundsätzlichen Privatnützigkeit des Erworbenen und der grundsätzlichen Verfügungsbefugnis über die geschaffenen vermögenswerten Rechtspositionen erhalten bleibt"*[34].

Darüber hinaus kommt der Grundsatz der Gesetzmäßigkeit der Besteuerung auch im einfachen Gesetz zum Ausdruck. §§ 3 Abs. 1 und 38 AO bestimmen insoweit, dass der Steueranspruch und andere Ansprüche aus dem Steuerschuldverhältnis dann entstehen, sobald der Tatbestand verwirklicht ist, an den das *Gesetz* die Leistungspflicht knüpft.

Nach dem Prinzip der Gesetzmäßigkeit der Besteuerung sind die Finanzbehörden nicht nur berechtigt, sondern auch verpflichtet, die gesetzlich geschuldeten Steuern zu erheben. Das Gesetz ist demnach nicht nur Schranke, sondern Antrieb des Verwaltungshandelns[35]. Verdeutlicht wird dies durch den Wortlaut des § 85 AO, der dementsprechend vorschreibt: „Die Finanzbehörden *haben* die Steuern nach Maßgabe der Gesetze gleichmäßig festzusetzen und zu erheben. Insbesondere *haben* sie sicherzustellen, …". Den Finanzbehörden ist daher bei der Frage, ob sie entstandene Steueransprüche festsetzen und durchsetzen, kein Ermessensspielraum eröffnet. Jede Nichtbesteuerung trotz Vorliegens der gesetzlichen Voraussetzungen ist demnach unzulässig, sofern die Steuerbefreiung oder die vollständige oder teilweise Nichtfeststellung gesetzlich entstandener Steuern nicht ihrerseits durch Gesetz besonders zugelassen sind[36]. Es gilt nicht das Opportunitäts-, sondern das Legalitätsprinzip.

BVerfGE 19, 268, 273, BVerfG v. 14.12.1965, 1 BvR 606/60; BVerfGE 31, 314, 333 f., BVerfG v. 27.7.1971, 2 BvF 1/68 und 2 BvR 702/68.

32 Vgl. zur Erbschaftsteuer BVerfG v. 17.12.2014, 1 BvL 21/12.

33 Grundlegend hierzu BVerfGE 87, 153, 169, BVerfG v. 25.9.1992, 2 BvL 5, 8, 14/91.

34 Grundlegend hierzu BVerfGE 87, 153, 169, BVerfG v. 25.9.1992, 2 BvL 5, 8, 14/91; BVerfGE 93, 121, 137, BVerfG v. 22.6.1995, 2 BvL 37/91.

35 *Seer*, Verständigungen in Steuerverfahren, S. 125; *Tipke*, StRO I, S. 131; *Isensee*, Das Billigkeitskorrektiv des Steuergesetzes, in: FS Flume, Bd. 2, 1978, S. 133.

36 Vgl. zum Ganzen *Söhn*, in: Hübschmann/Hepp/Spitaler, § 85, Rn. 32.

Die materielle Geltung des Grundsatzes der Gesetzmäßigkeit der Besteuerung findet somit auf der formellen, verfahrensrechtlichen Seite im das die Finanzbehörden bindenden, zur Durchführung der Besteuerung anhaltenden Legalitätsprinzip ihre Ergänzung[37].

2. Gleichmäßigkeit der Besteuerung

Der Grundsatz der Gleichmäßigkeit der Besteuerung ist Ausfluss des Art. 3 Abs. 1 GG[38]. Das BVerfG hat hierzu folgendes ausgeführt:

> *„Der allgemeine Gleichheitssatz gebietet Rechtsanwendungsgleichheit als eine Grundnorm des Rechtsstaats. Das bestehende Recht ist ausnahmslos ohne Ansehen der Person zu verwirklichen; jeder wird in gleicher Weise durch die Normierungen des Rechts berechtigt und verpflichtet…"*[39].

Der Gewährleistungsgehalt des allgemeinen Gleichheitssatzes umfasst für den Bereich des Steuerrechts das an den Gesetzgeber gerichtete Gebot der Rechtsetzungsgleichheit. Hiernach muss der Gesetzgeber alle unter einen sachgerechten Besteuerungsmaßstab fallende Personen als Steuersubjekte erfassen und durch ein Steuergesetz *„rechtlich und tatsächlich gleichmäßig belasten"*, was in jüngerer Zeit im Urteil des BVerfG zur Erbschaftsteuer bekräftigt worden ist[40]. Daneben sichert Art. 3 Abs. 1 GG ebenso die Rechtsanwendungsgleichheit[41], wonach die Finanzbehörden und die Finanzgerichte die Steuergesetze gleichmäßig anzuwenden und durchzusetzen haben. § 85 Satz 1 AO enthält dementsprechend die Verpflichtung der Finanzbehörden, die Steuern sowohl *nach Maßgabe der Gesetze* als auch *gleichmäßig* zu erheben.

Der rechtsstaatliche Auftrag zur gleichmäßigen Besteuerung[42] kann jedoch nur dann voll erfüllt werden, wenn zum einen das Gesetz die materielle Gleichheit gewährleistet und zum anderen das materielle Gesetz durch ein Verfahrensrecht gestützt wird, das die Belastungsgleichheit im tatsächlichen Erfolg

---

37 *Wittmann*, StuW 1987, S. 36; *Söhn*, in: Hübschmann/Hepp/Spitaler, § 85, Rn. 32.

38 Siehe bspw. BVerfGE 6, 55, 70, BVerfG v. 17.1.1957, 1 BvL 4/54; BVerfGE 13, 331, 338, BVerfG v. 24.1.1962, 1 BvR 845/58; BVerfGE 84, 239, 268, BVerfG v. 27.6.1991, 2 BvR 1493/89.

39 BVerfGE 66, 331, 335 f., BVerfG v. 4.4.1984, 1 BvR 276/83.

40 BVerfG v. 17.12.2014, 1 BvL 21/12, Rz. 123.

41 *P. Kirchhof*, Die Steuern, in: HStR V, 2007, § 118, Rn. 101; *ders.*, StuW 1984, S. 297.

42 Zur Bedeutung des gleichmäßigen Gesetzesvollzugs für das Steuerrecht vgl. *Pezzer*, StuW, S. 101 f.

prinzipiell gewährleistet[43]. Das BVerfG hat in seinem bahnbrechenden Urteil zur Zinsbesteuerung[44] die Verbindung von materiellem Recht und Verfahrensrecht ausdrücklich hervorgehoben:

> *„Die Besteuerungsgleichheit hat mithin als ihre Komponente die Gleichheit der normativen Steuerpflicht ebenso wie die Gleichheit bei deren Durchsetzung in der Steuererhebung. Daraus folgt, dass das materielle Steuergesetz in ein normatives Umfeld eingebettet sein muss, welches die Gleichheit der Belastung auch hinsichtlich des tatsächlichen Erfolges prinzipiell gewährleistet."*

In seinem Urteil zur Besteuerung von Spekulationsgewinnen[45] knüpft das BVerfG hieran an:

> *„Zusammen mit dem materiellen Recht steht das Verfahrensrecht im Dienst der gleichmäßigen Erfassung der wirtschaftlichen Leistungsfähigkeit des Steuerpflichtigen. Auch das Verfahrensrecht muss deshalb so ausgestaltet sein, dass es die gleichmäßige Umsetzung der durch eine materielle Steuernorm bestimmten Belastung in der regulären Besteuerungspraxis gewährleistet."*

Nur durch ein entsprechendes Verfahrensrecht kann die gleichmäßige Anwendung des materiellen Rechts sichergestellt und verhindert werden, dass einzelne Steuerpflichtige ungleich behandelt werden[46]. Für eine gerechte Verteilung der Lasten ist es unerlässlich, Steuerverkürzungen und Steuervermeidungsstrategien einzelner Steuerpflichtiger möglichst wirksam zu begegnen. Das Verfahrensrecht muss deshalb geeignete Instrumente bieten, die es den Finanzbehörden ermöglichen, das gesetzliche Ziel einer für alle gleichen, gegenwartsnahen und für jeden Einzelnen unausweichlichen Steuererhebung zu verwirklichen[47].

Die Gewährleistung der effektiven Steuererhebung ist allerdings von den Eigenheiten der jeweils betroffenen Steuerart abhängig. Die Ermittlung, Festsetzung und Erhebung der Einkommensteuer, die mit Ausnahme des Lohnsteuer- (§ 38 EStG) und des Kapitalertragsteuerverfahrens (§ 43 EStG) nicht an der Quelle erhoben wird, hängt maßgeblich von der Erklärung des Steuerpflichtigen selbst ab. Eine Steuererhebung, die nahezu allein auf die Erklärungsbereitschaft

---

43 *Söhn*, in: Hübschmann/Hepp/Spitaler, § 85, Rn. 36.

44 BVerfGE 84, 239, 271 ff., BVerfG v. 27.6.1991, 2 BvR 1493/89; zur steuerrechtsspezifischen Konkretisierung des allgemeinen Gleichheitssatzes durch das Zinsurteil des Bundesverfassungsgerichts vgl. *Winterhoff*, Steuerverfahrensrecht, S. 133 ff.

45 BVerfGE 110, 94, 115, BVerfG v. 9.3.2004, 2 BvL 17/02.

46 Vgl. *Kopp*, Verfassungsrecht, S. 167.

47 BVerfGE 96, 1, 8, BVerfG v. 10.4.1997, 2 BvL 77/92; BVerfGE 110, 94, 115, BVerfG v. 9.3.2004, 2 BvL 17/02.

des Steuerpflichtigen baut, verfehlt die steuerliche Lastengleichheit[48]. Die grundsätzlich vorausgesetzte Steuerehrlichkeit des Erklärenden muss daher durch hinreichende, die steuerliche Belastungsgleichheit gewährleistende Kontrollmöglichkeiten abgestützt werden; eine Besteuerung allein nach Deklaration ohne Verifikation begründet einen strukturellen Erhebungsmangel, der zur Unvereinbarkeit mit Art. 3 Abs. 1 GG führt und eine gesetzgeberische Pflicht zur Normensanierung begründet[49]. Das Deklarationsprinzip wird deshalb durch das Verifikationsprinzip[50] ergänzt.

Den in § 85 AO niedergelegten rechtsstaatlichen Grundsätzen der Gesetzmäßigkeit und Gleichheit der Besteuerung trägt der Untersuchungsgrundsatz des § 88 AO Rechnung.

IV. Der Untersuchungsgrundsatz des § 88 AO

1. Allgemeines

Vor jeder rechtlichen Entscheidung steht die Ermittlung der konkret-individuellen Merkmale des Sachverhalts, die den späteren Abgleich von Sachverhalt und Rechtsnorm erst ermöglicht[51]. Die Pflicht zur Tatsachenermittlung ist deshalb notwendiger Bestandteil einer jeden Verfahrensordnung[52].

Während im Zivilprozess der Beibringungsgrundsatz gilt, der es den Parteien selbst auferlegt, den entscheidungserheblichen Sachverhalt offenzulegen, ist die Methode der Sachverhaltsermittlung im Verwaltungsverfahren diejenige der Amtsermittlung[53]. Im Besteuerungsverfahren gilt demnach der Untersuchungsgrundsatz, wonach die Finanzbehörden den Sachverhalt von Amts wegen ermitteln (§ 88 Abs. 1 Satz 1 AO), Art und Umfang der Ermittlungen bestimmen und hierbei nicht an das Vorbringen und an die Beweisanträge der Beteiligten gebunden sind (§ 88 Abs. 1 Satz 2 AO).

---

48 BVerfGE 84, 239, 273, BVerfG v. 27.6.1991, 2 BvR 1493/89; BVerfGE 110, 94, 115, BVerfG v. 9.3.2004, 2 BvL 17/02.

49 BVerfGE 84, 239, 273, BVerfG v. 27.6.1991, 2 BvR 1493/89; BVerfGE 110, 94, 115, BVerfG v. 9.3.2004, 2 BvL 17/02.

50 BVerfGE 84, 239, 273, BVerfG v. 27.6.1991, 2 BvR 1493/89; BVerfGE 110, 94, 115, BVerfG v. 9.3.2004, 2 BvL 17/02.

51 Zur Sachverhaltsermittlung als notwendigem Teilschritt der Rechtsanwendung vgl. *Kobor*, Kooperative Amtsermittlung im Verwaltungsrecht, S. 47 f.

52 Vgl. *Brühl*, JA 1992, S. 193 ff.

53 *Kallerhoff*, in: Stelkens/Bonk/Sachs, VwVfG, § 24, Rn. 1; *Söhn*, in: Hübschmann/Hepp/Spitaler, § 88, Rn. 6 f.; *Wittmann*, StuW 1987, S. 36.

Die unterschiedlichen Ermittlungsgrundsätze sind den jeweiligen Verfahrenszwecken geschuldet. Das zivilrechtliche Verfahren dient dem Ausgleich sich widerstreitender privater Interessen; das Gericht legt seiner Entscheidung daher grundsätzlich nur das Tatsachenmaterial zugrunde, das von den Parteien vorgetragen wird[54]. Ergebnis der Ermittlungen im Zivilprozess ist nicht notwendigerweise der *wahre*, sondern lediglich der von den Parteien beigebrachte Sachverhalt und damit die Erkenntnis formeller Wahrheit[55].

Zielrichtung des Verwaltungsverfahrens im Allgemeinen und des Besteuerungsverfahrens im Besonderen ist demgegenüber die Erforschung des *richtigen*, objektiv wahren Sachverhalts[56]. Denn der Auftrag der Finanzbehörden aus § 85 AO wird nicht im privaten, sondern im öffentlichen Interesse erfüllt; zudem besteht ein besonderes öffentliches Interesse an der sachlichen Richtigkeit der Entscheidung[57].

Der Untersuchungsgrundsatz des § 88 AO verwirklicht das *Prinzip der materiellen Wahrheit*[58]. Die Verpflichtung der Finanzbehörden, die für die Aufklärung eines besteuerungserheblichen Sachverhalts notwendigen Tatsachen von Amts wegen vollständig zu ermitteln und sich nicht auf die gegebenenfalls von den Beteiligten vorgetragenen Tatsachen zu beschränken, verdeutlicht dies in besonderer Weise. Denn eine von den Beteiligten abhängige Sachaufklärung könnte Gesetzmäßigkeit und Gleichmäßigkeit der Besteuerung nicht gewährleisten. Lediglich die Sachverhaltsermittlung von Amts wegen kann sicherstellen, dass die zu treffende Entscheidung unabhängig von der Willkür der Beteiligten auf der Grundlage des objektiv wahren Sachverhalts zustande kommt[59].

54 Vgl. bspw. *Saenger*, in Saenger, Handkommentar zur ZPO, Einführung, Rn. 66.

55 *Kobor*, Kooperative Amtsermittlung im Verwaltungsrecht, S. 50 f.

56 *Müller-Franken*, Maßvolles Verwalten, S. 20; *Wittmann*, StuW 1987, S. 36.

57 *Seer*, in: Tipke/Kruse, AO/FGO, § 88, Rn. 1; *Söhn*, in: Hübschmann/Hepp/Spitaler, § 88, Rn. 8; *Kopp/Ramsauer*, VwVfG, § 24, Rn. 6; allgemein zur Sachverhaltsermittlung im Verwaltungsverfahren siehe *Kobor*, Kooperative Amtsermittlung im Verwaltungsrecht, S. 51 ff.

58 Siehe bspw. BFH v. 15.10.1976, VI R 32/76, Rz. 12.

59 *Kobor*, Kooperative Amtsermittlung im Verwaltungsrecht, S. 52; *Söhn*, in: Hübschmann/Hepp/Spitaler, § 88, Rn. 13.

2. Inhalt und Grenzen des Untersuchungsgrundsatzes

a) *Art und Umfang der Sachverhaltsermittlung*

Ohne vollständige Ermittlung des tatsächlich geschehenen Sachverhalts lassen sich die rechtsstaatlichen Grundsätze der Gesetzmäßigkeit und Gleichmäßigkeit der Besteuerung nicht verwirklichen[60]. Wegen des besonderen öffentlichen Interesses an der sachlichen Richtigkeit kann die Beibringung des Sachverhalts nicht der Initiative oder der Willkür der Beteiligten überlassen werden. § 88 Abs. 1 Satz 1 AO bestimmt folgerichtig, dass die Behörde den Sachverhalt von Amts wegen zu ermitteln hat[61]. Erst die Feststellung des wirklichen Sachverhalts, unabhängig von Vortrag und Verhalten der Beteiligten, gewährleistet die Verwirklichung der in § 85 AO niedergelegten Ziele der gesetzmäßigen und gleichmäßigen Besteuerung aller Steuerpflichtigen[62]. Die Finanzbehörde ist bei ihren Ermittlungen deshalb auch nicht an das Vorbringen und die Beweisanträge der Beteiligten gebunden (§ 88 Abs. 1 Satz 2 Halbsatz 2 AO). Dementsprechend wird der Untersuchungsgrundsatz als *negatives* Prinzip verstanden, das die Abhängigkeit der Sachaufklärung vom Vortrag der Parteien ausschließt, jedoch im Übrigen nichts darüber aussagt, wie weit die Aufklärungstätigkeit der Behörde gehen darf oder muss[63].

Die Finanzbehörden entscheiden nach pflichtgemäßem Ermessen (§ 5 AO) selbst über Art und Umfang der Sachverhaltsaufklärung (Art. 88 Abs. 1 Satz 2 Halbsatz 1 AO). Gemäß § 92 AO bedienen sie sich dabei der Beweismittel, die sie nach pflichtgemäßem Ermessen für erforderlich halten. Sie können Auskünfte jeder Art von den Beteiligten und anderen Personen einholen, Sachverständige hinzuziehen, Urkunden und Akten beiziehen und den Augenschein einnehmen. Bei ihren Ermittlungen haben die Finanzbehörden alle für den Einzelfall bedeutsamen Umstände zu berücksichtigen (Art. 88 Abs. 2 AO); der Umfang der Ermittlungspflicht richtet sich hierbei nach den Umständen des Einzelfalls (Art. 88 Abs. 1 Satz 3 AO). Die Ermittlungen haben sich jedoch stets an dem durch § 85 AO vorgegebenen Ziel des gesetzmäßigen und gleichmäßigen Steuervollzugs

60 *Söhn*, in: Hübschmann/Hepp/Spitaler, § 88, Rn. 8.

61 Die Verfahrensordnungen des VwVfG, des SGB X und der AO bestimmen insoweit gleichlautend, dass die Behörde den Sachverhalt *von Amts wegen* ermittelt (§ 24 Abs. 1 Satz 1 VwVfG, § 20 Abs. 1 Satz 1 SGB X, § 88 Abs. 1 Satz 1 AO); § 88 Abs. 1 Satz 1 und 2 sowie Abs. 2 AO entsprechen § 24 Abs. 1 und 2 VwVfG und § 20 Abs. 1 und 2 SGB X; § 88 Abs. 1 Satz 3 AO ist ohne Parallele in § 24 VwVfG, § 20 SGB X.

62 *Söhn*, in: Hübschmann/Hepp/Spitaler, § 88, Rn. 8; *Kopp/Ramsauer*, VwVfG, § 24, Rn. 6.

63 *Pestalozza*, Der Untersuchungsgrundsatz, in: FS für R. Boorberg Verlag, 1977, S. 186.

zu orientieren und dürfen nicht um ihrer selbst willen oder „ins Blaue hinein“ geführt werden[64]. Auch sollen die Ermittlungshandlungen unter dem Gesichtspunkt der Verhältnismäßigkeit so gewählt werden, dass damit unter Berücksichtigung der Umstände des Einzelfalls ein möglichst geringer Eingriff in die Rechtssphäre des Beteiligten verbunden ist[65]. Bei der Sachaufklärung durch die Finanzbehörden verbietet sich auch eine einseitig-fiskalische Verfahrensweise. § 88 Abs. 2 AO sieht insoweit vor, dass auch die für die Beteiligten günstigen Umstände zu ermitteln und zu berücksichtigen sind.

Dem Prinzip der materiellen Wahrheit verpflichtet, müssen die Finanzbehörden ermitteln, solange „Zweifel“ bestehen[66]. Die Ermittlungspflicht endet allerdings dort, wo eine weitere Aufklärung rechtlich und tatsächlich unmöglich oder unverhältnismäßig und unzumutbar ist[67]. Es darf den Finanzbehörden kein übermäßiger Ermittlungsaufwand abverlangt werden[68]. Hierbei darf auch die Erwägung eine Rolle spielen, dass die Aufklärung einen nicht mehr vertretbaren Zeitaufwand erfordert[69]. Gleiches gilt für den Gesichtspunkt der Wirtschaftlichkeit, da die Ressourcen der Finanzbehörden gegenwärtig nicht ausreichend sind, um die im steuerlichen Massenverfahren in großer Zahl anfallenden besteuerungserheblichen Sachverhalte vollständig und wahrheitsgemäß aufzuklären[70]. Das Gesetz berücksichtigt diesen Umstand und verpflichtet den Steuerpflichtigen nach §§ 90 ff. AO hinsichtlich der Sachverhaltsaufklärung zur Mitwirkung. Die eigene Aufklärungspflicht der Finanzbehörde erfährt hierdurch eine Begrenzung[71].

Darüber hinaus ist in Fällen erschwerter Sachverhaltsermittlung unter bestimmten Voraussetzungen zur Förderung der Effektivität der Besteuerung sowie zur Sicherung des Rechtsfriedens eine die Beteiligten bindende Einigung über die Annahme eines bestimmten Sachverhalts und über eine bestimmte Sachbehandlung möglich[72]. Derartige Vereinbarungen zwischen dem

---

64 BVerfGE 110, 94, 115, BVerfG v. 9.3.2004, 2 BvL 17/02; vgl. *Wünsch*, in: Koenig, AO, § 88, Rn. 29; *Söhn*, in: Hübschmann/Hepp/Spitaler, § 88, Rn. 144.

65 Vgl. AEAO zu § 88 Nr. 1; zur Verhältnismäßigkeit der Sachverhaltsaufklärung vgl. auch *Brühl*, JA 1992, S. 196.

66 *Pestalozza*, Der Untersuchungsgrundsatz, in: FS für R. Boorberg Verlag, 1977, S. 194 f.

67 *Söhn*, in: Hübschmann/Hepp/Spitaler, § 88, Rn. 136.

68 BVerfGE 110, 94, 115, BVerfG v. 9.3.2004, 2 BvL 17/02.

69 Vgl. AEAO zu § 88 Nr. 1; a.A. *Wünsch*, in: Koenig, AO, § 88, Rn. 30 m.w.N.

70 *Söhn*, in: Hübschmann/Hepp/Spitaler, § 88, Rn. 175 ff. m.w.N.; BVerfGE 110, 94, 115, BVerfG v. 9.3.2004, 2 BvL 17/02.

71 Vgl. AEAO zu § 88 Nr. 2.

72 Vgl. AEAO zu § 88 Nr. 1.

Steuerpflichtigen und der Finanzbehörde werden als „tatsächliche Verständigung" bezeichnet[73]. Da der Untersuchungsgrundsatz als verfahrensrechtliche Kompetenznorm lediglich bestimmt, dass alle entscheidungserheblichen Tatsachen von Amts wegen zu ermitteln sind, die Frage nach den Voraussetzungen der Entscheidungserheblichkeit jedoch offen lässt, ist eine Verständigung über Sachverhaltsfragen nicht ausgeschlossen[74].

Obgleich die Rechtsgrundlage der tatsächlichen Verständigung umstritten ist[75], hat die Rechtsprechung die tatsächliche Verständigung zu einem eigenen Rechtsinstitut verfestigt[76] und erkennt tatsächliche Verständigungen an, wenn der Sachverhalt nicht, nur erschwert oder nur unter erheblichem oder unangemessenem Aufwand ermittelt werden kann[77]. Allerdings darf die Verständigung keine Rechtsfragen, sondern nur Fälle erschwerter Sachverhaltsermittlung zum Gegenstand haben, worunter die Rechtsprechung insbesondere Fälle der Schätzung, der Wertermittlung und der zukunftsorientierten Prognosen versteht[78]. Von der Finanzverwaltung wird eine erschwerte Sachverhaltsermittlung dann bejaht, wenn sich einzelne Sachverhalte nur mit einem nicht mehr vertretbaren Arbeits- oder Zeitaufwand ermitteln lassen[79]. Dabei soll die Finanzbehörde auch das Verhältnis zwischen voraussichtlichem Arbeitsaufwand und steuerlichem Erfolg und den Belastungen, die auf sie bei der Durchführung eines finanzgerichtlichen Verfahrens zukommen können, abwägen dürfen[80]. Allein die Kompliziertheit eines Sachverhalts begründet für sich noch nicht die Annahme einer erschwerten Sachverhaltsermittlung[81]. Denn andernfalls wäre derjenige

---

73 Gemeint ist nicht die Tatsache einer Verständigung, sondern die Verständigung über Tatsächliches, vgl. *Seer*, in: Tipke/Kruse, AO/FGO, Vorbemerkungen zu §§ 118 bis 129, Rn. 10; zum Rechtsinstitut der tatsächlichen Verständigung siehe auch BMF-Schreiben v. 30.7.2008.

74 *Seer*, Verständigungen in Steuerverfahren, S. 182.

75 Zum Diskussionsstand siehe *Seer*, in: Tipke/Kruse, AO/FGO, Vorbemerkungen zu §§ 118 bis 129, Rn. 15.

76 Zur Entwicklung und Verfestigung der tatsächlichen Verständigung siehe *Seer*, Verständigungen in Steuerverfahren, S. 67 bis 75; *Seer*, in: Tipke/Kruse, AO/FGO, Vorbemerkungen zu §§ 118 bis 129, Rn. 10.

77 Grundlegend BFH v. 11.12.1984, VIII R 131/76; danach st. Rspr. siehe bspw. BFH v. 8.10.2008, I R 63/07; *Seer*, Verständigungen in Steuerverfahren, S. 174.

78 *Seer*, Verständigungen in Steuerverfahren, S. 73; *Seer*, in: Tipke/Kruse, AO/FGO, Vorbemerkungen zu §§ 118 bis 129, Rn. 10.

79 BMF-Schreiben v. 30.7.2008 unter Ziff. 3.

80 BMF-Schreiben v. 30.7.2008 unter Ziff. 3.

81 BMF-Schreiben v. 30.7.2008 unter Ziff. 3.

Steuerpflichtige, der die Sachverhaltsaufklärung durch Verweigerung seiner Mitwirkungspflicht erschwert oder gar vereitelt, unter Umständen besser gestellt als ein gesetzestreuer Steuerpflichtiger[82].

Die Verständigung vermag nur dann zu binden, wenn sie zu keinem offensichtlich unzutreffenden Ergebnis führt und auf Seiten der Finanzbehörde ein Amtsträger mitwirkt, der zur Entscheidung über die Steuerfestsetzung befugt ist[83].

Die grundsätzliche Trennung zwischen zulässigen Verständigungen über den Sachverhalt und unzulässigen Verständigungen über Rechtsfragen wird vom BFH in praktisch wichtigen Bereichen abgeschwächt[84]. Der BFH toleriert letztlich auch eine Verständigung über Rechtsfragen, wenn diese in einem so engen Zusammenhang mit Tatsachen stehen, dass sie sachgerechterweise nicht auseinandergerissen werden können, was vor allem bei Ungewissheiten über die Bewertung, Schätzung und Angemessenheit von Leistungsbeziehungen zutrifft[85].

Eine Verständigung über reine Rechtsfragen bleibt nach Auffassung des BFH aber weiterhin unzulässig[86].

b) Die Mitwirkungspflicht der Beteiligten

aa) Grundsätzliches

In der Realität des steuerlichen Massenverfahrens lässt sich der umfassende Ermittlungsauftrag nicht allein von den Finanzbehörden erfüllen[87]. Die den besteuerungserheblichen Sachverhalt verwirklichenden Beteiligten sind in erster Linie darüber informiert, welche steuererheblichen Tatsachen vorliegen und stehen dem Beweis hierüber regelmäßig näher als die Finanzbehörden.

---

82 *Wünsch*, in: Koenig, AO, § 88, Rn. 51; *Seer*, in: Tipke/Kruse, AO/FGO, Vorbemerkungen zu §§ 118 bis 129, Rn. 10.

83 *Seer*, Verständigungen in Steuerverfahren, S. 73; *Seer*, in: Tipke/Kruse, AO/FGO, Vorbemerkungen zu §§ 118 bis 129, Rn. 10; BMF-Schreiben v. 30.7.2008 unter Ziff. 5.3 und 8.1; BFH v. 5.10.1990, III R 19/88; BFH v. 28.7.1993, XI R 68/92; BFH v. 7.7.2004, X R 24/03; BFH v. 8.10.2008, I R 63/07; BFH v. 16.12.2009, I R 97/08.

84 *Seer*, in: Tipke/Kruse, AO/FGO, Vorbemerkungen zu §§ 118 bis 129, Rn. 11 mit Nachweisen aus der Rechtsprechung.

85 *Seer*, Verständigungen in Steuerverfahren, S. 209; *Seer*, in: Tipke/Kruse, AO/FGO, Vorbemerkungen zu §§ 118 bis 129, Rn. 11.

86 Jüngst bestätigt durch BFH v. 16.9.2014, VIII R 1/12.

87 Vgl. zu den Sachzwängen des steuerlichen Massenverfahrens *Drüen*, in: Schön/Beck (Hrsg.), Zukunftsfragen des deutschen Steuerrechts, 2009, S. 2 f. m.w.N.

In Ergänzung zu § 88 AO ist daher § 90 AO zu sehen, der die Beteiligten zur Mitwirkung bei der Sachverhaltsaufklärung verpflichtet (§ 90 Abs. 1 Satz 1 AO). Die Beteiligten kommen ihrer Mitwirkungspflicht insbesondere dadurch nach, dass sie die für die Besteuerung erheblichen Tatsachen vollständig und wahrheitsgemäß offenlegen und die ihnen bekannten Beweismittel angeben (§ 90 Abs. 1 Satz 2 AO). Im Unterschied zu § 26 Abs. 2 VwVfG ist der Steuerpflichtige nach § 90 Abs. 1 AO zur allgemeinen Mitwirkung bei der Ermittlung des steuererheblichen Sachverhalts ausdrücklich verpflichtet[88]. Diese Mitwirkung geschieht in erster Linie dadurch, dass der Steuerpflichtige gemäß §§ 149, 150 Abs. 1 Satz 1 AO eine Steuererklärung nach einem amtlich vorgeschriebenen Vordruck abgibt.

Das an den Steuerpflichtigen gerichtete Gebot zur Mitwirkung bei der Sachverhaltsermittlung ist Ausdruck des erheblichen Informationsgefälles zwischen der Finanzbehörde einerseits und dem Steuerpflichtigen andererseits über die aus dem Lebens- und Verantwortungsbereich des Steuerpflichtigen herrührenden Tatsachen des besteuerungserheblichen Sachverhalts und der zu dessen Aufklärung notwendigen Beweismittel[89]. Obgleich die Mitwirkungspflichten für den Steuerpflichtigen mitunter eine Belastung darstellen, sind sie für ihn jedoch auch ein Instrument aktiver Teilnahme am Verfahren. In dem Maße, in dem der Beteiligte zur Mitwirkung verpflichtet wird, verringert sich nämlich gleichsam der behördliche Ermittlungseingriff in seine Privatsphäre[90].

Die Rechtmäßigkeit der in § 90 Abs. 1 AO geregelten Mitwirkungspflicht der Steuerpflichtigen bei der Sachverhaltsermittlung ist unbestritten[91]. Denn ohne die einforderbare Mitwirkung der Beteiligten wäre die gesetzmäßige und gleichmäßige Durchsetzung der Steueransprüche zum Scheitern verurteilt[92].

bb) Allgemeine Mitwirkungspflicht nach § 90 Abs. 1 AO

Die in § 90 Abs. 1 AO normierte allgemeine Mitwirkungspflicht des Steuerpflichtigen bei der Sachverhaltsaufklärung gilt als „Basisvorschrift“[93] für die Mitwirkung der Beteiligten.

---

88 Die allgemeine Mitwirkungspflicht des § 90 Abs. 1 AO wird durch weitere Tatbestände der AO konkretisisert, vgl. insbesondere §§ 93, 95, 97, 99, 100, 135, 137, 138, 139, 140 ff., 149, 153, 154, 200, 208, 210.

89 *Seer*, in: Tipke/Lang, Steuerrecht, § 21, Rn. 172.

90 *Seer*, in: Tipke/Lang, Steuerrecht, § 21, Rn. 172.

91 Vgl. nur BFH v. 13.3.1985, I R 7/81.

92 *Crezelius*, IStR 2002, S. 435.

93 *Wittmann*, StuW 1987, S. 40; *Söhn*, in: Hübschmann/Hepp/Spitaler, § 90, Rn. 15.

§ 90 Abs. 1 Satz 1 AO sieht eine allgemeine Mitwirkungspflicht für alle in der Abgabenordnung und in den Einzelsteuergesetzen näher geregelten Verwaltungsverfahren vor. Satz 2 konkretisiert den Primärinhalt dieser Mitwirkungspflicht und bestimmt, dass die Beteiligten der Mitwirkungspflicht insbesondere dadurch nachkommen, dass sie die für die Besteuerung erheblichen Tatsachen vollständig und wahrheitsgemäß offenlegen und die ihnen bekannten Beweismittel angeben. Satz 3 begrenzt den Umfang der Mitwirkungspflicht durch die Umstände des Einzelfalls[94].

Da im Steuerermittlungsverfahren nur die für den jeweiligen Einzelfall *steuererheblichen* Tatsachen aufklärungsbedürftig sind, ist die Offenlegungspflicht der Beteiligten folgerichtig auf die für die Besteuerung erheblichen Tatsachen beschränkt (§ 90 Abs. 1 Satz 2 AO).

Tatsachen sind dann steuererheblich, wenn sie die finanzbehördliche Entscheidung bei der Besteuerung des Beteiligten beeinflussen (können), d.h. falls die Entscheidung der Finanzbehörde bei Berücksichtigung dieser Tatsache anders ausfallen würde als ohne ihre Berücksichtigung; eine mögliche (potentielle) Steuererheblichkeit genügt hierfür[95]. Ein tatsächliches Aufklärungsbedürfnis fehlt hingegen ersichtlich bei offenkundigen, amtskundigen und gesetzlich fingierten oder vermuteten Tatsachen[96].

Den Umständen des Einzelfalls entsprechend hat der Steuerpflichtige sämtliche steuerlich erheblichen Tatsachen im Einzelnen und im Zusammenhang nach bestem Wissen und Gewissen wahrheitsgemäß und vollständig offenzulegen (§ 90 Abs. 1 Satz 3 AO). Grenze seiner Mitwirkungspflicht ist hierbei die Zumutbarkeit. Die Mitwirkung muss demnach im Einzelfall zur Zweckerreichung geeignet, möglich (erfüllbar), notwendig (erforderlich) und verhältnismäßig sein. Andernfalls ist die Inanspruchnahme des Beweismittels „Beteiligter" (§ 92 Nr. 1 AO) durch die Finanzbehörde rechtswidrig[97].

cc) Mitwirkungspflicht des Steuerpflichtigen und Untersuchungsgrundsatz

Das deutsche Verfahrensrecht geht von dem Grundsatz der Amtsermittlung aus (§ 88 AO), legt dem Steuerpflichtigen Mitwirkungspflichten auf (§ 90 AO) und räumt nach Abschluss der Veranlagung der Finanzbehörde noch Kontroll- und

94 Vgl. zum Ganzen auch *Söhn*, in: Hübschmann/Hepp/Spitaler, § 90, Rn. 15.
95 *Söhn*, in: Hübschmann/Hepp/Spitaler, § 90, Rn. 53.
96 *Wittmann*, StuW 1987, S. 38.
97 Vgl. hierzu *Söhn*, in: Hübschmann/Hepp/Spitaler, § 90, Rn. 72 ff.; *Wittmann*, StuW 1987, S. 39.

Aufklärungsbefugnisse in erheblichem Umfang ein. In welchem Verhältnis allerdings die Mitwirkungspflicht des Steuerpflichtigen zum Untersuchungsgrundsatz steht, wird unterschiedlich beurteilt.

Nach einer Ansicht findet die Sachverhaltsaufklärung im Wege einer *Kooperation* zwischen Finanzbehörde und Steuerpflichtigem statt (sog. Kooperationsmaxime)[98]. Nach diesem Verständnis bilden Finanzbehörde und Steuerpflichtiger eine „Verantwortungsgemeinschaft" und sind für die Sachverhaltsaufklärung gemeinsam verantwortlich[99]. In diesem Zusammenhang wird oftmals auch plastisch von einer „sphärenorientierten Mitverantwortung" des Beteiligten für die Sachverhaltsaufklärung gesprochen[100]. Auch das BVerfG hat festgestellt, dass das Besteuerungsverfahren nach §§ 80 f., 90 ff. AO auf eine kooperative Arbeitsteilung angelegt ist. Es hat hierzu folgendes ausgeführt:

> *„Das faktische und rechtliche Gewicht, das der Mitwirkung des Steuerpflichtigen zukommt, kann vielmehr als Konsequenz einer fairen, zumutbaren und effektiven Ausgestaltung des Verfahrens der Amtsermittlung beschrieben werden, das auf den Dialog mit den Mitwirkungspflichtigen angewiesen und deshalb dialogisch strukturiert ist"*[101].

Nach einer anderen Ansicht begründet die Mitwirkungspflicht des Beteiligten keine *rechtliche* Mitverantwortung für die Sachverhaltsermittlung[102]. Das Bestehen eines notwendigen Kooperationsverhältnisses ändere nichts daran, dass die Verantwortung für die Sachverhaltsermittlung ungeteilt bei der zuständigen Finanzbehörde bleibt, da nur diese allein auch die Richtigkeit der getroffenen Entscheidung zu verantworten habe[103]. Die Beteiligung des Steuerpflichtigen bei der Sachverhaltsaufklärung könne stets nur *Mitwirkung* und nie *Mitentscheidung*[104] sein, da das rechtlich begründete Subordinationsverhältnis zwischen Finanzbehörde und beteiligtem Bürger fortbesteht. Die AO sehe selbst vor, dass die Finanzbehörde die Mitwirkung des Beteiligten auch einseitig einfordern und auch durchsetzen kann[105]. Die Mitwirkungspflichtigen seien

98 *Seer*, in: Tipke/Kruse, AO/FGO, § 88, Rn. 3; *ders.*, Verständigungen in Steuerverfahren, S. 179.

99 BFH v. 15.2.1989, X R 16/86, Rz. 15 ff.; *Wünsch*, in: Koenig, AO, § 88, Rn. 9; *Hoffmann*, Der maßvolle Gesetzesvollzug im Steuerrecht, S. 204; *P. Kirchhof*, DStJG 21 (1998), S. 13.

100 Vgl. *Seer*, in: Tipke/Lang, Steuerrecht, § 21, Rn. 172.

101 BVerfGE 110, 94, 121, BVerfG v. 9.3.2004, 2 BvL 17/02.

102 *Söhn*, in: Hübschmann/Hepp/Spitaler, § 88, Rn. 94 m.w.N.

103 Vgl. hierzu auch *Kopp/Ramsauer*, VwVfG, § 24, Rn. 10 a.

104 *Müller-Franken*, Maßvolles Verwalten, S. 166 m.w.N.

105 *Müller-Franken*, Maßvolles Verwalten, S. 166.

deswegen rechtlich als bloße „Erforschungsgehilfen" der Finanzbehörde anzusehen[106]. Deren Mitwirkung stelle zwar regelmäßig das wichtigste (Beweis-)Mittel für die Sachverhaltsaufklärung dar, sie bleibe aber dabei nur eines von mehreren Mitteln, die der Finanzbehörde nach § 92 AO zur Sachverhaltsaufklärung zur Verfügung stehen[107].

Ungeachtet der unterschiedlichen Auffassungen über das Verhältnis von Mitwirkungspflicht und Untersuchungsgrundsatz stimmen beide Meinungen im Grundsatz jedoch darüber ein, dass die Zuständigkeit und die *Letztverantwortung* für die Durchführung des Verfahrens, die Ermittlung des Sachverhalts und die Festsetzung der Steuer bei der Finanzbehörde verbleibt[108]. Denn für Gesetzmäßigkeit und Gleichmäßigkeit der Besteuerung ist allein die Steuerverwaltung verantwortlich[109].

3. Gesteigerte Mitwirkungspflichten bei Auslandssachverhalten

Nach dem Grundsatz der formellen Territorialität[110] ist die Ausübung staatlicher Hoheitsgewalt auf das Gebiet der Bundesrepublik Deutschland beschränkt, da kein Staat außerhalb seiner Staatsgrenzen auf fremdem Territorium hoheitsrechtliche Befugnisse wahrnehmen darf.

Die Ermittlungstätigkeit der Finanzbehörden endet wegen des Territorialitätsprinzips bei grenzüberschreitenden Sachverhalten an der Grenze. Die Behörden sind daher nicht in der Lage, im Ausland den Sachverhalt aufzuklären. Deshalb sieht § 90 Abs. 2 AO – wie bereits auch § 171 Abs. 3 RAO[111] – bei Auslandssachverhalten eine erweiterte Mitwirkungspflicht für den Steuerpflichtigen vor. Grundlegend hierfür sind bereits die Ausführungen im Urteil des Reichsfinanzhofs vom 30.1.1930[112], in dem es heißt:

> *„Die bei den Finanzämtern obwaltende Schwierigkeit oder in vielen Fällen sogar die Unmöglichkeit, die Zusammenhänge zwischen ausländischen Gesellschaften hinreichend zu klären, darf von den Steuerpflichtigen nicht dazu benutzt werden, sich ihren steuerlichen*

---

106 *Söhn*, in: Hübschmann/Hepp/Spitaler, § 88, Rn. 94; *Müller-Franken*, Maßvolles Verwalten, S. 166.

107 *Söhn*, in: Hübschmann/Hepp/Spitaler, § 88, Rn. 94; § 90, Rn. 28.

108 *Seer*, Verständigungen in Steuerverfahren, S. 179 m.w.N.

109 *Söhn*, in: Hübschmann/Hepp/Spitaler, § 90, Rn. 28.

110 *Herdegen*, Völkerrecht, § 26, Rn. 4 ff.; *Schaumburg*, Internationales Steuerrecht, S. 187.

111 *Möllenbeck*, Das Verhältnis der EG-Amtshilfe zu den erweiterten Mitwirkungspflichten bei internationalen Steuerfällen, S. 87.

112 Urteil des Reichsfinanzhofs v. 30.1.1930, I A 370/29.

Pflichten zu entziehen. Wenn die Tatsachen, die von den Steuerbehörden ermittelt werden konnten, mit einem hohen Grad von Wahrscheinlichkeit einen Rückschluß auf einen bestimmten steuerlichen Tatbestand gestatten, so können die Steuerbehörden einen solchen Tatbestand als festgestellt ansehen, wenn die Steuerpflichtigen, über die beabsichtigte Stellungnahme der Steuerbehörden unterrichtet, die Verhältnisse nicht anderweitig aufklären und nötigenfalls glaubhaft machen. Den Steuerpflichtigen wird damit nicht der Beweis einer Negative zugemutet, sondern nur die Offenlegung der für den Steuerfall wichtigen tatsächlichen Verhältnisse.“

Durch die verstärkte Mitwirkungspflicht der Beteiligten soll letztlich sichergestellt werden, dass die Aufklärung von Sachverhalten, die zwar Vorgänge im Ausland betreffen, aber für die inländische Besteuerung bedeutsam sind, trotz des Fehlens eigener Ermittlungsmöglichkeiten der Finanzbehörden im Ausland verwirklicht werden kann[113]. Im Bereich der Unternehmensbesteuerung ist hierbei an die Steuervermeidung durch künstliche Gewinnverlagerungen innerhalb eines grenzüberschreitend tätigen Konzerns zu denken[114]. Bei der Besteuerung natürlicher Personen bereiten beispielsweise die Berücksichtigung von Versorgungsbeiträgen an ausländische Unternehmen[115], die Gewährung eines Steuerabzugs für eine an einen im Ausland ansässigen Empfänger getätigten Spende[116], oder die Anrechnung der auf ausländischen Dividenden lastenden Körperschaftsteuer auf die inländische Einkommensteuer[117] Schwierigkeiten.

a) Arten der erweiterten Mitwirkungspflichten

Der Gesetzgeber hat zur Aufklärung von steuererheblichen Sachverhalten mit Auslandsbezug eine Sachaufklärungs- und eine Beweismittelbeschaffungspflicht vorgesehen (§ 90 Abs. 2 Satz 1 AO), wobei die Beteiligten alle für sie bestehenden rechtlichen und tatsächlichen Möglichkeiten auszuschöpfen haben (§ 90 Abs. 2 Satz 2 AO). Ferner trifft die Beteiligten auch die Pflicht, nach Lage des Einzelfalls bei der Gestaltung ihrer Verhältnisse entsprechende Vorsorge zu treffen und Beweismittel sowie den Sachverhalt zu sichern (Sachaufklärungs- und

113 Vgl. nur *Söhn*, in: Hübschmann/Hepp/Spitaler, § 90, Rn. 140.

114 Vgl. hierzu unter E. III. 2. a) ee).

115 EuGH v. 28.1.1992, Rs. C-204/90, *Bachmann*, Slg. 1992, I-249; vgl. auch die Parallelentscheidung EuGH v. 28.1.1992, Rs. C-300/90, *Kommission/Belgien*, Slg. 1992, I 314. Vgl. hierzu unter F. I. 2. a).

116 EuGH v. 27.1.2009, Rs. C-318/07, *Persche*, Slg. 2009, I-359. Vgl. hierzu unter F. I. 4. b).

117 Vgl. hierzu unter F. I. 4. c).

Beweismittelbeschaffungsvorsorgepflicht; § 90 Abs. 2 Satz 4 AO). Die Vorschrift des § 90 Abs. 2 AO steht nach überwiegender Ansicht in der Literatur im Einklang mit den Grundfreiheiten des AEUV[118].

aa) Sachaufklärungspflicht

§ 90 Abs. 2 AO sieht über Abs. 1 hinausgehende Pflichten vor und erweitert die Mitwirkungspflichten der Beteiligten sowohl in qualitativer als auch in quantitativer Hinsicht, indem sowohl eine intensivere als auch eine umfassendere Mitwirkung des Steuerpflichtigen vorgesehen ist. Die schlichte Pflicht zur „Offenlegung" dem Steuerpflichtigen bekannter Sachverhalte (Abs. 1) wird in Abs. 2 zu einer aktiven Sach*aufklärungs*pflicht, die den Beteiligten ein „Mehr" im Sinne einer umfassenden Gesamtdarstellung des steuererheblichen Sachverhalts abverlangt[119]. Die Beteiligten haben bei der Aufklärung auch alle für sie bestehenden rechtlichen und tatsächlichen Möglichkeiten auszuschöpfen (§ 90 Abs. 2 Satz 2 AO).

Mit Wirkung zum 1.1.2010 wurde § 90 Abs. 2 AO um eine weitere Mitwirkungspflicht zur Bekämpfung schädlicher Steuerpraktiken und Steuerhinterziehungen[120] ergänzt.

Der neu eingeführte Satz 3 sieht vor, dass der Steuerpflichtige nach Aufforderung durch die Finanzbehörde die Richtigkeit und Vollständigkeit seiner Angaben an Eides statt zu versichern und die Finanzbehörde zu bevollmächtigen hat, in seinem Namen mögliche Auskunftsansprüche gegenüber den von der Finanzbehörde benannten Kreditinstituten außergerichtlich und gerichtlich geltend zu machen. Die Regelung gilt in Fällen, in denen objektiv erkennbare Anhaltspunkte für die Annahme bestehen, dass der Steuerpflichtige über Geschäftsbeziehungen zu Finanzinstituten in einem Staat oder Gebiet verfügt, mit dem kein Abkommen besteht, das die Erteilung von Auskünften an die deutschen Finanzbehörden nach den Standards der OECD[121] vorsieht. Gleiches gilt für den

---

118 Vgl. *Söhn*, in: Hübschmann/Hepp/Spitaler, § 90, Rn. 146 f.; *Crezelius*, IStR 2002, S. 438; a.A. offenbar *Schnitger*, BB 2002, S. 336.

119 *Schnitger*, BB 2002, S. 333.

120 Gesetz zur Bekämpfung der Steuerhinterziehung (Steuerhinterziehungsbekämpfungsgesetz) vom 29.7.2009, BGBl. I 2009, S. 2302.

121 Als Maßstab hierfür gilt Artikel 26 des OECD-Musterabkommens zur Vermeidung der Doppelbesteuerung auf dem Gebiet der Steuern vom Einkommen und vom Vermögen in der Fassung von 2005. Siehe hierzu *Engelschalk*, in: Vogel/Lehner, DBA, Art. 26, passim.

Fall, dass der Staat oder das Gebiet keine Auskünfte in einem vergleichbaren Umfang erteilt oder keine Bereitschaft zu einer entsprechenden Auskunftserteilung besteht.

Mangels eigener Ermittlungsbefugnisse auf fremdem Staatsgebiet behelfen sich die Finanzbehörden bei der Erforschung von Auslandssachverhalten mit einer intensiveren Inpflichtnahme der Beteiligten[122]. Trotz der gesteigerten Mitwirkungspflichten bei Auslandssachverhalten übernehmen die Beteiligten jedoch nicht die den Finanzbehörden übertragene Verpflichtung zur Sachverhaltsaufklärung[123]. Denn der Untersuchungsgrundsatz des § 88 AO gilt auch bei Auslandssachverhalten[124]. § 90 Abs. 2 AO auferlegt dem Steuerpflichtigen lediglich eine verstärkte Mitwirkungspflicht bei der Sachverhaltsaufklärung durch die Finanzbehörden[125].

bb) Aufklärungsvorsorgepflicht

Die Pflicht zur Aufklärung des Sachverhalts wird durch eine Aufklärungsvorsorgepflicht ergänzt. Der Steuerpflichtige kann sich im Rahmen des § 90 Abs. 2 AO nicht darauf berufen, dass er zu einer Aufklärung außerstande ist, sofern er sich nach Lage des Falles bei der Gestaltung seiner Verhältnisse diese Möglichkeit hätte beschaffen oder einräumen lassen können (§ 90 Abs. 2 Satz 4 AO). Hat er diese Vorsorge nicht getroffen, kann die Finanzbehörde die Unmöglichkeit einer Sachverhaltsaufklärung wegen mangelnder Unterstützung durch den Steuerpflichtigen – wie die Verweigerung einer möglichen Mitwirkung – zu dessen Nachteil frei würdigen[126]. Sowohl die Berufung auf einen Beweisnotstand als auch der Einwand, dass er die gescheiterte Sachverhaltsaufklärung nicht zu vertreten habe, ist dem Steuerpflichtigen bei Nichterfüllung seiner Aufklärungsvorsorgepflicht bewusst verwehrt[127].

122 *Söhn*, in: Hübschmann/Hepp/Spitaler, § 90, Rn. 154.

123 *Crezelius*, IStR 2002, S. 435; *Schaumburg*, Internationales Steuerrecht, S. 1236.

124 *Söhn*, in: Hübschmann/Hepp/Spitaler, § 90, Rn. 154; *Crezelius*, IStR 2002, S. 435.

125 *Schnitger*, BB 2002, S. 334.

126 BFH v. 17.3.1997, I B 123/95, Rz. 14; *Kempermann*, FR 1990, S. 441; *Söhn*, in: Hübschmann/Hepp/Spitaler, § 90, Rn. 166; *Wünsch*, in: Koenig, AO, § 90, Rn. 43.

127 *Söhn*, in: Hübschmann/Hepp/Spitaler, § 90, Rn. 166.

cc) Beweismittelbeschaffungspflicht

Die Steuerpflichtigen müssen die erforderlichen Beweise nicht nur – wie bei Inlandssachverhalten nach § 90 Abs. 1 Satz 1 AO – benennen, sondern diese auch selbst beschaffen[128]. Hierbei haben die Beteiligten wiederum alle zur Beweismittelbeschaffung bestehenden rechtlichen und tatsächlichen Möglichkeiten auszuschöpfen (§ 90 Abs. 2 Satz 2 AO).

Durch die Beweismittelbeschaffungspflicht soll verhindert werden, dass eine Beweiserhebung daran scheitert, dass die angegebenen Beweismittel für die deutschen Finanzbehörden unerreichbar im Ausland sind und eine Einvernahme im Inland nicht erzwungen werden kann[129]. Aus den gleichen Gründen sind die Beteiligten auch dazu verpflichtet, maßgebliche Urkunden selbst zu beschaffen und vorzulegen, da die Finanzbehörden die Vorlage von Urkunden, die sich im Besitz anderer, im Ausland ansässiger Personen befinden, nicht nach § 97 AO verlangen können[130]. Welche Beweismittel als „erforderlich" i. S. d. § 90 Abs. 2 Satz 1 AO anzusehen sind, richtet sich nach den Umständen des jeweiligen Einzelfalls[131].

dd) Beweismittelbeschaffungsvorsorgepflicht

In gleicher Weise wie die Sachaufklärungspflicht wird auch die Beweismittelbeschaffungspflicht durch eine Vorsorgepflicht ergänzt. Der Steuerpflichtige ist demnach bereits bei der Gestaltung seiner Verhältnisse verpflichtet, für eine mögliche und rechtzeitige Beweismittelbeschaffung Vorsorge zu treffen (§ 90 Abs. 2 Satz 4 AO). Insbesondere muss der Steuerpflichtige schon bei einem steuerrelevanten Geschäftsabschluss die Regelungen bedenken und diejenigen Vereinbarungen treffen, die ihm später die erforderlichen Nachweismöglichkeiten verschaffen[132]. Die Nichterfüllung einer möglichen, verhältnismäßigen und zumutbaren Beweismittelbeschaffungsvorsorgepflicht darf die Finanzbehörde wie die Nichterfüllung einer möglichen Beweisbeschaffung zum Nachteil des Steuerpflichtigen frei würdigen[133].

---

128 BFH v. 16.4.1980, I R 75/78, Rz. 5 f.; BFH v. 2.12.2004, III R 49/03, Rz. 24 ff.; *Schnitger*, BB 2002, S. 334.

129 *Söhn*, in: Hübschmann/Hepp/Spitaler, § 90, Rn. 170.

130 *Kempermann*, FR 1990, S. 439.

131 Zu Beispielen aus der Rechtsprechung vgl. *Möllenbeck*, Das Verhältnis der EG-Amtshilfe zu den erweiterten Mitwirkungspflichten bei internationalen Steuerfällen, S. 90.

132 *Kempermann*, FR 1990, S. 438 f.; *Söhn*, in: Hübschmann/Hepp/Spitaler, § 90, Rn. 178.

133 *Wünsch*, in: Koenig, AO, § 90, Rn. 43; *Söhn*, in: Hübschmann/Hepp/Spitaler, § 90, Rn. 179.

b) *Grenzen der erweiterten Mitwirkungspflichten*

Auch für die erweiterten Mitwirkungspflichten gelten die allgemeinen pflichtenbegrenzenden Grundsätze der Geeignetheit, Erforderlichkeit und Zumutbarkeit[134].

Diese allgemeinen Pflichtengrenzen haben bei der erhöhten Mitwirkungspflicht jedoch nicht den gleichen Geltungsrahmen wie bei der allgemeinen Mitwirkungspflicht nach § 90 Abs. 1 AO. Betrachtet man insbesondere den Grundsatz der Erforderlichkeit, so ist festzustellen, dass den Finanzbehörden für die Aufklärung von Auslandssachverhalten grundsätzlich nicht andere *in gleicher Weise* wirksame Möglichkeiten zur Verfügung stehen; daher ist die erweiterte Mitwirkungspflicht in diesem Fall weniger stark eingeschränkt[135]. Obgleich die Finanzbehörden zwar im Grundsatz die Möglichkeit zur internationalen Rechts- und Amtshilfe besitzen, sind diese jedoch erst in zweiter Stufe nach Anwendung der innerstaatlichen Ermittlungsmöglichkeiten, d.h. nach Verwendung und Ausschöpfung des § 90 Abs. 2 AO, in Betracht zu ziehen[136].

V. Zwischenergebnis

Die Verwaltung der Steuern obliegt gemäß Art. 108 GG den Finanzbehörden. Das Verfahren hierzu ist in verschiedene Stufen unterteilt, die sich im Aufbau der AO widerspiegeln. Zur Vorbereitung der Festsetzung von Steuern müssen zunächst die entsprechenden Besteuerungsgrundlagen ermittelt werden. Dies geschieht im Steuerermittlungsverfahren. Die wesentlichen Vorschriften über das Steuerermittlungsverfahren befinden sich im Allgemeinen Teil der Verfahrensvorschriften, insbesondere in den §§ 85 bis 117 AO. Die in diesen Normen niedergelegten Grundsätze können in jedem Stadium des Verfahrens wirken, vom Beginn des Verfahrens mit der Erfassung der Steuerpflicht, über das Festsetzungs-, Erhebungs- und Vollstreckungsverfahren, bis hin zum Rechtsbehelfsverfahren[137].

Aus dem Rechtsstaatsprinzip des Art. 20 Abs. 3 GG folgt, dass die Finanzbehörden im Besteuerungsverfahren Gesetz und Recht verwirklichen müssen. Dieses Gebot wird für das Ermittlungsverfahren in den §§ 85 ff. AO konkretisiert.

---

134 *Kempermann*, FR 1990, S. 438; *Schnitger*, BB 2002, S. 333; *Söhn*, in: Hübschmann/Hepp/Spitaler, § 90, Rn. 180.

135 So zutreffend *Schnitger*, BB 2002, S. 333 f.; ebenso *Möllenbeck*, Das Verhältnis der EG-Amtshilfe zu den erweiterten Mitwirkungspflichten bei internationalen Steuerfällen, S. 91.

136 *Schnitger*, BB 2002, S. 333 m.w.N.

137 *Kruse*, Lehrbuch des Steuerrechts, Bd. 1, Allgemeiner Teil, S. 322; *Seer*, in: Tipke/Kruse, AO/FGO, § 85, Rn. 3.

Danach sind die Steuern gleichmäßig und nach Maßgabe der Gesetze festzusetzen und zu erheben (Grundsätze der Gesetzmäßigkeit und Gleichmäßigkeit der Besteuerung; Art. 3 Abs. 1 GG, § 85 Satz 1 AO). Nach dem Prinzip der Gesetzmäßigkeit der Besteuerung sind die Finanzbehörden nicht nur berechtigt, sondern auch verpflichtet, die gesetzlich geschuldeten Steuern zu erheben; es gilt nicht das Opportunitäts-, sondern das Legalitätsprinzip.

Gleichmäßiges Verwaltungshandeln erfordert Rechtsetzungs- und Rechtsanwendungsgleichheit. Der rechtsstaatliche Auftrag zur gleichmäßigen Besteuerung kann jedoch nur dann voll erfüllt werden, wenn zum einen das Gesetz die materielle Gleichheit gewährleistet und zum anderen das materielle Gesetz durch ein Verfahrensrecht gestützt wird, das die Belastungsgleichheit im tatsächlichen Erfolg prinzipiell gewährleistet[138]. Das Verfahrensrecht bietet deshalb geeignete Instrumente, die es den Finanzbehörden ermöglichen, das gesetzliche Ziel einer für alle gleichen, gegenwartsnahen und für jeden Einzelnen unausweichlichen Steuererhebung zu verwirklichen[139].

Die Ermittlung, Festsetzung und Erhebung der Einkommensteuer hängt maßgeblich von den Erklärungen des Steuerpflichtigen und von den in seiner Steuererklärung gemachten Angaben ab. Eine Steuererhebung, die nahezu allein auf der Erklärungsbereitschaft des Steuerpflichtigen beruht, trifft jedoch nicht mehr alle und verfehlt damit die steuerliche Lastengleichheit[140]. Die grundsätzlich vorausgesetzte Steuerehrlichkeit des Erklärenden muss daher durch hinreichende, die steuerliche Belastungsgleichheit gewährleistende Kontrollmöglichkeiten abgestützt werden. Eine Besteuerung allein nach Deklaration ohne Verifikation stellt einen strukturellen Erhebungsmangel dar, der zur Unvereinbarkeit mit Art. 3 Abs. 1 GG führt und eine gesetzgeberische Pflicht zur Normensanierung begründet[141]. Das Deklarationsprinzip bedarf deshalb der Ergänzung durch das Verifikationsprinzip[142].

Den in § 85 AO niedergelegten rechtsstaatlichen Grundsätzen der Gesetzmäßigkeit und Gleichheit der Besteuerung trägt der Untersuchungsgrundsatz des § 88 AO Rechnung. Nach dem Prinzip der materiellen Wahrheit verpflichtet

---

138 *Söhn*, in: Hübschmann/Hepp/Spitaler, § 85, Rn. 36; BVerfGE 84, 239, 271 ff., BVerfG v. 27.6.1991, 2 BvR 1493/89; BVerfGE 110, 94, 115, BVerfG v. 9.3.2004, 2 BvL 17/02.

139 BVerfGE 96, 1, 8, BVerfG v. 10.4.1997, 2 BvL 77/92.

140 BVerfGE 84, 239, 273, BVerfG v. 27.6.1991, 2 BvR 1493/89.

141 BVerfGE 84, 239, 273 f., BVerfG v. 27.6.1991, 2 BvR 1493/89; BVerfGE 110, 94, 115, BVerfG v. 9.3.2004, 2 BvL 17/02.

142 BVerfGE 84, 239, 273, BVerfG v. 27.6.1991, 2 BvR 1493/89; BVerfGE 110, 94, 115, BVerfG v. 9.3.2004, 2 BvL 17/02.

der Untersuchungsgrundsatz die Finanzbehörden, die für die Aufklärung eines besteuerungserheblichen Sachverhalts notwendigen Tatsachen von Amts wegen vollständig zu ermitteln (§ 88 Abs. 1 Satz 1 AO). Sie sind an das Vorbringen der Beteiligten nicht gebunden (§ 88 Abs. 1 Satz 2 Halbsatz 2 AO) und bestimmen selbst Art und Umfang ihrer Ermittlungen (§ 88 Abs. 1 Satz 2 Halbsatz 1 AO).

Die Aufklärungspflicht der Finanzbehörden erfährt durch die Mitwirkungspflichten des Steuerpflichtigen nach §§ 90 ff. AO eine Begrenzung. Auf die Richtigkeit und Vollständigkeit der Angaben des Steuerpflichtigen dürfen die Finanzbehörden zwar zunächst vertrauen. Wenn jedoch Anhaltspunkte für Zweifel an den Angaben vorliegen, muss weiter ermittelt werden. Die Ermittlungspflicht endet allerdings dort, wo eine weitere Aufklärung rechtlich und tatsächlich unmöglich oder unverhältnismäßig und unzumutbar ist[143]. Angesichts einer Vielzahl von Fällen im steuerlichen Massenverfahren und der begrenzten Ressourcen der Finanzbehörden spielen hierbei auch verwaltungsökonomische Gesichtspunkte eine immer wichtigere Rolle. Insbesondere bei der Aufklärung von Sachverhalten, die Vorgänge im Ausland betreffen, aber für die inländische Besteuerung bedeutsam sind, trifft den Steuerpflichtigen eine verstärkte Mitwirkungspflicht (§ 90 Abs. 2 AO). Hierdurch soll sichergestellt werden, dass die Ermittlung des besteuerungserheblichen Sachverhalts trotz des Fehlens eigener Ermittlungsmöglichkeiten der Finanzbehörden im Ausland verwirklicht werden kann.

Darüber hinaus ist in Fällen erschwerter Sachverhaltsermittlung unter bestimmten Voraussetzungen zur Förderung der Effektivität der Besteuerung sowie zur Sicherung des Rechtsfriedens eine tatsächliche Verständigung über die Annahme eines bestimmten Sachverhalts und über eine bestimmte Sachbehandlung zwischen der Finanzbehörde und dem Steuerpflichtigen möglich[144]. Die Verständigung darf jedoch keine Rechtsfragen, sondern nur Fälle erschwerter Sachverhaltsermittlung zum Gegenstand haben[145]. Allerdings toleriert der BFH letztlich auch eine Verständigung über Rechtsfragen, wenn diese in einem so engen Zusammenhang mit Tatsachen stehen, dass sie sachgerechterweise nicht auseinandergerissen werden können[146].

143 *Söhn*, in: Hübschmann/Hepp/Spitaler, § 88, Rn. 136.

144 Vgl. AEAO zu § 88 Nr. 1.

145 *Seer*, Verständigungen in Steuerverfahren, S. 73; *Seer*, in: Tipke/Kruse, AO/FGO, Vorbemerkungen zu §§ 118 bis 129, Rn. 10.

146 *Seer*, Verständigungen in Steuerverfahren, S. 209; *Seer*, in: Tipke/Kruse, AO/FGO, Vorbemerkungen zu §§ 118 bis 129, Rn. 11.

Eine Verständigung über reine Rechtsfragen bleibt nach Auffassung des BFH aber unzulässig[147].

Ungeachtet der gesteigerten Mitwirkungspflichten des Steuerpflichtigen und der Möglichkeit einer tatsächlichen Verständigung mit dem Steuerpflichtigen verbleibt die *Letztverantwortung* für die Richtigkeit der ermittelten Tatsachen nach dem Prinzip der materiellen Wahrheit stets bei den Finanzbehörden[148]. Diesen obliegt die Verantwortung für die Verifizierung, Würdigung und Feststellung der im Rahmen der Mitwirkungspflicht durch die Beteiligten offengelegten Tatsachen und angegebenen Erkenntnis- und Beweismittel[149].

147 Jüngst bestätigt durch BFH v. 16.9.2014, VIII R 1/12.

148 BVerfGE 110, 94, 121, BVerfG v. 9.3.2004, 2 BvL 17/02; *Seer*, in: Tipke/Lang, Steuerrecht, § 21, Rn. 170.

149 *Müller-Franken*, Maßvolles Verwalten, S. 207 f.; *Kobor*, Kooperative Amtsermittlung im Verwaltungsrecht, S. 65; *Seer*, in: Tipke/Kruse, AO/FGO, § 88, Rn. 1.

C. Regelungsbefugnis und Kompetenzgrenzen der Europäischen Union zur Ausformung eines einheitlichen Steuerermittlungsverfahrens

Die Besteuerungshoheit liegt bei den Mitgliedstaaten. Die Union kann mit Ausnahme der Steuern auf Dienstbezüge ihrer Mitarbeiter keine eigenen Steuern erheben[150]. Nach geltendem Unionsrecht fehlt für die Einräumung originärer Besteuerungskompetenzen der Union jede Rechtsgrundlage[151]. Lediglich Art. 113 AEUV gibt dem Rat die Befugnis, Bestimmungen über die Harmonisierung der indirekten Steuern zu erlassen. Für den Bereich des Rechts der direkten Steuern besteht hingegen keine besondere Harmonisierungskompetenz, so dass eine Harmonisierung in diesem Bereich allenfalls unter Berufung auf eine allgemeine Harmonisierungskompetenz der Union erfolgen kann.

Eine Kompetenz zur Regelung des Steuerverfahrensrechts ist der Union vertraglich nicht zugewiesen; die „Verfahrensautonomie" liegt grundsätzlich bei den Mitgliedstaaten. Im Gegensatz zu den detaillierten Regelungen der deutschen Abgabenordnung existieren daher auf europäischer Ebene keine einheitlichen Vorschriften für die Regelung des Steuerverfahrens im Allgemeinen und des Steuerermittlungsverfahrens im Besonderen. Der Vollzug materieller Steuergesetze, auch soweit sie ganz oder teilweise unionsrechtlich vorgegeben sind, erfolgt ausschließlich durch die nationalen Steuerbehörden. Hierbei haben die nationalen Steuerbehörden grundsätzlich das nationale Steuerverfahrensrecht anzuwenden[152].

Dieser Befund ist in der Kompetenzordnung der Europäischen Union und den Schranken der Unionskompetenz begründet. Denn die Union darf nur innerhalb der Grenzen der Zuständigkeiten tätig werden, welche die Mitgliedstaaten ihr in den Verträgen zur Verwirklichung der darin niedergelegten Ziele

150 Verordnung (EWG, Euratom, EGKS) Nr. 260/68 des Rates vom 29.2.1968 zur Festlegung der Bestimmungen und des Verfahrens für die Erhebung der Steuer zugunsten der Europäischen Gemeinschaften; ABl. Nr. L 56, S. 8; zuletzt geändert durch Verordnung (EG, Euratom) Nr. 1750/2002 des Rates vom 30.9.2002; ABl. Nr. L 264, S. 15.

151 *Waldhoff*, in: Calliess/Ruffert, EUV/AEUV, Art. 311 AEUV, Rn. 16; *Oppermann/Classen/Nettesheim*, Europarecht, S. 86.

152 *Wernsmann*, in: Schulze/Zuleeg/Kadelbach, Europarecht, § 30, Rn. 10.

übertragen haben. Alle der Union nicht in den Verträgen zugewiesenen Kompetenzen verbleiben dagegen bei den Mitgliedstaaten.

Im Folgenden sollen zunächst die Regelungsbefugnis und die Kompetenzgrenzen der Union in der gebotenen Kürze dargestellt werden. Hieran schließen sich Ausführungen zur fehlenden unionsrechtlichen Kompetenz zur Ausformung eines einheitlichen Steuerermittlungsverfahrens an.

I. Regelungsbefugnis und Kompetenzgrenzen der Europäischen Union im Bereich des Verfahrensrechts

1. Allgemeines

Eine Kompetenz zur Regelung des Verfahrensrechts kann der Union nur durch den Vertrag zugewiesen werden. Denn die Union verfügt nicht über die für Staaten typische „Kompetenz-Kompetenz“[153] und hat somit nicht das Recht, neuartige und andere Aufgaben aus eigener Zuständigkeit ohne ausdrückliche Zuweisung durch die Mitgliedstaaten zu übernehmen[154]. Das Grundgesetz untersagt im Übrigen auch die Übertragung der Kompetenz-Kompetenz an die Europäische Union[155].

Die Besonderheit der Union liegt in ihrer Konzeption als „überstaatliches Gebilde“, das mit Inkrafttreten des Vertrages von Lissabon auch über eine eigene Rechtspersönlichkeit verfügt (Art. 47 EUV)[156]. Das wesentliche, durch den Begriff der „Supranationalität“ angedeutete Charakteristikum der Union besteht darin, dass sie – ohne selbst Staat zu sein – die Mitgliedstaaten dauerhaft in einem rechtlich verselbständigten Staatenverbund[157] zusammenführt, die

153 *Lerche*, „Kompetenz-Kompetenz“ und das Maastricht-Urteil des Bundesverfassungsgerichts, in: Verfassungsrecht im Wandel. Zum 180jährigen Bestehen der Carl Heymanns Verlag KG, S. 409 ff.

154 *P. Kirchhof*, Der deutsche Staat in der europäischen Integration, in: HStR X, 2012, § 214, Rn. 15.

155 BVerfGE 89, 155, 187 f., 192, 199, BVerfG v. 12.10.1993, 2 BvR 2134, 2159/92; bestätigt in BVerfGE 123, 267, 349, BVerfG v. 30.6.2009, 2 BvE 2, 5/08, 2 BvR 1010, 1022, 1259/08, 182/09.

156 *Geiger*, in: Geiger/Khan/Kotzur, EUV/AEUV, Art. 1 EUV, Rn. 6; soweit die Europäische Union als solche vor Inkrafttreten des Vertrages von Lissabon tätig wurde, handelte nicht sie, sondern die Gesamtheit der Mitgliedstaaten; nur die in die Europäische Union eingeordneten europäischen Gemeinschaften waren rechtsfähig (Art. 281, 282 EGV).

157 Zum Begriff des Staatenverbundes vgl. BVerfGE 89, 155, 181 ff., BVerfG v. 12.10.1993, 2 BvR 2134, 2159/92; BVerfGE 123, 267, 381 BVerfG v. 30.6.2009, 2 BvE 2, 5/08, 2

ihr von den Mitgliedstaaten übertragenen Aufgaben und Kompetenzen eigenständig und rechtsverbindlich wahrnimmt und innerhalb der ihr übertragenen Zuständigkeiten originär Recht setzt und das mitgliedstaatliche Recht in diesem Bereich „europäisiert"[158]. Im Staatenverbund bleiben die Mitgliedstaaten Träger der Souveränität[159]. Die Mitgliedstaaten sind in funktionaler Hinsicht weiterhin uneingeschränkt als „Herren der Verträge"[160] anzusehen. Demgegenüber fehlen der Union nach zutreffender Sichtweise[161] die wesentlichen Eigenschaften eines Staates. Sie hat kein Staats*gebiet*, kein Staats*volk* und keine Staats*gewalt*[162].

Dass die Mitgliedstaaten der Union in den Verträgen Zuständigkeiten *zur Verwirklichung der in den Verträgen niedergelegten Ziele* übertragen haben, darf nicht so verstanden werden, dass von einer Zielbestimmung auf eine dem Ziel angemessene (nicht in den Verträgen zugewiesene) Kompetenz geschlossen werden kann[163]. Der Union ist es vielmehr lediglich möglich, die bereits bestehenden

---

BvR 1010, 1022, 1259/08, 182/09; *P. Kirchhof*, Der deutsche Staat in der europäischen Integration, in: HStR X, 2012, § 214, Rn. 2; *ders.*, Der deutsche Staat im Prozeß der europäischen Integration, in: HStR VII, 1992, § 183, Rn. 38; *ders.*, Europäische Einigung und Verfassungsstaat, in: Isensee, Josef (Hrsg.), Europa als politische Idee und als rechtliche Form, S. 89; *ders.*, Das Maastricht-Urteil des Bundesverfassungsgerichts, in: Hommelhoff/Kirchhof (Hrsg.), Der Staatenverbund der Europäischen Union, S. 12 f.; *ders.*, Der europäische Staatenverbund, in: von Bogdandy/Bast (Hrsg.), Europäisches Verfassungsrecht, 2009, S. 1009 ff.; *Di Fabio*, Das Recht offener Staaten, S. 98 f., 140 f.; a. A. für den Begriff und die Konstruktion eines *Verfassungsverbundes* vgl. *Pernice*, EuR 1996, S. 29 ff.; noch weitergehend im Sinne eines *Staaten- und Verfassungsverbundes Calliess*, Die neue Europäische Union nach dem Vertrag von Lissabon, S. 70; ebenso *Everling*, Die Europäische Union als föderaler Zusammenschluss von Staaten und Bürgern, in: von Bogdandy/Bast (Hrsg.), Europäisches Verfassungsrecht, 2009, S. 1002 ff.

158 *P. Kirchhof*, Der europäische Staatenverbund, in: von Bogdandy/Bast (Hrsg.), Europäisches Verfassungsrecht, 2009, S. 1035.

159 BVerfGE 89, 155, 186, BVerfG v. 12.10.1993, 2 BvR 2134, 2159/92; zuletzt bekräftigt in BVerfGE 123, 267, 381, BVerfG v. 30.6.2009, 2 BvE 2, 5/08, 2 BvR 1010, 1022, 1259/08, 182/09.

160 BVerfGE 89, 155, 190, BVerfG v. 12.10.1993, 2 BvR 2134, 2159/92; BVerfGE 123, 267, 381, BVerfG v. 30.6.2009, 2 BvE 2, 5/08, 2 BvR 1010, 1022, 1259/08, 182/09.

161 Für eine andere Sichtweise vgl. beispielsweise *Calliess*, Die neue Europäische Union nach dem Vertrag von Lissabon, S. 70 ff.; *Habermas*, Zur Verfassung Europas, S. 48 ff.

162 Ausgehend von *Jellinek*, Allgemeine Staatslehre, S. 394 ff., *Zippelius*, Allgemeine Staatslehre, S. 40 ff.

163 *Nettesheim*, Kompetenzen, in: von Bogdandy/Bast (Hrsg.), Europäisches Verfassungsrecht, 2009, S. 399; *Jarass*, AöR 1996, S. 175.

Kompetenzen zur Verwirklichung der vertraglichen Ziele wahrzunehmen. Eine Übertragung weiterer Zuständigkeiten ist nur im Rahmen des Vertragsänderungsverfahrens nach Art. 48 EUV mit Ratifikation durch sämtliche Mitgliedstaaten möglich[164].

2. Prinzip der begrenzten Einzelermächtigung, Theorie der *implied powers* und *effet utile* Auslegung

a) Prinzip der begrenzten Einzelermächtigung

Die Verteilung und Abgrenzung der Zuständigkeiten der Union von denen der Mitgliedstaaten erfolgt nach dem Prinzip der begrenzten Einzelermächtigung (Art. 5 Abs. 1 Satz 1 EUV). Hiernach wird die Union nur innerhalb der Grenzen der Zuständigkeiten tätig, die die Mitgliedstaaten ihr in den Verträgen zur Verwirklichung der darin niedergelegten Ziele übertragen haben (Art. 5 Abs. 2 Satz 1 EUV), während alle der Union nicht in den Verträgen übertragenen Zuständigkeiten bei den Mitgliedstaaten verbleiben (Art. 5 Abs. 2 Satz 2 EUV). Der Vertrag von Lissabon bestätigt das Prinzip der begrenzten Einzelermächtigung als „Schlüsselnorm"[165] für die Kompetenzabgrenzung zwischen Union und Mitgliedstaaten ausdrücklich[166]. Die Zuständigkeit der Union und ihrer Organe erstreckt sich somit nur auf diejenigen Bereiche, die von den Kompetenzen des Primärrechts abgedeckt werden. Sie kann nur dort handeln, wo ihr in den Verträgen die entsprechende Befugnis erteilt worden ist. Ihren Handlungsraum darf sie nicht eigenmächtig erweitern.

Während sich bislang in den Verträgen kein ausdrücklicher Kompetenzkatalog fand und die Kompetenznormen über die gesamte Breite des Vertragsrechts verstreut waren[167], sind seit Inkrafttreten des Vertrages von Lissabon in den Art. 5 EUV sowie Art. 2 ff. AEUV nunmehr grundlegende Kompetenzbestimmungen sowie eine Auflistung und Definition abstrakter Kompetenzkategorien (Art. 2 AEUV) geregelt. Die Union verfügt über ausschließliche und geteilte (konkurrierende) Zuständigkeiten. Ferner kann sie Maßnahmen zur Unterstützung,

---

164 *Epiney*, Jura 2006, S. 755.

165 Vgl. zum Begriff *Calliess*, in: Calliess/Ruffert, EUV/AEUV, Art. 5 EUV, Rn. 4.

166 Vgl. Art. 1 Abs. 1, Art. 3 Abs. 6, Art. 4 Abs. 1, Art. 48 Abs. 6 EUV; Art. 2 Abs. 1 und 2, Art. 4 Abs. 1, Art. 7, Art. 19, Art. 32, Art. 130, Art. 132 Abs. 1, Art. 207 Abs. 6, Art. 337 AEUV; siehe auch die „Erklärung (Nr. 18) zur Abgrenzung der Zuständigkeiten" v. 3.12.2007, CIG 15/07.

167 *Nettesheim*, Kompetenzen, in: von Bogdandy/Bast (Hrsg.), Europäisches Verfassungsrecht, 2009, S. 411.

Koordinierung und Ergänzung ergreifen[168]. Daneben finden sich in Art. 2 Abs. 3 und 4 sowie Art. 5 AEUV spezielle Unionskompetenzen zur Koordinierung der Wirtschafts-, Beschäftigungs- und Sozialpolitik der Mitgliedstaaten und zur Erarbeitung und Verwirklichung einer gemeinsamen Außen- und Sicherheitspolitik einschließlich der schrittweisen Festlegung einer gemeinsamen Verteidigungspolitik. Darüber hinaus enthalten die Art. 3, 4 und 6 AEUV eine Zuordnung der in den jeweiligen Regelungsbereichen der Verträge bestehenden Gesetzgebungskompetenzen zu diesen Kategorien.

Materiell-rechtliche Schutzmechanismen, insbesondere Zuständigkeitsausübungsregeln, sollen darüber hinaus gewährleisten, dass die der Union vertraglich zugewiesenen Einzelermächtigungen in einer die mitgliedstaatlichen Zuständigkeiten schonenden Weise wahrgenommen werden[169]. Die ihr übertragenen Zuständigkeiten hat die Union entsprechend den Grundsätzen der Subsidiarität und der Verhältnismäßigkeit (Art. 5 Abs. 1 Satz 2, Abs. 3 und Abs. 4 EUV) auszuüben. Art. 5 EUV, bestehend aus dem Prinzip der begrenzten Einzelermächtigung (Art. 5 Abs. 2 EUV), dem Subsidiaritätsprinzip (Art. 5 Abs. 3 EUV) und dem Verhältnismäßigkeitsgrundsatz (Art. 5 Abs. 4 EUV) enthält damit die anschaulich als „europarechtliche Schrankentrias"[170] bezeichneten Kompetenzschranken für die Abgrenzung und Ausübung der Zuständigkeiten durch die Union. Neben den in Art. 5 EUV genannten Kompetenzschranken existieren noch weitere Schutzregeln mit gleicher Zielrichtung. Hier sind insbesondere die Gebote der Achtung der nationalen Identität der Mitgliedstaaten (Art. 4 Abs. 2 EUV) und der loyalen Zusammenarbeit (Art. 4 Abs. 3 EUV) zu nennen[171].

Eine Kompetenz zur Regelung des Verfahrensrechts im Allgemeinen und des Steuerverfahrensrechts im Besonderen ist der Union vertraglich nicht zugewiesen worden.

---

168 Vgl. zum Ganzen *Nettesheim*, Kompetenzen, in: von Bogdandy/Bast (Hrsg.), Europäisches Verfassungsrecht, 2009, S. 423 ff.; *Calliess*, Die neue Europäische Union nach dem Vertrag von Lissabon, S. 188 ff.

169 Siehe hierzu auch BVerfGE 123, 267, 383, BVerfG v. 30.6.2009, 2 BvE 2, 5/08, 2 BvR 1010, 1022, 1259/08, 182/09.

170 *Merten*, Die Subsidiarität Europas, S. 78; *Calliess*, Subsidiaritäts- und Solidaritätsprinzip in der Europäischen Union, S. 68 f.

171 *Geiger*, in: Geiger/Khan/Kotzur, EUV/AEUV, Art. 5 EUV, Rn. 1.

b) *Theorie der* implied powers *und* effet utile *Auslegung*

Es ist allgemein anerkannt, dass das Unionsrecht über die in den Verträgen niedergelegten Kompetenzen hinaus auch ungeschriebene Kompetenzen, sog. *implied powers*[172] enthält[173]. Der EuGH hat die Anwendbarkeit der aus der nordamerikanischen Bundesstaatslehre sowie dem Völkerrecht herrührenden Theorie der stillschweigenden Zuständigkeiten kraft Sachzusammenhangs und der Annexkompetenzen für das Unionsrecht bereits im Jahre 1956 anerkannt[174]. Nach der ständigen Rechtsprechung[175] des EuGH ist

> *„die Anwendung einer sowohl im Völkerrecht als auch im innerstaatlichen Recht allgemein anerkannten Auslegungsregel zulässig, wonach die Vorschriften eines völkerrechtlichen Vertrages oder eines Gesetzes zugleich diejenigen Vorschriften beinhalten, bei deren Fehlen sie sinnlos wären oder nicht in vernünftiger Weise zur Anwendung gelangen könnten".*

Implied powers sind jedoch keine Ausnahme vom Prinzip der begrenzten Einzelermächtigung im Sinne neuartiger Kompetenzen, sondern sie sind stets Teil einer bereits existenten Kompetenz, die sie lediglich sinnvoll ergänzen, um ihr zur bestmöglichen Anwendung zu verhelfen.

Stillschweigende Kompetenzen i. S. d. *implied powers* können demzufolge immer nur dann angenommen werden, wenn der Union bereits auch vertraglich eine Zuständigkeit für den betreffenden Bereich zugewiesen worden ist[176]. Sofern der Union keine Kompetenz zugewiesen worden ist, kann diese eine solche auch nicht über den „Umweg" der *implied powers* begründen.

Neben der Lehre der *implied powers* ist auch der Grundsatz anerkannt, dass die Vertragskompetenzen teleologisch auszulegen sind. Man spricht von der Erzielung ihrer „nützlichen Wirksamkeit" (*effet utile*). Gemeint ist eine Auslegung, die der jeweiligen Vorschrift zur vollen Sinnentfaltung verhilft und die mit der Vorschrift verfolgten Ziele möglichst effektiv zur Geltung bringt[177].

---

172 Grundlegend hierzu *Nicolaysen*, EuR 1966, S. 129 ff.

173 *Calliess*, in: Calliess/Ruffert, EUV/AEUV, Art. 5, Rn. 15 ff. m. w. N.; *Nettesheim*, Kompetenzen, in: von Bogdandy/Bast (Hrsg.), Europäisches Verfassungsrecht, 2009, S. 412 ff.

174 Vgl. hierzu *Kahl*, NVwZ 1996, S. 867 m. w. N.; *Seyr*, Der *effet utile* in der Rechtsprechung des EuGH, S. 107 m. w. N.

175 Grundlegend EuGH v. 29.11.1956, Rs. 8/55, *Fédération Charbonnière de Belgique/ Hohe Behörde*, Slg. 1956, 297, 312.

176 *Oppermann/Classen/Nettesheim*, Europarecht, S. 166.

177 Vgl. zum *effet utile Wegener*, in: Calliess/Ruffert, EUV/AEUV, Art. 19 EUV, Rn. 16; *Rossi*, in: Calliess/Ruffert, EUV/AEUV, Art. 352 AEUV, Rn. 61; *Oppermann/Classen/ Nettesheim*, Europarecht, S. 164; *Mosiek*, Effet utile und Rechtsgemeinschaft, S. 6 ff.

Der Gedanke des *effet utile* ist jedoch lediglich eine Methode zur Auslegung bereits bestehender Kompetenzen; eigene, neuartige Kompetenzen lassen sich auch hiermit nicht begründen[178].

Im Ergebnis können damit weder die Theorie der *implied powers* noch die *effet utile* Auslegung als Grundlage dienen, um hieraus eine Kompetenz der Union zur Regelung des Steuerverfahrensrechts abzuleiten.

II. Fehlende unionsrechtliche Kompetenz zur Ausformung eines einheitlichen Steuerermittlungsverfahrens

1. Begrenzte Aufgaben der Europäischen Union im Steuerbereich

Grundlage, Rahmen und Grenze jeglichen Handelns der Europäischen Union ergeben sich aus den Verträgen. In Ermangelung einer Kompetenz-Kompetenz und aufgrund des Prinzips der begrenzten Einzelermächtigung besitzt die Union nicht die Fähigkeit, aus sich selbst heraus eigene Kompetenzen zu entwickeln. Zur Rechtsetzung bedarf sie einer ausdrücklichen vertraglichen Kompetenzzuweisung.

Der Vertrag über die Arbeitsweise der Europäischen Union enthält unter der Überschrift „Steuerliche Vorschriften" mit Art. 110 bis 113 AEUV allerdings nur vier den Steuerbereich betreffende Vorschriften. Davon befassen sich drei mit dem Verbot diskriminierender Abgabenbelastung anlässlich einer Warenbewegung über die Grenze (Art. 110 bis 112 AEUV). Lediglich Art. 113 AEUV gibt dem Rat die Befugnis, Bestimmungen über die Harmonisierung der indirekten Steuern zu erlassen, um das Funktionieren eines einheitlichen Binnenmarktes zu gewährleisten[179]. Die Vorschrift betrifft nur die (waren- und produktbezogenen) indirekten Steuern, d.h. diejenigen Steuern, die vom Steuerschuldner auf einen anderen, den Steuerträger „überwälzt" werden[180]. Neben der ausdrücklich genannten Umsatzsteuer und den Verbrauchsabgaben fallen unter „sonstige indirekte Steuern" beispielsweise Kapitalverkehrs-, Beförderungs- oder Versicherungsteuern[181]. Darüber hinaus kann der Rat gemäß Art. 192 Abs. 2 lit. a) AEUV aus Gründen des Umweltschutzes Vorschriften „überwiegend steuerlicher Art" erlassen. Weitere vertragliche Kompetenzzuweisungen für den Steuerbereich existieren nicht.

---

178 Grundlegend zum *effet utile* und dem Verhältnis der *implied powers* zu diesem: *Seyr*, Der *effet utile* in der Rechtsprechung des EuGH, S. 108 ff.

179 *Birk*, FR 2005, S. 121; *Tiedtke/Mohr*, EuZW 2008, S. 424.

180 *Hey*, in: Tipke/Lang, Steuerrecht, § 7, Rn. 20.

181 *Waldhoff*, in: Calliess/Ruffert, EUV/AEUV, Art. 113 AEUV, Rn. 4.

Insbesondere besteht keine besondere Harmonisierungskompetenz für die direkten Steuern[182], zu denen die Steuern auf das Einkommen und Vermögen zählen, d.h. alle im weitesten Sinne den Ertragsteuern zuzuordnende Steuerarten[183]. Die Mitgliedstaaten haben nur Teile ihrer Souveränität an die Union abgegeben. Die Besteuerungshoheit als Kernelement staatlicher Souveränität[184] ist jedoch bei den Mitgliedstaaten verblieben[185]. Dem Grundsatz „The power to tax is the power to govern"[186] entsprechend waren die Mitgliedstaaten nicht bereit, ihre Besteuerungshoheit an die Union abzutreten. Die Harmonisierung des nationalen Steuerrechts beschränkt sich deshalb nahezu ausschließlich auf das Recht der für die Verwirklichung des gemeinsamen Binnenmarktes[187] bedeutsamen indirekten Steuern. Deren besondere wettbewerbspolitische Bedeutung spiegelt sich bereits in der systematischen Stellung der Regelungen der Art. 110 bis 113 AEUV zwischen den Wettbewerbsregeln der Art. 101 ff. AEUV und dem Kapitel über die Angleichung der Rechtsvorschriften innerhalb des Binnenmarktes (Art. 114 ff. AEUV) wider[188]. Die Bereitschaft der Mitgliedstaaten zur Kompetenzzuweisung für den Bereich der indirekten Steuern an die Union ist damit zu erklären, dass die indirekten Steuern *per se* reine waren- und produktbezogene Steuern sind, die infolge ihrer *unmittelbaren Preiserheblichkeit* einen größeren Binnenmarktbezug als die direkten Steuern aufweisen, aber im Gegensatz zu den direkten Steuern nicht gleichermaßen zum identitätsbildenden Kernbestand der Steuerstaatlichkeit beitragen[189]. Gemeinsames Merkmal der direkten Steuern ist, dass sie als nur *mittelbar preisbildende Faktoren* nicht in gleicher Weise bedeutsam für die Verwirklichung des Binnenmarktes sind, umgekehrt jedoch aufgrund ihrer erheblichen Aufkommenswirkungen und sonstigen gesellschaftspolitischen Folgewirkungen sowie wegen ihrer Tragweite für eine steuer- und sozialstaatliche Verteilungsgerechtigkeit von besonderer

182 *Tiedtke/Mohr*, EuZW 2008, S. 424; *M. Lang*, Die Rechtsprechung des EuGH zu den direkten Steuern, S. 13.

183 Überblick bei *Hey*, in: Tipke/Lang, Steuerrecht, § 7, Rn. 20 ff.

184 *Birk*, FR 2005, S. 121; zur Grundsatzentscheidung für eine Steuerfinanzierung siehe nur *P. Kirchhof*, Staatliche Einnahmen, in: HStR IV, 1999, § 88, Rn. 45 ff.

185 *Seiler*, Steuerstaat und Binnenmarkt, in: FS Isensee, 2007, S. 885.

186 *Birk*, FR 2005, S. 121.

187 Art. 26 AEUV.

188 *Cordewener*, Europäische Grundfreiheiten und nationales Steuerrecht, S. 19 f.

189 *Seiler*, Steuerstaat und Binnenmarkt, in: FS Isensee, 2007, S. 885; *Cordewener*, Europäische Grundfreiheiten und nationales Steuerrecht, S. 20.

Bedeutung für die mitgliedstaatliche Steuerhoheit sind[190]. Da der AEUV vor diesem Hintergrund keine spezielle Rechtsgrundlage für die Angleichung der direkten Steuern enthält, kann deren Harmonisierung allenfalls unter Berufung auf eine allgemeine Harmonisierungskompetenz der Union erfolgen.

Die Vereinheitlichung des Steuerverfahrensrechts zählt ebenfalls nicht zu den Vertragszielen. Die fehlende Kompetenz der Union zur systematisch übergreifenden Harmonisierung der mitgliedstaatlichen Verfahrensrechtsordnungen hat auch der EuGH wiederholt anerkannt und bestätigt. In der Entscheidung *Express Dairy Food*[191] heißt es hierzu:

> *„Da bedauerlicherweise Gemeinschaftsvorschriften zur Harmonisierung der Verfahren und Fristen fehlen, stellt der Gerichtshof fest, dass diese Lage Unterschiede in der Behandlung auf Gemeinschaftsebene zur Folge hat."*

Da der Union eine Kompetenz zur Regelung des Verwaltungsverfahrensrechts im Allgemeinen[192] und des Steuerverfahrensrechts im Besonderen vertraglich nicht zugewiesen ist, lässt sich eine solche nur ausnahmsweise aus denjenigen Kompetenztiteln herleiten, die auch die Regelungsbefugnis der Union hinsichtlich des materiellen Steuerrechts begründen[193].

2. Rechtsangleichungskompetenzen der Europäischen Union

Eines der wichtigsten Instrumente der Union ist die Möglichkeit, Maßnahmen zur Angleichung der Rechts- und Verwaltungsvorschriften der Mitgliedstaaten zu ergreifen, welche die Errichtung und das Funktionieren des Binnenmarktes zum Gegenstand haben. Für bestimmte Bereiche ist der Union in den Verträgen die Kompetenz zugewiesen worden, im Interesse einer einheitlichen und effektiven Umsetzung des Unionsrechts verwaltungsrechtliche Bestimmungen zu erlassen, die in dem jeweiligen Bereich[194] anzuwenden sind. Zu den bereichsspezifischen Rechtsangleichungsvorschriften, die ausdrücklich oder mittelbar eine Rechtsangleichungsbefugnis einschließen, zählt das Steuerrecht jedoch nicht[195].

---

190 *Seiler*, in: Grabitz/Hilf, Art. 113 AEUV, Rn. 51.

191 EuGH v. 12.6.1980, Rs. 130/79, *Express Dairy Food*, Slg. 1980, 1900.

192 *Kahl*, NVwZ 1996, S. 869.

193 *Wernsmann*, in: Schulze/Zuleeg/Kadelbach, Europarecht, § 30, Rn. 123.

194 Beispiele bei *Klimeck*, Einfluss des europäischen Primärrechts auf das nationale Verfahrensrecht, 2006, S. 11.

195 Hierzu zählen beispielsweise Art. 43, 46, 48, 50, 52 Abs. 2 (ggf. i.V.m. 62) und 53 (ggf. i.V.m. 62) AEUV, so *Korte*, in: Calliess/Ruffert, EUV/AEUV, Art. 114 AEUV, Rn. 12.

Neben den speziellen, bereichsspezifischen Rechtsangleichungsvorschriften gibt es die sonstigen allgemeinen, nur funktional begrenzten Rechtsangleichungskompetenzen, zu denen neben dem Art. 114 AEUV auch die Art. 115 bis 117 AEUV gehören.

a) Rechtsangleichung aufgrund der Art. 114, 115 AEUV

Gemäß Art. 114 AEUV kann die Union Maßnahmen zur Angleichung der Rechts- und Verwaltungsvorschriften der Mitgliedstaaten erlassen, welche die Errichtung und das Funktionieren des Binnenmarktes zum Gegenstand haben. Unter Rechtsangleichung ist die Anpassung nationaler Rechtsvorschriften an einen unionsrechtlich definierten Standard zu verstehen, deren Hauptanwendungsfall in der Beseitigung nationaler Rechtsunterschiede besteht[196]. Die teilweise anderslautenden Begriffe wie „Koordinierung" oder „Harmonisierung" sind synonym zu verstehen[197].

Gegenstand der Harmonisierung sind Rechts- und Verwaltungsvorschriften der Mitgliedstaaten, welche die Schaffung und das Funktionieren des Binnenmarktes betreffen und die aufgrund der jeweiligen Regelungsunterschiede zwischen den verschiedenen Mitgliedstaaten eine Beeinträchtigung für das Binnenmarktziel darstellen. Mit Rechtsangleichung ist jedoch nicht die Schaffung einer umfassenden Rechtseinheit im Sinne einer Rechts*vereinheitlichung* gemeint, denn eine solche wäre mit dem Prinzip der begrenzten Einzelermächtigung nicht zu vereinbaren. Die Angleichungsmaßnahmen sind vielmehr stets funktional auf das Binnenmarktziel bezogen und durch dieses sachlich begrenzt[198].

Die nach dem Inkrafttreten des Vertrages von Lissabon zentrale Grundnorm[199] zur Rechtsangleichung ist Art. 114 AEUV. Als Rechtsgrundlage für eine unionsrechtliche Harmonisierung der direkten Steuern sowie insbesondere des Steuerverfahrensrechts scheidet Art. 114 Abs. 1 AEUV jedoch von vornherein aus, da Absatz 2 eine Bereichsausnahme für das Steuerrecht enthält. Der Begriff „Steuern" in Art. 114 Abs. 2 AEUV ist weit auszulegen und umfasst nicht

196 *Korte*, in: Calliess/Ruffert, EUV/AEUV, Art. 114 AEUV, Rn. 22; *Khan*, in: Geiger/Khan/Kotzur, EUV/AEUV, Art. 114 AEUV, Rn. 6.

197 Ganz h.M., vgl. *Tietje*, in: Grabitz/Hilf, Art. 114 AEUV, Rn. 2; *Korte*, in: Calliess/Ruffert, EUV/AEUV, Art. 114 AEUV, Rn. 22.

198 *Khan*, in: Geiger/Khan/Kotzur, EUV/AEUV, Art. 110 AEUV, Rn. 1; *ders.*, in: Geiger/Khan/Kotzur, EUV/AEUV, Art. 114 AEUV, Rn. 14.

199 *Korte*, in: Calliess/Ruffert, EUV/AEUV, Art. 115 AEUV, Rn. 3; *Khan*, in: Geiger/Khan/Kotzur, EUV/AEUV, Art. 114 AEUV, Rn. 3.

nur die Bestimmungen über die Steuerpflichtigen, die steuerbaren Umsätze, die Besteuerungsgrundlage sowie die Sätze der direkten und indirekten Steuern und die Befreiungen von ihnen, sondern auch diejenigen über die Modalitäten der Beitreibung dieser Steuern und somit neben allen materiellen Regelungen auch die Verfahrensvorschriften[200].

Aufgrund der fehlenden Kompetenzzuweisung und der Bereichsausnahme des Art. 114 Abs. 2 AEUV kann die Harmonisierung der direkten Steuern und des zugrundeliegenden Verfahrensrechts daher allenfalls unter Berufung auf die allgemeine Harmonisierungskompetenz des Art. 115 AEUV erfolgen[201].

Der Vorschrift bleibt nach dem Vertrag von Lissabon allerdings nur die Funktion einer subsidiären Auffangnorm[202]. Voraussetzung für eine Rechtsangleichung nach Art. 115 AEUV ist stets eine *unmittelbare* Auswirkung der mitgliedstaatlichen Rechts- und Verwaltungsvorschriften auf die Errichtung oder das Funktionieren des Binnenmarktes. Das nationale steuerliche Verfahrensrecht mag sich zwar mittelbar auf das Wirtschaftsverhalten der Steuerpflichtigen auswirken, ein das Funktionieren des Binnenmarktes unmittelbar beeinträchtigendes Verhalten allein aufgrund steuerlicher Verfahrensregelungen ist damit allerdings in der Regel nicht verbunden[203].

Im Übrigen ist es aufgrund der Tatsache, dass Art. 115 AEUV einen einstimmigen Ratsbeschluss voraussetzt, sich die geforderte Einstimmigkeit der im Rat entscheidenden Mitgliedstaaten wegen der besonderen Souveränitätsrelevanz der direkten Steuern nur selten verwirklichen lässt, sowie des Umstands, dass sich in aller Regel auch nur Einzelaspekte der direkten Besteuerung *unmittelbar* auf die Errichtung oder das Funktionieren des gemeinsamen Binnenmarktes auswirken[204], auf Grundlage von Art. 115 AEUV bisher nur zu einer punktuellen Harmonisierung der Ertragsteuern gekommen[205]. Im Wesentlichen

---

200 EuGH v. 29.4.2004, C-338/01, *Kommission/Rat*, Slg. 2004, I-4829, Rz. 67; zuletzt bestätigt in: EuGH v. 26.1.2006, C-533/03, *Kommission/Rat*, Slg. 2006, I-1025, Rz. 47; *Khan*, in: Geiger/Khan/Kotzur, EUV/AEUV, Art. 114 AEUV, Rn. 16; *Korte*, in: Calliess/Ruffert, EUV/AEUV, Art. 114 AEUV, Rn. 15.

201 Vgl. hierzu *Birk*, FR 2005, S. 121; *Khan*, in: Geiger/Khan/Kotzur, EUV/AEUV, Art. 115 AEUV, Rn. 2; *Tiedtke/Mohr*, EuZW 2008, S. 424.

202 *Korte*, in: Calliess/Ruffert, EUV/AEUV, Art. 115 AEUV, Rn. 3.

203 Zutreffend *Klimeck*, Einfluss des europäischen Primärrechts auf das nationale Verfahrensrecht, 2006, S. 13 m. w. N.

204 Vgl. hierzu *Seiler*, Steuerstaat und Binnenmarkt, in: FS Isensee, 2007, S. 885.

205 Zum Stand der Rechtsangleichung auf diesem Gebiet siehe *Oppermann/Classen/Nettesheim*, Europarecht, S. 590 ff.

sind hier – bezogen auf den Bereich der Besteuerung grenzüberschreitend tätiger Unternehmen – die Mutter-Tochter-Richtlinie[206] zur Besteuerung von Dividenden, die eine Tochtergesellschaft an ihre Muttergesellschaft ausschüttet, die Zins- und Lizenzrichtlinie[207] über eine gemeinsame Steuerregelung für Zahlungen von Zinsen und Lizenzgebühren zwischen verbundenen Unternehmen verschiedener Mitgliedstaaten sowie die Fusionsrichtlinie[208] zu nennen. Im Falle der Realisierung der in Planung befindlichen gemeinsamen körperschaftsteuerlichen Bemessungsgrundlage (GKKB) käme es auch auf dem Gebiet der Unternehmensbesteuerung zu einer Rechtsvereinheitlichung[209]. Daneben sind für das Verfahrensrecht die Amtshilferichtlinie[210] sowie die Beitreibungsrichtlinie[211] bedeutsam.

---

206 Richtlinie des Rates v. 23.7.1990 über das gemeinsame Steuersystem der Mutter- und Tochtergesellschaften verschiedener Mitgliedstaaten (90/435/EWG); ABl. Nr. L 225, S.6; zuletzt geändert durch Richtlinie des Rates v. 30.11.2011 (2011/96/EU); ABl. Nr. L 345, S. 8 sowie durch Richtlinie des Rates v. 27.1.2015 (2015/121/EU); ABl. Nr. L 21, S. 1.

207 Richtlinie des Rates v. 3.6.2003 über eine gemeinsame Steuerregelung für Zahlungen von Zinsen und Lizenzgebühren zwischen verbundenen Unternehmen verschiedener Mitgliedstaaten (2003/49/EG); ABl. Nr. L 157, S. 49 ff.; zuletzt geändert durch Richtlinie des Rates v. 13.5.2013 (2013/13/EU); ABl. Nr. L 141, S. 30.

208 Richtlinie des Rates v. 23.7.1990 über das gemeinsame Steuersystem für Fusionen, Spaltungen, die Einbringung von Unternehmensteilen und den Austausch von Anteilen, die Gesellschaften verschiedener Mitgliedstaaten betreffen, sowie für die Verlegung des Sitzes einer Europäischen Gesellschaft oder einer Europäischen Genossenschaft von einem Mitgliedstaat in einen anderen Mitgliedstaat (90/434/EWG); ABl. Nr. L 225, S. 1; zuletzt geändert durch Richtlinie des Rates v. 13.5.2013 (2013/13/EU); ABl. Nr. L 141, S. 30.

209 Vgl. Vorschlag der Europäischen Kommission v. 16.3.2011 für eine Richtlinie des Rates über eine gemeinsame konsolidierte Körperschaftsteuer-Bemessungsgrundlage (GKKB), KOM (2011) 121, S. 4; vgl. in jüngster Zeit die Mitteilung der Kommission v. 17.6.2015, KOM (2015) 302 final, S. 8 f., sowie die beiden Richtlinienvorschläge v. 25.10.2016, KOM (2016) 683 final und KOM (2016) 685 final.

210 Richtlinie des Rates v. 15.2.2011 über die Zusammenarbeit der Verwaltungsbehörden im Bereich der Besteuerung und zur Aufhebung der Richtlinie 77/799/EWG (2011/16/EU); ABl. Nr. L 64, S. 1 ff.; zuletzt geändert durch Richtlinie des Rates v. 6.12.2016 (2016/2258/EU); ABl. Nr. L 342, S. 1.

211 Richtlinie des Rates v. 16.3.2010 über die Amtshilfe bei der Beitreibung von Forderungen in Bezug auf bestimmte Steuern, Abgaben und sonstige Maßnahmen (2010/24/EU); ABl. Nr. L 84, S. 1 ff.

Von diesen punktuellen Rechtsangleichungen abgesehen ist die Rechtsetzung nahezu ausschließlich den Mitgliedstaaten vorbehalten[212]. Die Bedeutung der Vorschrift des Art. 115 AEUV ist deshalb gering[213]. In gleicher Weise sind auch die Art. 116 und 117 AEUV praktisch bedeutungslos geblieben[214].

b) Rechtsangleichung aufgrund der „Kompetenzergänzungsklausel" des Art. 352 AEUV

Die „Kompetenzergänzungsklausel" des Art. 352 AEUV ermöglicht der Union unter bestimmten Voraussetzungen ein Tätigwerden auch dann, wenn es hierfür in den Verträgen an einer spezifischen Ermächtigung fehlt. Hiernach kann der Rat auf Vorschlag der Europäischen Kommission (Kommission) und nach Zustimmung des Europäischen Parlaments einstimmig die geeigneten Vorschriften erlassen, wenn ein Tätigwerden der Union im Rahmen der in den Verträgen festgelegten Politikbereiche erforderlich erscheint, um eines der Ziele der Verträge zu verwirklichen und die hierfür erforderlichen Befugnisse an sich nicht ausdrücklich vorgesehen sind. Die Union ist bei der Inanspruchnahme der „Kompetenzergänzungsklausel" jedoch in mehrerlei Hinsicht eingeschränkt: Art. 352 AEUV gilt subsidiär; eine Maßnahme darf nur dann auf Art. 352 AEUV gestützt werden, wenn die Verträge die erforderlichen Befugnisse nicht vorsehen. In Art. 352 Abs. 3 AEUV wird darüber hinaus klargestellt, dass die auf diesem Artikel beruhenden Maßnahmen keine Harmonisierung der Rechtsvorschriften der Mitgliedstaaten in den Fällen beinhalten dürfen, in denen die Verträge eine solche Harmonisierung ausschließen.

Demnach dient auch die „Kompetenzergänzungsklausel" nicht als Grundlage für eine Harmonisierung des Steuerverfahrens. Denn auch nach dem Vertrag von Lissabon markieren die insbesondere in Art. 3 EUV benannten Vertragsziele die äußerste Grenze der Inanspruchnahme des Art. 352 AEUV[215]. Art. 352 AEUV kann stets nur als Ermächtigung dienen, um eines der Vertragsziele zu verwirklichen, wozu die Angleichung des nationalen Verwaltungsverfahrensrechts im Allgemeinen[216] und des Steuerverfahrensrechts im Besonderen jedoch nicht zählt.

---

212 Vgl. zum Ganzen *Seiler*, in: Grabitz/Hilf, Art. 113 AEUV, Rn. 53 f.

213 *Tietje*, in: Grabitz/Hilf, Art. 115 AEUV, Rn. 1; *Korte*, in: Calliess/Ruffert, EUV/AEUV, Art. 115, Rn. 19; *Khan*, in: Geiger/Khan/Kotzur, EUV/AEUV, Art. 115 AEUV, Rn. 1; *M. Lang*, Die Rechtsprechung des EuGH zu den direkten Steuern, S. 13 f.

214 *Khan*, in: Geiger/Khan/Kotzur, EUV/AEUV, Art. 116 AEUV, Rn. 2.

215 *Khan*, in: Geiger/Khan/Kotzur, EUV/AEUV, Art. 352 AEUV, Rn. 7.

216 *Kahl*, NVwZ 1996, S. 869.

3. Der Grundsatz der Steuerverfahrensautonomie der Mitgliedstaaten

Abgesehen von einigen wenigen Ausnahmen verfügt die Union nach den Verträgen über keine eigenen Vollzugskompetenzen[217]. Der Vollzug des Unionsrechts erfolgt deshalb nur in Ausnahmefällen[218] durch die Unionsorgane selbst (sog. unionsunmittelbarer oder direkter Vollzug), der mitgliedstaatliche (oder indirekte) Vollzug des Unionsrechts durch nationale Behörden stellt demgegenüber den Regelfall dar[219]. Bei letzterem bedient sich die Union gewissermaßen des nationalen Verwaltungsapparats und instrumentalisiert diesen als unionseigenen Verwaltungsunterbau[220]. Hinsichtlich der mitgliedstaatlichen Verwaltungsorganisation ist aber zu beachten, dass die Union keine Kompetenz besitzt, in diese einzugreifen[221]. Sofern das Unionsrecht keine Regelungen enthält, richtet sich der Vollzug nach dem jeweiligen nationalen Verwaltungsverfahrens- und Verwaltungsorganisationsrecht[222]. Die „Verfahrensautonomie" liegt daher grundsätzlich weiter bei den Mitgliedstaaten[223]. Dies bedeutet allerdings nicht, dass die Mitgliedstaaten in der Ausgestaltung ihres jeweiligen Verfahrensrechts frei sind. In ständiger Rechtsprechung schränkt der EuGH die Verfahrensautonomie der Mitgliedstaaten dadurch ein, dass das nationale Verfahrensrecht den Geboten der Äquivalenz und der Effektivität entsprechen muss[224].

Lediglich in denjenigen Fällen, in denen das harmonisierte Steuerrecht nicht gleichmäßig vollzogen werden kann, ohne dass zugleich verfahrensrechtliche Fragen mit geregelt werden, besitzt die Union nach der Theorie der *implied powers*[225] auch die Befugnis zur Regelung des Verfahrensrechts. Im Übrigen

---

217 *Schaumburg/Englisch*, Europäisches Steuerrecht, S. 912 f.; *von Danwitz*, Europäisches Verwaltungsrecht, S. 304 f.

218 So etwa im Bereich der Wettbewerbsaufsicht gemäß Art. 105 AEUV.

219 *Streinz*, Europarecht, Rn. 582 ff.; *Oppermann/Classen/Nettesheim*, Europarecht, S. 189 ff.; *Haratsch/Koenig/Pechstein*, Europarecht, Rn. 455 ff.

220 *Kahl*, in: Calliess/Ruffert, EUV/AEUV, Art. 4 EUV, Rn. 63.

221 *Haratsch/Koenig/Pechstein*, Europarecht, Rn. 458.

222 Vgl. zur möglichen Kodifizierung des europäischen Verwaltungsrechts *Kahl*, NVwZ 1996, S. 865.

223 *Wernsmann*, in: Schulze/Zuleeg/Kadelbach, Europarecht, § 30, Rn. 125; *Kahl*, in: Calliess/Ruffert, EUV/AEUV, Art. 4 EUV, Rn. 64.

224 EuGH v. 7.1.2004, Rs. C-201/02, *Wells*, Slg. 2004, I-723, Rz. 67; EuGH v. 15.3.2007, Rs. C-35/05, *Reemtsma*, Slg. 2007, I-2425, Rz. 37; EuGH v. 30.6.2011, Rs. C-262/09, *Meilicke II*, Slg. 2011, I-5669, Rz. 55; siehe hierzu E. III. 3. a).

225 Siehe hierzu C. I. 2. b).

richtet sich das Steuerverfahren im Allgemeinen und das Steuerermittlungsverfahren im Besonderen weiterhin nach nationalem Recht[226]. Insbesondere kommt eine Inanspruchnahme der allgemeinen Rechtsangleichungskompetenz nach Art. 115 AEUV zur Regelung des nationalen Verfahrensrechts mangels Binnenmarktrelevanz nicht in Betracht[227].

Es gilt im harmonisierten Steuerrecht daher der Grundsatz der *Verfahrensautonomie der Mitgliedstaaten*, den mittlerweile auch der EuGH ausdrücklich anerkannt hat[228]. Durch den Vertrag von Lissabon hat der Grundsatz der Verfahrensautonomie der Mitgliedstaaten in Art. 291 Abs. 1 AEUV darüber hinaus eine explizite Regelung und primärrechtliche Absicherung erfahren[229]. Die Administrierung rein nationalen Rechts und damit die Administrierung des nichtharmonisierten Rechts der direkten Steuern richtet sich ebenfalls ausschließlich nach dem Verfahrensrecht des jeweiligen Mitgliedstaats.

III. Zwischenergebnis

Von einigen wenigen unionsrechtlichen Vorgaben abgesehen, existieren im Bereich des Steuerrechts keine einheitlichen Vorschriften zur Regelung des Steuerverfahrensrechts im Allgemeinen und des Steuerermittlungsverfahrens im Besonderen. Dieser Befund ist maßgeblich auf die Kompetenzordnung der Union und die Kompetenzabgrenzung zu den Mitgliedstaaten zurückzuführen. Die als Staatenverbund konzipierte Europäische Union verfügt nicht über die für Staaten typische Kompetenz-Kompetenz, neuartige Aufgaben aus eigener Zuständigkeit zu übernehmen; sie leitet ihre Kompetenzen vielmehr von den Mitgliedstaaten ab[230].

Grundlage, Rahmen und Grenze jeglichen Handelns der Europäischen Union ergeben sich aus den Verträgen. In kompetenzieller Hinsicht kommt es entscheidend darauf an, welche Kompetenzen der Union in den Verträgen zugewiesen sind, und ob und auf welche Weise die Union diese Zuständigkeiten auszuüben hat. Für die Abgrenzung der Zuständigkeiten zwischen Union und Mitgliedstaaten sowie für die Zuweisung von Kompetenzen an die Union gilt das *Prinzip der begrenzten Einzelermächtigung* (Art. 5 Abs. 1 Satz 1, Abs. 2 EUV). Demnach wird die

226 *Wernsmann*, in: Schulze/Zuleeg/Kadelbach, Europarecht, § 30, Rn. 124.

227 *von Danwitz*, Europäisches Verwaltungsrecht, S. 305.

228 Vgl. EuGH v. 7.1.2004, Rs. C-201/02, *Wells*, Slg. 2004, I-723, Rz. 67; EuGH v. 15.3.2007, Rs. C-35/05, *Reemtsma*, Slg. 2007, I-2425, Rz. 40.

229 *Kahl*, in: Calliess/Ruffert, EUV/AEUV, Art. 4 EUV, Rn. 51, 64.

230 Siehe C. I. 1.

Union nur innerhalb der Grenzen der Zuständigkeiten tätig, welche die Mitgliedstaaten ihr in den Verträgen zur Verwirklichung der darin niedergelegten Ziele zugewiesen haben. Die Zuständigkeit der Europäischen Union und ihrer Organe erstreckt sich somit nur auf diejenigen Bereiche, die von den Kompetenzen des Primärrechts abgedeckt werden; die Union kann nur dort handeln, wo ihr in den Verträgen die entsprechende Befugnis erteilt worden ist. Sie darf ihren Handlungsraum nicht eigenmächtig erweitern und nicht in die den Mitgliedstaaten verbleibenden Zuständigkeiten eingreifen[231]. Die ihr übertragenen Zuständigkeiten hat die Union entsprechend den Grundsätzen der Subsidiarität und der Verhältnismäßigkeit auszuüben (Art. 5 Abs. 1 Satz 2, Abs. 3 und Abs. 4 EUV).

Nach geltendem Unionsrecht fehlt für die Einräumung originärer Besteuerungskompetenzen der Union jede Rechtsgrundlage[232]. Die Besteuerungshoheit als Kernelement staatlicher Souveränität ist bei den Mitgliedstaaten verblieben. Lediglich Art. 113 AEUV gibt dem Rat die Befugnis, Bestimmungen über die Harmonisierung der indirekten Steuern zu erlassen, um das Funktionieren des Binnenmarktes zu gewährleisten. Die Kompetenzzuweisung für den Bereich der indirekten Steuern ist damit zu erklären, dass die indirekten Steuern reine waren- und produktbezogene Steuern sind, die infolge ihrer unmittelbaren Preiserheblichkeit einen größeren Binnenmarktbezug als die direkten Steuern aufweisen, aber im Gegensatz zu letzteren nicht gleichermaßen zum identitätsbildenden Kernbestand der Steuerstaatlichkeit beitragen. Eine besondere Harmonisierungskompetenz für die direkten Steuern besteht hingegen nicht. Deren Harmonisierung kann allenfalls unter Berufung auf eine allgemeine Harmonisierungskompetenz der Union erfolgen. Als Rechtsgrundlage für eine unionsrechtliche Harmonisierung der direkten Steuern scheiden jedoch sowohl Art. 114 Abs. 1 AEUV als auch Art. 115 AEUV sowie Art. 352 AEUV aus[233].

Eine Kompetenz zur Regelung des Steuerverfahrensrechts ist der Union vertraglich nicht zugewiesen. Von einigen wenigen Ausnahmen abgesehen richtet sich das Steuerverfahren im Allgemeinen und das Steuerermittlungsverfahren im Besonderen daher weiterhin nach nationalem Recht; die „Verfahrensautonomie" liegt grundsätzlich bei den Mitgliedstaaten. Für den Bereich des harmonisierten Rechts der indirekten Steuern ist der Grundsatz der Verfahrensautonomie

231 Siehe C. I. 2. a).
232 Siehe C. II. 1.
233 Siehe C. II. 2. a) und b).

der Mitgliedstaaten durch den Vertrag von Lissabon in Art. 291 Abs. 1 AEUV nunmehr ausdrücklich geregelt und primärrechtlich abgesichert worden. Die Administrierung rein nationalen Rechts und damit die Administrierung des nichtharmonisierten Rechts der direkten Steuern richtet sich selbstverständlich ebenfalls nach dem jeweiligen nationalen Verfahrensrecht.

D. Unionsrechtliche Einflüsse auf das Steuerermittlungsverfahren im Bereich des harmonisierten Rechts der indirekten Steuern

I. Harmonisierungskompetenz der Europäischen Union

Die Harmonisierung der mitgliedstaatlichen Steuersysteme bildet kein selbständiges Ziel der Europäischen Union. An diesem Befund hat sich auch nach dem Inkrafttreten des Vertrages von Lissabon nichts geändert[234]. Die in den Verträgen niedergelegten steuerlichen Vorschriften beziehen sich lediglich auf Sachverhalte, deren Beseitigung für die Einhaltung der vertraglichen Grundfreiheiten sowie für die Gewährleistungen eines freien Wettbewerbs im gemeinsamen Binnenmarkt erforderlich ist[235].

Im Bereich des Rechts der indirekten Steuern[236] haben die Mitgliedstaaten den Unionsgesetzgeber mit Art. 113 AEUV ausdrücklich ermächtigt, diese Steuern in einem für die Errichtung und das Funktionieren des Binnenmarktes erforderlichen Maß zu harmonisieren. Weil waren- und produktbezogene Steuern sich stets auf die Preise auswirken, stellen sie potentielle Gefährdungen der freien Warenzirkulation im Binnenmarkt und damit auch eine Gefahr für dessen Funktionieren dar. Auf der Grundlage des Art. 113 AEUV hat der Unionsgesetzgeber daher das nationale Recht der Umsatzsteuer sowie aller fiskalisch bedeutsamen Verbrauchsteuern durch Richtlinien weitgehend angeglichen[237].

II. Bestandsaufnahme der Harmonisierung

1. Umsatzsteuer

Am weitesten fortgeschritten ist die Harmonisierung der indirekten Steuern im Bereich der Umsatzsteuer[238], die als allgemeine Verbrauchsteuer eine im Konsum vermutete Leistungsfähigkeit belastet und grundsätzlich auf alle Waren und

---

234 *Dürrschmidt*, NJW 2010, S. 2087.

235 *Jacobs*, Internationale Unternehmensbesteuerung, S. 113.

236 Zum Begriff siehe C. II. 1.

237 *Englisch*, IStR 2009, S. 37.

238 *Englisch*, in: Tipke/Lang, Steuerrecht, § 4, Rn. 66; *Droege*, in: Terhechte, Verwaltungsrecht der Europäischen Union, § 28, Rn. 8.

Dienstleistungen erhoben wird[239]. Mit Ausnahme der Steuersätze ist das mitgliedstaatliche Umsatzsteuerrecht europaweit nahezu vollständig angeglichen[240].

Neben dem wirtschaftspolitischen Zweck der Umsatzsteuerharmonisierung, die durch unterschiedliche Umsatzsteuersysteme bedingten Verfälschungen der Wettbewerbsbedingungen im Binnenmarkt auszuschalten[241], verfolgt die Union mit der Harmonisierung auch ein eigenes fiskalisches Ziel. Da die Union über keine eigene Finanzhoheit verfügt, ist sie auf die Finanzierung durch Eigenmittel angewiesen. Derzeit ist der Beschluss des Rates über das System der Eigenmittel der Europäischen Union vom 7.6.2007[242] hierfür maßgebend. Auf die näheren Einzelheiten der Finanzverfassung der Union ist hier nicht weiter einzugehen[243]. Es genügt festzuhalten, dass gemäß Art. 2 Abs. 1 lit. b) des Eigenmittelbeschlusses zu den eigenen Mitteln auch die Einnahmen gehören, die sich aus der Anwendung eines für alle Mitgliedstaaten einheitlichen Satzes auf die nach den Unionsvorschriften bestimmte einheitliche Mehrwertsteuerbemessungsgrundlage eines jeden Mitgliedstaats ergeben[244]. Vereinfacht ausgedrückt hängt von der Mehrwertsteuerbemessungsgrundlage des jeweiligen Mitgliedstaats ab, in welcher Höhe der jeweilige Mitgliedstaat Mittel an die Europäische Union abzuführen hat und über welche Mittel die Union letztlich verfügt.

Ihren Ausgangspunkt nahm die Umsatzsteuerharmonisierung mit den ersten beiden europäischen Richtlinien[245] zum Umsatzsteuerrecht aus dem Jahr 1967, die ein von der damaligen Europäischen Gemeinschaft eingesetzter Steuer- und Finanzausschuss unter der Leitung von *Fritz Neumark* entwickelt hatte[246]. Während die beiden Richtlinien das gemeinsame Mehrwertsteuersystem mit Vorsteuererstattung nur in groben Zügen umrissen haben, enthielt

---

239 *P. Kirchhof*, DStR 2008, S. 2 f.; *Seiler*, in: Grabitz/Hilf, Art. 113 AEUV, Rn. 33.

240 *Wernsmann*, in: Schulze/Zuleeg/Kadelbach, Europarecht, § 30, Rn. 21; *Droege*, in: Terhechte, Verwaltungsrecht der Europäischen Union, § 28, Rn. 8.

241 *Gröpl*, in: Dauses, EU-Wirtschaftsrecht, J. Steuerrecht, Rn. 404.

242 Beschluss des Rates v. 7.6.2007 über das System der Eigenmittel der Europäischen Gemeinschaften (2007/436/EG); ABl. Nr. L 163/17 v. 23.6.2007.

243 Zur Finanzierung der EU vgl. bspw. *Feld*, Zum zukünftigen Finanzrahmen der EU, S. 134 ff.

244 *Gröpl*, in: Dauses, EU-Wirtschaftsrecht, J. Steuerrecht, Rn. 403.

245 Erste Richtlinie des Rates v. 11.4.1967 zur Harmonisierung der Rechtsvorschriften der Mitgliedstaaten über die Umsatzsteuer (67/227/EWG); ABl. Nr. L 71, S. 1301; Zweite Richtlinie des Rates v. 14.4.1967 zur Harmonisierung der Rechtsvorschriften der Mitgliedstaaten über die Umsatzsteuer – Struktur und Anwendungsmodalitäten des gemeinsamen Mehrwertsteuersystems (67/228/EWG); ABl. Nr. L 71, S. 1303.

246 Vgl. zum Ganzen *P. Kirchhof*, DStR 2008, S. 1 ff.

die Sechste Umsatzsteuerrichtlinie vom 17.5.1977[247] grundlegende Vorgaben für alle Bereiche der Umsatzsteuer[248]. Mit dieser Richtlinie wurden insbesondere die steuerliche Bemessungsgrundlage, der Steuertatbestand sowie die Pflichten des Steuerpflichtigen und schließlich auch die Steuerbefreiungen angeglichen[249]. Abgesehen von der Binnenmarktrichtlinie vom 16.12.1991[250] wurde das Sekundärrecht ohne wesentliche inhaltliche Änderungen durch die Mehrwertsteuersystemrichtlinie (MwStSystRL) vom 28.11.2006[251] in einem einheitlichen Regelungswerk zusammengefasst. Allerdings weist die MwStSystRL mit insgesamt 414 Artikeln einen enormen Umfang auf, so dass deren Beitrag zur Rechtsvereinheitlichung mitunter in Zweifel gezogen wird[252].

2. Sonstige Verbrauchsteuern

Auf Grundlage des Art. 113 AEUV hat die Europäische Union auch das nationale Recht aller fiskalisch bedeutsamen Verbrauchsteuern[253] weitgehend angeglichen[254]. Zu diesen zählen alle Steuerarten, die eine im Konsum spezieller Güter ausgedrückte erhöhte Leistungsfähigkeit belasten und die deshalb ebenfalls besonders preis- und wettbewerbsrelevant sind[255].

---

247 Sechste Richtlinie des Rates v. 17.5.1977 zur Harmonisierung der Rechtsvorschriften der Mitgliedstaaten über die Umsatzsteuer – Gemeinsames Mehrwertsteuersystem: einheitliche Steuerbemessungsgrundlage (77/388/EWG); ABl. Nr. L 145, S. 1.

248 *P. Kirchhof*, DStR 2008, S. 3.

249 *Droege*, in: Terhechte, Verwaltungsrecht der Europäischen Union, § 28, Rn. 9; *Wernsmann*, in: Schulze/Zuleeg/Kadelbach, Europarecht, § 30, Rn. 23.

250 Richtlinie des Rates v. 16.12.1991 zur Ergänzung des gemeinsamen Mehrwertsteuersystems und zur Änderung der Richtlinie 77/388/EWG im Hinblick auf die Beseitigung der Steuergrenzen (91/680/EWG); ABl. Nr. L 376, S. 1.

251 Richtlinie des Rates v. 28.11.2006 über das gemeinsame Mehrwertsteuersystem (2006/112/EG); ABl. Nr. L 347, S. 1; zuletzt geändert durch Richtlinie des Rates v. 17.12.2013 (2013/61/EU); ABl. Nr. L 353, S. 5.

252 *Droege*, in: Terhechte, Verwaltungsrecht der Europäischen Union, § 28, Rn. 9; kritisch auch *P. Kirchhof*, DStR 2008, S. 4.

253 Für einen systematischen Überblick über die harmonisierten Verbrauchsteuern vgl. *Jatzke*, Das System des deutschen Verbrauchsteuerrechts unter Berücksichtigung der Ergebnisse der Verbrauchsteuerharmonisierung in der Europäischen Union, passim.

254 *Englisch*, IStR 2009, S. 37.

255 *Seiler*, in: Grabitz/Hilf, Art. 113 AEUV, Rn. 43.

Seit dem Jahr 1992 galt europaweit die sog. Verbrauchsteuer-Systemrichtlinie[256], welche die unterschiedlichen Verbrauchsteuern europaweit harmonisiert hat. Die grundlegenden Besteuerungsprinzipien finden sich heute in der Richtlinie 2008/118/EG[257], welche die Systemrichtlinie abgelöst hat. Sie begründet für die Mitgliedstaaten die Pflicht, Energie sowie alkoholische Getränke und Tabakwaren der Verbrauchsbesteuerung zu unterwerfen[258]. Da die Richtlinie 2008/118/EG die besonderen Verbrauchsteuern nicht abschließend regelt, behalten die Mitgliedstaaten das Recht, weitere Verbrauchsteuern zu erheben[259]. Ihr Spielraum ist jedoch begrenzt: Art. 1 Abs. 2 der Richtlinie 2008/118/EG sieht nämlich vor, dass „diese Steuern in Bezug auf die Bestimmung der Bemessungsgrundlage, die Berechnung der Steuer, die Entstehung des Steueranspruchs und die steuerliche Überwachung mit den gemeinschaftlichen Vorschriften für die Verbrauchsteuer oder die Mehrwertsteuer vereinbar sind".

Aufgrund dieser unionsrechtlichen Vorgaben ist den Mitgliedstaaten die Möglichkeit verwehrt, eigene Steuervorschriften für den Bereich der in der Richtlinie genannten Steuern zu erlassen; eine mögliche mitgliedstaatliche Regelung nicht angeglichener Verbrauchsteuerarten hat sich im Wesentlichen am Inhalt der Richtlinie zu orientieren, so dass diese letztlich auch für jene Steuerarten gilt.

III. Unionsrechtliche Vorgaben für das Steuerermittlungsverfahren

Obgleich zwar die MwStSystRL als „Herzstück der aktuellen europäischen Rechtslage"[260] in ihren Art. 241 ff. und 250 ff. einige Vorschriften über Aufzeichnungs- und Erklärungspflichten vorsieht, enthält diese jedoch keine weitergehenden Vorgaben hinsichtlich der Ermittlung besteuerungserheblicher Sachverhalte durch die Finanzbehörden. Es fehlen insbesondere Regelungen zu

---

256 Richtlinie des Rates v. 25.2.1992 über das allgemeine System, den Besitz, die Beförderung und die Kontrolle verbrauchsteuerpflichtiger Waren (92/12/EWG); ABl. Nr. L 76, S. 1.

257 Richtlinie des Rates v. 16.12.2008 über das allgemeine Verbrauchsteuersystem und zur Aufhebung der Richtlinie 92/12/EWG (2008/118/EG), ABl. Nr. L 9, S. 12; zuletzt geändert durch Richtlinie des Rates v. 17.12.2013 (2013/61/EU); ABl. Nr. L 353, S. 5.

258 Siehe ergänzend Richtlinie des Rates v. 27.10.2003 zur Restrukturierung der gemeinschaftlichen Rahmenvorschriften zur Besteuerung von Energieerzeugnissen und elektrischem Strom (2003/96/EG), ABl. Nr. L 283, S. 51; zuletzt geändert durch Richtlinie des Rates v. 29.4.2004 (2004/75/EG); ABl. Nr. L 195, S. 31.

259 *Seiler*, in: Grabitz/Hilf, Art. 113 AEUV, Rn. 44.

260 Vgl. *Seiler*, in: Grabitz/Hilf, Art. 113 AEUV, Rn. 41.

Zielrichtung, Notwendigkeit, Ausmaß, Art und Weise sowie Grenzen der Sachverhaltsermittlung[261].

Dennoch existieren einige sekundärrechtliche – die Ermittlung grenzüberschreitender Sachverhalte betreffende – verfahrensrechtliche Bestimmungen. Namentlich sind dies die Amtshilferichtlinie, die Beitreibungsrichtlinie sowie die Zusammenarbeitsverordnung. Neben ihrem unterschiedlichen Regelungsgehalt unterscheiden sich diese Rechtsakte[262] auch hinsichtlich ihrer Rechtswirkungen. Die Verordnung hat allgemeine Geltung, ist in allen ihren Teilen verbindlich und gilt unmittelbar in jedem Mitgliedstaat. Die Richtlinie ist hingegen an die Mitgliedstaaten gerichtet. Sie ist nur hinsichtlich des zu erreichenden Ziels verbindlich, überlässt jedoch den innerstaatlichen Stellen die Wahl der Form und der Mittel der Umsetzung in das mitgliedstaatliche Recht[263].

1. Amtshilferichtlinie

Als wichtigster Sekundärrechtsakt zur grenzüberschreitenden Auskunftserteilung wird im Allgemeinen die Amtshilferichtlinie[264] angesehen[265]. Da diese jedoch ausweislich ihres Art. 2 Abs. 2 nicht für die Mehrwertsteuer und für die Verbrauchsteuern gilt, die in anderen Rechtsvorschriften der Union über die Zusammenarbeit zwischen den Verwaltungsbehörden der Mitgliedstaaten erfasst sind, soll an dieser Stelle das Augenmerk auf die speziell für die Mehrwertsteuer geltenden Vorschriften und deren Auswirkungen auf das Verfahrensrecht gerichtet werden[266].

---

261 *Englisch*, IStR 2009, S. 38.

262 Grundsätzlich stehen der Europäischen Union nach Art. 288 AEUV für die Ausübung ihrer Zuständigkeiten verschiedene Rechtsakte zur Verfügung; am bedeutsamsten sind hierbei die Maßnahmen der Verordnung und der Richtlinie.

263 Daneben sieht Art. 288 AEUV noch Beschlüsse, Empfehlungen und Stellungnahmen vor. Beschlüsse sind in allen ihren Teilen verbindlich. Sofern sie an bestimmte Adressaten gerichtet sind, so sind sie nur für diese verbindlich. Empfehlungen und Stellungnahmen sind nicht verbindlich.

264 Vormals Richtlinie des Rates v. 19.12.1977 über die gegenseitige Amtshilfe zwischen den zuständigen Behörden der Mitgliedstaaten im Bereich der direkten Steuern, bestimmter Verbrauchsteuern und der Steuern auf Versicherungsprämien (77/799/EWG); ABl. Nr. L 336, S. 15, aufgehoben und ersetzt durch die Richtlinie des Rates v. 15.2.2011 über die Zusammenarbeit der Verwaltungsbehörden im Bereich der Besteuerung und zur Aufhebung der Richtlinie 77/799/EWG (2011/16/EU); ABl. Nr. L 64, S. 1 ff.; zuletzt geändert durch Richtlinie des Rates v. 6.12.2016 (2016/2258/EU); ABl. Nr. L 342, S. 1.

265 *Wernsmann*, in: Schulze/Zuleeg/Kadelbach, Europarecht, § 30, Rn. 127.

266 Ausführlich zur Amtshilferichtlinie siehe unter E. III. 2.

2. Beitreibungsrichtlinie

Da die einzelstaatlichen Bestimmungen auf dem Gebiet der Beitreibung wegen ihres auf das jeweilige Hoheitsgebiet begrenzten Anwendungsbereichs ein Hindernis für die Errichtung sowie eine Beeinträchtigung des Funktionierens des Binnenmarktes darstellen, hat die Europäische Union gestützt auf die Art. 113 und 115 AEUV mit der Beitreibungsrichtlinie[267] einheitliche Regeln zur gegenseitigen Unterstützung bei der Beitreibung von Forderungen in Bezug auf bestimmte Steuern, Abgaben und sonstige Maßnahmen erlassen.

Die gegenseitige Unterstützung kann sich auf Folgendes erstrecken[268]: Die ersuchte Behörde kann der ersuchenden Behörde die Auskünfte erteilen, die diese für die Beitreibung von in dem ersuchenden Mitgliedstaat entstandenen Forderungen benötigt, und dem Schuldner alle mit solchen Forderungen zusammenhängenden Dokumente des ersuchenden Mitgliedstaats zustellen. Die ersuchte Behörde kann ferner auf Ersuchen der ersuchenden Behörde die in dem ersuchenden Mitgliedstaat entstandenen Forderungen beitreiben oder Sicherungsmaßnahmen ergreifen, um die Beitreibung dieser Forderungen zu gewährleisten.

3. Zusammenarbeitsverordnung

In Gestalt der Zusammenarbeitsverordnung[269] wurde ein eigens für den Bereich der Umsatzsteuer geschaffener europaweit verbindlicher Rechtsakt erlassen, der die Modalitäten des Informationsaustauschs zwischen den Mitgliedstaaten bei der Aufklärung grenzüberschreitender Sachverhalte regelt[270]. Die Verordnung

---

267 Richtlinie des Rates v. 16.3.2010 über die Amtshilfe bei der Beitreibung von Forderungen in Bezug auf bestimmte Steuern, Abgaben und sonstige Maßnahmen (2010/24/EU); ABl. Nr. L 84, S. 1; vormals Richtlinie des Rates v. 15.3.1976 über die gegenseitige Unterstützung bei der Beitreibung von Forderungen in Bezug auf bestimmte Abgaben, Zölle, Steuern und sonstige Maßnahmen (76/308/EWG), zuletzt kodifiziert mit der Richtlinie des Rates v. 26.5.2008 über die gegenseitige Unterstützung bei der Beitreibung von Forderungen in Bezug auf bestimmte Abgaben, Zölle, Steuern und sonstige Maßnahmen (2008/55/EG); ABl. Nr. L 150, S. 28.

268 Vgl. Abs. 7 der Erwägungsgründe der Beitreibungsrichtlinie (2010/24/EU); ABl. Nr. L 84, S. 2.

269 Verordnung (EG) Nr. 1798/2003 des Rates v. 7.10.2003 über die Zusammenarbeit der Verwaltungsbehörden auf dem Gebiet der Mehrwertsteuer und zur Aufhebung der Verordnung (EWG) Nr. 218/92; ABl. Nr. L 264, S. 1; zuletzt geändert durch Verordnung (EU) Nr. 904/2010 des Rates v. 7.10.2010; ABl. Nr. L 268, S. 1.

270 Vgl. *Englisch*, IStR 2009, S. 38; ausführlich dazu *Hendricks*, Internationale Informationshilfe im Steuerverfahren, S. 243 ff. m.w.N.

war notwendig geworden, um die Anforderungen im Bereich der Verwaltungszusammenarbeit zu erfüllen, die sich durch die zunehmende wirtschaftliche Integration im Binnenmarkt ergaben[271]. Die vermehrt auftretende Steuerhinterziehung und Steuerumgehung über die Grenzen der Mitgliedstaaten hinweg führte zu Einnahmeverlusten, verletzte die Steuergerechtigkeit und beeinträchtigte das Funktionieren des Binnenmarktes[272].

Die Zusammenarbeitsverordnung regelt das Verfahren, nach dem die in den Mitgliedstaaten mit der Anwendung der Vorschriften auf dem Gebiet der Mehrwertsteuer auf Warenlieferungen und Dienstleistungen, den innergemeinschaftlichen Erwerb von Gegenständen und die Einfuhr von Waren beauftragten Verwaltungsbehörden untereinander und mit der Kommission zusammenarbeiten (Art. 1 Abs. 1 Zusammenarbeitsverordnung). Die Verordnung sieht insbesondere solche Regelungen vor, nach denen die zuständigen Behörden der Mitgliedstaaten einander Auskünfte erteilen, die für die korrekte Festsetzung der Mehrwertsteuer geeignet sind.

Neben der *Möglichkeit der Auskunft und des Ersuchens um behördliche Ermittlungen* (Art. 5 bis 7 Zusammenarbeitsverordnung) sieht Art. 11 Abs. 1 Satz 1 auch die *Möglichkeit der Anwesenheit* ordnungsgemäß befugter Beamter der ersuchenden Behörde in den Amtsräumen der ersuchten Behörde vor. Sofern die beantragten Auskünfte in den Unterlagen enthalten sind, zu denen die Beamten der ersuchten Behörde Zugang haben, besteht für die Beamten der ersuchten Behörde die Pflicht zur Aushändigung von Kopien dieser Unterlagen (Art. 11 Abs. 1 Satz 2 Zusammenarbeitsverordnung).

Gemäß Art. 11 Abs. 2 der Verordnung besteht für die Beamten des ersuchenden Mitgliedstaats auch die *Möglichkeit zur Teilnahme* an den Ermittlungen der Behörde des ersuchten Mitgliedstaats. Darüber hinaus können auf begründeten Antrag eines Mitgliedstaats gleichzeitige Prüfungen der steuerlichen Situation von Steuerpflichtigen in einem weiteren Mitgliedstaat durchgeführt werden, wenn solche Prüfungen für wirksamer erachtet werden als eine Prüfung durch einen einzigen Mitgliedstaat (Art. 12, 13 Zusammenarbeitsverordnung).

Schließlich enthält die Verordnung in Art. 22 ff. die Verpflichtung der Mitgliedstaaten zur Unterhaltung einer elektronischen Datenbank. Diese dient der Speicherung und dem Austausch von Informationen über innergemeinschaftliche Umsätze. Auf Grundlage der gespeicherten Daten kann die zuständige Behörde eines Mitgliedstaats von jedem anderen Mitgliedstaat Informationen

271 Siehe Erwägungsgrund Nr. 9 der Zusammenarbeitsverordnung.

272 Siehe Erwägungsgrund Nr. 1 der Zusammenarbeitsverordnung.

über die vom ersuchenden Mitgliedstaat erteilten Umsatzsteuer-Identifikationsnummern, über den Gesamtwert aller innergemeinschaftlichen Lieferungen von Gegenständen automatisch und unverzüglich erhalten oder direkt abrufen. Das Gleiche gilt hinsichtlich der Informationen über den Gesamtwert aller innergemeinschaftlichen Dienstleistungen, die an die Personen, denen eine Umsatzsteuer-Identifikationsnummer erteilt wurde, von allen Unternehmen, die in dem Auskunft erteilenden Mitgliedstaat eine Umsatzsteuer-Identifikationsnummer erhalten haben, getätigt wurden.

4. Bewertung der Sekundärrechtsakte bezüglich ihrer Auswirkungen auf das Steuerermittlungsverfahren

a) Vermeintliche Ausnahmen vom Grundsatz der Verfahrensautonomie der Mitgliedstaaten

Mit der Beitreibungsrichtlinie und insbesondere in Gestalt der Zusammenarbeitsverordnung existieren im Bereich des harmonisierten Rechts der indirekten Steuern für alle Mitgliedstaaten verbindliche Sekundärrechtsakte, die das Verfahren des Informationsaustauschs zwischen den Mitgliedstaaten hinsichtlich der Ermittlung grenzüberschreitender Sachverhalte regeln. Bei näherer Betrachtung ist hiermit jedoch kein nennenswerter Einfluss auf das nationale Steuerermittlungsverfahren verbunden[273]. Vielmehr verbleibt es trotz der Harmonisierungsabsicht[274] beim Grundsatz der Verfahrensautonomie der Mitgliedstaaten.

Art. 13 Abs. 1 Satz 2 der Beitreibungsrichtlinie bestimmt für die Erledigung eines Beitreibungsersuchens Folgendes:

> *„Die ersuchte Behörde übt die Befugnisse aus und wendet die Verfahren an, die in den in ihrem Mitgliedstaat geltenden Rechts- und Verwaltungsvorschriften für Forderungen aus gleichen oder – in Ermangelung gleicher – aus vergleichbaren Steuern oder Abgaben vorgesehen sind, sofern in dieser Richtlinie nichts anderes bestimmt ist."*

Die ersuchte Behörde wendet also gerade kein vorgegebenes, europaweit einheitliches Verfahren zur Ermittlung des steuererheblichen Sachverhalts an, sondern geht ausschließlich nach den in ihrem eigenen Mitgliedstaat geltenden – rein nationalen – Verfahrensvorschriften vor.

Noch deutlicher zeigt sich dieser Befund in Art. 5 Abs. 4 der Zusammenarbeitsverordnung:

273 Siehe hierzu insbesondere *Englisch*, IStR 2009, S. 38.
274 Vgl. Erwägungsgrund Nr. 3 der Zusammenarbeitsverordnung.

„Zur Beschaffung der angeforderten Auskünfte oder zur Durchführung der beantragten behördlichen Ermittlungen verfährt die ersuchte Behörde oder die von ihr befasste Verwaltungsbehörde so, wie sie in Erfüllung eigener Aufgaben oder auf Ersuchen einer anderen Behörde des eigenen Staates handeln würde."

Bezüglich der Anwesenheit von Beamten der ersuchenden Behörde in den Amtsräumen und deren Teilnahme an behördlichen Ermittlungen bestimmt Art. 11 Abs. 1 und 2 der Zusammenarbeitsverordnung, dass die Beamten der ersuchenden Behörde zwar unter den *von der ersuchten Behörde festgelegten Voraussetzungen* in den Amtsräumen zugegen sein dürfen, in denen die ersuchte Behörde *ihre Tätigkeit* ausübt, dass die behördlichen Ermittlungen jedoch *ausschließlich* von den Beamten der ersuchten Behörde geführt werden. Des Weiteren wird klargestellt, dass die Beamten der ersuchenden Behörde auch nicht die Kontrollbefugnisse der Beamten der ersuchten Behörde ausüben.

Sowohl die Beitreibungsrichtlinie als auch die Zusammenarbeitsverordnung enthalten keine Vorgaben für das Steuerrechtsverhältnis der Finanzbehörde zum Steuerpflichtigen. In den Sekundärrechtsakten fehlen Bestimmungen zum „Ob" und „Wie" der Informationsbeschaffung. Es finden sich insbesondere auch keine Regelungen zu der für den betroffenen Steuerpflichtigen bedeutsamen Frage, ob und unter welchen Voraussetzungen für die mit der Aufklärung eines Falles befasste Behörde eine Verpflichtung besteht, von der Möglichkeit des grenzüberschreitenden Auskunftsersuchens von Amts wegen Gebrauch machen zu müssen[275]. In seinem Urteil in der Rechtssache *Twoh* hat der EuGH diesbezüglich entschieden, dass das Sekundärrecht keinen subjektiven Anspruch des Steuerpflichtigen auf Stellung eines Auskunftsersuchens und auf Durchführung von Amtshilfemaßnahmen vermittelt[276].

Es lässt sich somit festhalten, dass die erlassenen Rechtsakte zwar eine koordinierte Zusammenarbeit der Finanzbehörden der jeweiligen Mitgliedstaaten bewirken, jedoch keinen darüber hinausgehenden Einfluss auf das jeweilige nationale Steuerermittlungsverfahren ausüben. Im Gegenteil: Es wird vollumfänglich auf die Vorschriften des nationalen Steuerverfahrensrechts verwiesen[277].

---

275 *Englisch*, IStR 2009, S. 38.

276 EuGH v. 27.9.2007, C-184/05, *Twoh*, Slg. 2007, I-7897, Rz. 31; *Droege*, in: Terhechte, Verwaltungsrecht der Europäischen Union, § 28, Rn. 41; *Englisch*, IStR 2009, S. 38.

277 Zutreffend *Englisch*, IStR 2009, S. 38.

b) *Koordinierte Verwaltungszusammenarbeit*

Es ist deutlich geworden, dass sich die Sekundärrechtsakte auf dem Gebiet der indirekten Steuern zwar auf das nationale Steuerermittlungsverfahren auswirken, jedoch keinen darüber hinausgehenden Einfluss – in Gestalt europaweit einheitlicher Vorgaben – auf dieses ausüben. Die Auswirkung der Rechtsakte zeigt sich darin, dass durch sie eine koordinierte Zusammenarbeit der jeweiligen nationalen Steuerverwaltungen erfolgt, wonach diese einander zu wirksamem Informationsaustausch bezüglich der Ermittlung und Aufklärung grenzüberschreitender steuererheblicher Sachverhalte verpflichtet sind. Das Steuerermittlungsverfahren selbst ist jedoch nicht angeglichen, sondern richtet sich weiterhin vollständig nach dem jeweiligen nationalen Recht der Mitgliedstaaten.

Die in den Rechtsakten vorgesehene Verpflichtung zur Zusammenarbeit der Behörden wird durch weitere – rechtlich allerdings unverbindliche – Maßnahmen unterstützt. Auf Anregung der Kommission wurde in Kooperation mit den Mitgliedstaaten ein Handbuch zum verbesserten Risikomanagement im Bereich der Mehrwertsteuer entworfen; diesbezüglich „bittet“ die Kommission, dass dessen Inhalte von den Mitgliedstaaten auch tatsächlich in die Praxis umgesetzt und von den nationalen Steuerverwaltungen bei ihrer Arbeit berücksichtigt werden[278]. Darüber hinaus richtet die Kommission an die Mitgliedstaaten den „Appell“, im Bereich der Mehrwertsteuer mehr Nutzen aus den Unterstützungsmöglichkeiten auf Unionsebene, insbesondere aus den Ressourcen des Europäischen Amtes für Betrugsbekämpfung (OLAF) zu ziehen, das als Serviceplattform für die operationellen Verwaltungszweige der Mitgliedstaaten agiert[279].

Zwecks besserer Kooperation der grenzüberschreitenden Verwaltungszusammenarbeit hat die Union zudem das sog. *Fiscalis*-Programm[280] ins Leben gerufen.

---

278 Vgl. Mitteilung der Kommission v. 31.5.2006, KOM (2006) 254 endgültig, S. 7.

279 Vgl. Mitteilung der Kommission v. 31.5.2006, KOM (2006) 254 endgültig, S. 6.

280 Vgl. zunächst Durchführungsentscheidung für das *Fiscalis*-Programm: Entscheidung der Kommission Nr. 98/467/EG v. 2.6.1998 zur Festlegung von Durchführungsvorschriften zur Entscheidung Nr. 888/98/EG des Europäischen Parlaments und des Rates über ein gemeinschaftliches Aktionsprogramm zur Verbesserung der Systeme der indirekten Besteuerung im Binnenmarkt; Entscheidung *Fiscalis* 1998–2002: Entscheidung des Europäischen Parlaments und des Rates Nr. 888/98 v. 30.3.1998 über das *Fiscalis*-Programm; Entscheidung *Fiscalis* 2003–2007: Entscheidung des Europäischen Parlaments und des Rates v. 3.12.2002 über ein gemeinschaftliches Aktionsprogramm zur Verbesserung der Funktionsweise der Steuersysteme im Binnenmarkt; Entscheidung *Fiscalis* 2013: Entscheidung Nr. 1482/2007/EG des

Das Ziel des derzeitigen Programmes *Fiscalis* 2020[281] besteht darin, das reibungslose Funktionieren der Steuersysteme im Binnenmarkt durch eine verstärkte Zusammenarbeit zwischen den Teilnehmerländern, ihren Steuerbehörden und Beamten zu verbessern. Insbesondere soll gewährleistet werden, dass der Informationsaustausch und die Verwaltungszusammenarbeit auf effiziente und umfassende Weise geschehen. Es sollen ferner die Voraussetzungen dafür geschaffen werden, dass die Beamten einen hohen Kenntnisstand in Bezug auf das Unionsrecht und seine Anwendung in den Mitgliedstaaten erwerben. Schließlich wird auch die fortlaufende Verbesserung der Verwaltungsverfahren zur Berücksichtigung der Bedürfnisse der Verwaltungen und der Steuerpflichtigen durch Entwicklung und Verbreitung von bewährten Verwaltungspraktiken angestrebt[282]. Das *Fiscalis*-Programm stellt damit ein wichtiges Instrument der „transnationalen Verwaltungsoptimierung"[283] dar; eine Harmonisierung der jeweiligen nationalen Steuerermittlungsverfahren ist damit jedoch nicht verbunden.

IV. Der Untersuchungsgrundsatz im harmonisierten Steuerrecht

Bereits frühzeitig hat der EuGH festgestellt, dass die Mitgliedstaaten beim indirekten Vollzug des Unionsrechts dem Gebot umfassender Sachverhaltsaufklärung von Amts wegen unterliegen. Besonders deutlich kommt dies in der Entscheidung *Deutsche Milchkontor*[284] zum Ausdruck:

> *„Die nationalen Behörden haben zunächst von Amts wegen alle Möglichkeiten zur Ermittlung der Umstände auszuschöpfen, von denen die Anwendung der gemeinschaftsrechtlichen Bestimmungen im Einzelfall abhängt."*

Europäischen Parlaments und des Rates v. 11.12.2007 über ein Gemeinschaftsprogramm zur Verbesserung der Funktionsweise der Steuersysteme im Binnenmarkt.

281 *Fiscalis* 2020: Verordnung (EU) Nr. 1286/2013 des Europäischen Parlaments und des Rates v. 11.12.2013 zur Festlegung eines Aktionsprogramms zur Verbesserung der Funktionsweise der Steuersysteme in der Europäischen Union für den Zeitraum 2014–2020 (*Fiscalis* 2020) und zur Aufhebung der Entscheidung Nr. 1482/2007/EG; ABl. Nr. L 347, S. 25 ff.

282 Siehe hierzu Art. 5 Abs. 1 und 2 sowie Erwägungsgrund Nr. 8 *Fiscalis* 2020.

283 *Droege*, in: Terhechte, Verwaltungsrecht der Europäischen Union, § 28, Rn. 45.

284 EuGH v. 21.9.1983, verbundene Rechtssachen C-205-215/82, *Deutsche Milchkontor*, Slg. 1983, 2633, Rz. 35.

Dass der Untersuchungsgrundsatz – als Ausfluss der Grundsätze der Gesetzmäßigkeit und Gleichmäßigkeit der Besteuerung[285] – darüber hinaus auch im Bereich des harmonisierten Rechts der indirekten Steuern von den Mitgliedstaaten zwingend zu beachten ist, wurde vom EuGH in seiner Entscheidung zur italienischen Steueramnestie[286] ausdrücklich bestätigt.

1. Das Urteil in der Rechtssache *Kommission/Italien*, Rs. C-132/06

a) Sachverhalt und Rechtsfrage

Die italienischen Rechtsvorschriften[287] gaben den Steuerpflichtigen für die Jahre 1998 bis 2001 hinsichtlich der Mehrwertsteuer die Möglichkeit, durch die Vorlage einer „ergänzenden Mehrwertsteuererklärung" ihre bereits für die Besteuerungszeiträume zwischen 1998 und 2001 abgegebenen (unvollständigen) Steuererklärungen zu berichtigen[288]. Diese Erklärung musste mit der Zahlung des zusätzlich geschuldeten Mehrwertsteuerbetrags verbunden sein, der unter Anwendung der im Besteuerungszeitraum anwendbaren Bestimmungen berechnet wurde. Darüber hinaus erlaubte ein „Automatische Bereinigung für die Vorjahre" genanntes Verfahren[289] denjenigen Steuerpflichtigen, die keine Steuererklärung abgegeben hatten, einen Betrag in Höhe von zwei Prozent (oder weniger) der für die Lieferung von Gegenständen und für Dienstleistungen geschuldeten Mehrwertsteuer und einen Betrag in Höhe von zwei Prozent der im selben Zeitraum abgezogenen Mehrwertsteuer zu zahlen.

Sowohl die Abgabe der „ergänzenden Mehrwertsteuererklärung" als auch die „Automatische Bereinigung" hatten zur Folge, dass die an sich gebotenen administrativen steuerlichen Sanktionen entfielen, für bestimmte Steuerdelikte sowie bestimmte Delikte des allgemeinen Strafrechts die strafrechtliche Ahndung gegenüber dem betreffenden Steuerpflichtigen ausgeschlossen war und jede Steuerprüfung unterblieb[290].

---

285 Siehe oben B. III. und IV.

286 EuGH v. 17.7.2008, Rs. C-132/06, *Kommission/Italien*, Slg. 2008, I-5457.

287 Gesetz Nr. 289 über die Bestimmungen zur Festlegung des Jahres- und Mehrjahreshaushalts des Staates (Haushaltsgesetz 2003).

288 Art. 8 des Gesetzes Nr. 289 über die Bestimmungen zur Festlegung des Jahres- und Mehrjahreshaushalts des Staates (Haushaltsgesetz 2003).

289 Art. 9 des Gesetzes Nr. 289 über die Bestimmungen zur Festlegung des Jahres- und Mehrjahreshaushalts des Staates (Haushaltsgesetz 2003).

290 Art. 9 Abs. 10 lit. b) und c) des Gesetzes Nr. 289 über die Bestimmungen zur Festlegung des Jahres- und Mehrjahreshaushalts des Staates (Haushaltsgesetz 2003).

Die Kommission war der Auffassung, dass diese Bestimmungen gegen die mitgliedstaatlichen Verpflichtungen aus der Mehrwertsteuersystemrichtlinie (Art. 2 und 22 MwStSystRL) und gegen das Gebot der loyalen Zusammenarbeit (Art. 4 Abs. 3 EUV) verstießen. Das in Frage stehende Gesetz habe ausdrücklich und allgemein vorgesehen, auf die Überprüfung der in mehreren Besteuerungszeiträumen getätigten steuerbaren Umsätze zu verzichten[291]. Die Art. 2 und 22 der Mehrwertsteuersystemrichtlinie sowie Art. 4 EUV erlegten den Mitgliedstaaten jedoch die Verpflichtung auf, die nationalen Steuerverwaltungen mit den erforderlichen Kontrollinstrumenten auszustatten, um mittels einer wirksamen Überprüfung und Bekämpfung der Steuerhinterziehung eine genaue Erhebung der Steuer zu gewährleisten[292]; ferner sei sicherzustellen, dass die Mehrwertsteuerpflichtigen die aus dieser Richtlinie resultierenden Verpflichtungen, insbesondere diejenige, binnen einer bestimmten Frist die infolge der Bewirkung steuerbarer Umsätze geschuldete Steuer zu erstatten, beachten[293]. Die Kommission machte deutlich, dass sich ein Mitgliedstaat nicht einseitig der Verpflichtung entziehen könne, bestimmte Kategorien steuerbarer Umsätze der Mehrwertsteuer zu unterwerfen[294].

b) Entscheidung des EuGH

Der EuGH erinnerte in seiner Entscheidung zunächst daran, dass jeder Mitgliedstaat verpflichtet sei, alle Rechts- und Verwaltungsvorschriften zu erlassen, die geeignet seien, die Erhebung der gesamten in seinem Hoheitsgebiet geschuldeten Mehrwertsteuer zu gewährleisten[295]. Hierzu müssten die Mitgliedstaaten die Erklärungen der Steuerpflichtigen, deren Konten und die anderen einschlägigen Unterlagen prüfen und die geschuldete Steuer berechnen und einziehen[296]. Zwar verfügten die Mitgliedstaaten hinsichtlich der Art des Einsatzes der ihnen zu Gebote stehenden Mittel über einen gewissen Spielraum[297]. Dennoch seien sie verpflichtet, eine wirksame Erhebung der Eigenmittel der Union zu garantieren

291 EuGH v. 17.7.2008, C-132/06, *Kommission/Italien*, a.a.O., Rz. 22.
292 EuGH v. 17.7.2008, C-132/06, *Kommission/Italien*, a.a.O., Rz. 26.
293 EuGH v. 17.7.2008, C-132/06, *Kommission/Italien*, a.a.O., Rz. 23.
294 EuGH v. 17.7.2008, C-132/06, *Kommission/Italien*, a.a.O., Rz. 25.
295 EuGH v. 17.7.2008, C-132/06, *Kommission/Italien*, a.a.O., Rz. 37.
296 EuGH v. 17.7.2008, C-132/06, *Kommission/Italien*, a.a.O., Rz. 37.
297 EuGH v. 17.7.2008, C-132/06, *Kommission/Italien*, a.a.O., Rz. 38.

und bei der Behandlung der Steuerpflichtigen keine bedeutsamen Unterschiede zu schaffen, und zwar weder innerhalb eines der Mitgliedstaaten noch in den Mitgliedstaaten insgesamt[298].

Aus Sicht des EuGH bieten die italienischen Rechtsvorschriften den Steuerpflichtigen aber einen starken Anreiz, lediglich einen Teil der tatsächlichen Steuerschuld anzugeben oder sich durch Zahlung eines pauschalen Betrags anstelle eines Prozentsatzes des erzielten Umsatzes jeder Kontrolle und jeder Sanktion zu entziehen[299]. Diese pauschalen Beträge stünden aber außer Verhältnis zu dem Betrag, den die Steuerpflichtigen auf der Grundlage des Volumens hätten zahlen müssen, das sich aus den von ihnen bewirkten, aber nicht angegebenen Umsätzen ergibt[300].

Nach Meinung des EuGH führt das erhebliche Ungleichgewicht zwischen den tatsächlich geschuldeten Beträgen und denjenigen, welche die durch die Steueramnestie begünstigten Steuerpflichtigen entrichten, nahezu zu einer Steuerbefreiung[301]. Deren Ausmaß sei jedoch so groß, dass es das ordnungsgemäße Funktionieren des gemeinsamen Mehrwertsteuersystems schwerwiegend beeinträchtigt[302]. Auch verfälschten die Bestimmungen des in Frage stehenden Gesetzes den Grundsatz der steuerlichen Neutralität, indem sie erhebliche Unterschiede bei der Behandlung der Steuerpflichtigen im italienischen Hoheitsgebiet eingeführt haben; hierdurch sei auch die Verpflichtung verletzt, eine in allen Mitgliedstaaten gleichmäßige Steuererhebung sicherzustellen[303]. Dass die Steueramnestie ein bedeutsames Ausmaß angenommen habe, belegten auch die vom Mitgliedstaat Italien selbst vorgelegten Zahlen, wonach etwa 15 % der Steuerpflichtigen, was einer absoluten Zahl von 800.000 Steuerpflichtigen entsprach, im Jahr 2001 eine steuerliche Amnestie beantragt hatten[304].

Dem Argument der Italienischen Republik, wonach es die Steueramnestie der Staatskasse erlaubt habe, sofort und ohne Einleitung langwieriger Gerichtsverfahren einen Teil der ursprünglich nicht erklärten Mehrwertsteuer zu vereinnahmen, schenkte der EuGH keine Beachtung. Der EuGH war dagegen der Meinung, dass die fragliche Maßnahme, die sehr kurz nach dem Ablauf der für die Steuerpflichtigen geltenden Fristen für die Entrichtung der Mehrwertsteuer ergangen war und welche die Entrichtung eines im Vergleich zur tatsächlich geschuldeten Steuer sehr

298 EuGH v. 17.7.2008, C-132/06, *Kommission/Italien*, a.a.O., Rz. 39.
299 EuGH v. 17.7.2008, C-132/06, *Kommission/Italien*, a.a.O., Rz. 40, 42.
300 EuGH v. 17.7.2008, C-132/06, *Kommission/Italien*, a.a.O., Rz. 42.
301 EuGH v. 17.7.2008, C-132/06, *Kommission/Italien*, a.a.O., Rz. 43.
302 EuGH v. 17.7.2008, C-132/06, *Kommission/Italien*, a.a.O., Rz. 44.
303 EuGH v. 17.7.2008, C-132/06, *Kommission/Italien*, a.a.O., Rz. 44.
304 EuGH v. 17.7.2008, C-132/06, *Kommission/Italien*, a.a.O., Rz. 49.

geringen Betrags verlangte, den Steuerpflichtigen die Möglichkeit eröffnet habe, sich ihren Verpflichtungen auf dem Gebiet der Mehrwertsteuer endgültig zu entziehen[305]. Der allgemeine und undifferenzierte Verzicht auf die Überprüfung der steuerbaren Umsätze verletze den Untersuchungsgrundsatz und verstoße deshalb gegen das Unionsrecht[306].

2. Bewertung der Entscheidung

Mit der Entscheidung des EuGH zur italienischen Steueramnestie haben die in § 85 der deutschen Abgabenordnung niedergelegten verfassungsrechtlichen Grundsätze des Legalitätsprinzips und der Rechtsanwendungsgleichheit sowie die im Untersuchungsgrundsatz des § 88 AO konkretisierten Grundsätze der Gesetzmäßigkeit und Gleichmäßigkeit der Besteuerung im Bereich des harmonisierten Mehrwertsteuerrechts auch eine europarechtliche Fundierung erfahren.

Der EuGH hat mit dieser Entscheidung klargestellt, dass die Mitgliedstaaten beim indirekten Vollzug von harmonisiertem Recht dem Gebot umfassender Sachverhaltsaufklärung von Amts wegen unterliegen[307]. Er hat insbesondere hervorgehoben, dass jeden Mitgliedstaat die Verpflichtung trifft, „*alle Rechts- und Verwaltungsvorschriften zu erlassen, die geeignet sind, die Erhebung der gesamten in seinem Hoheitsgebiet geschuldeten Mehrwertsteuer zu gewährleisten*"[308]. Dies entspricht dem Legalitätsprinzip und dem Grundsatz der Gesetzmäßigkeit der Besteuerung sowie dem Prinzip der materiellen Wahrheit, wonach die Finanzbehörden nicht nur berechtigt, sondern auch verpflichtet sind, die gesetzlich geschuldeten Steuern zu erheben. Hierzu müssen die Mitgliedstaaten „*die Erklärungen der Steuerpflichtigen, deren Konten und die anderen einschlägigen Unterlagen prüfen und die geschuldete Steuer berechnen und einziehen*"[309]. Hierin verwirklicht sich der im Untersuchungsgrundsatz des § 88 AO angelegte Auftrag der Finanzbehörden, die für die Aufklärung des besteuerungserheblichen Sachverhalts notwendigen Tatsachen von Amts wegen vollständig zu ermitteln (§ 88 Abs. 1 Satz 1 AO).

Dass die Finanzbehörden bei ihren Ermittlungen nicht an das Vorbringen der Beteiligten gebunden sind (§ 88 Abs. 1 Satz 2 Halbsatz 2 AO), sondern selbst Art und Umfang ihrer Ermittlungen bestimmen (§ 88 Abs. 1 Satz 2 Halbsatz 1 AO), wird vom EuGH auch auf europarechtlicher Ebene anerkannt. Der EuGH führt

---

305 EuGH v. 17.7.2008, C-132/06, *Kommission/Italien*, a.a.O., Rz. 52.
306 EuGH v. 17.7.2008, C-132/06, *Kommission/Italien*, a.a.O., Leitsatz 1.
307 *Englisch*, IStR 2009, S. 39.
308 EuGH v. 17.7.2008, C-132/06, *Kommission/Italien*, a.a.O., Rz. 37.
309 EuGH v. 17.7.2008, C-132/06, *Kommission/Italien*, a.a.O., Rz. 37.

hierzu aus, dass die Mitgliedstaaten *„hinsichtlich der Art des Einsatzes der ihnen zu Gebote stehenden Mittel über einen gewissen Spielraum“* verfügen[310]. Nach Ansicht des EuGH sind die Mitgliedstaaten demnach verpflichtet, eine wirksame Erhebung der geschuldeten Steuern zu garantieren und bei der Behandlung der Steuerpflichtigen keine bedeutsamen Unterschiede zu schaffen, und zwar weder innerhalb eines der Mitgliedstaaten noch in den Mitgliedstaaten insgesamt[311]. Hierin kommt zum Ausdruck, dass auch der EuGH die Ermittlung von Amts wegen dogmatisch mit den Prinzipien der Gesetzmäßigkeit und der Gleichheit der Besteuerung in Verbindung setzt. Zum einen hebt der EuGH ausdrücklich die Notwendigkeit hervor, die Steuern so wie in den Mehrwertsteuerrichtlinien vorgesehen zu erheben und alle dafür erforderlichen Maßnahmen zu ergreifen (*„eine wirksame Erhebung der Eigenmittel (...) zu garantieren“*; *„alle Rechts- und Verwaltungsvorschriften zu erlassen, die geeignet sind, die Erhebung (...) zu gewährleisten“*), zum anderen verweist der EuGH darauf, die Gleichbehandlung aller Steuerpflichtigen zu garantieren (*„bei der Besteuerung der Steuerpflichtigen keine bedeutsamen Unterschiede zu schaffen“*)[312].

Der EuGH hat somit klargestellt, dass die für das nationale Steuerermittlungsverfahren charakteristischen, sich im Untersuchungsgrundsatz des § 88 AO verwirklichenden Prinzipien, namentlich das Legalitätsprinzip, die Rechtsanwendungsgleichheit, die Grundsätze der Gesetzmäßigkeit und Gleichmäßigkeit der Besteuerung sowie das Prinzip der materiellen Wahrheit, nicht nur beim Vollzug unionsrechtlich harmonisierter Steuern zwingend zu beachten sind, sondern auch bei rein mitgliedstaatsinternen Sachverhalten.

V. Zwischenergebnis

Es hat sich gezeigt, dass die Harmonisierung der mitgliedstaatlichen Steuersysteme kein selbständiges Ziel der Europäischen Union bildet und sich hieran auch nach dem Inkrafttreten des Vertrages von Lissabon nichts geändert hat[313]. Die in den Verträgen niedergelegten steuerlichen Vorschriften beziehen sich lediglich auf Sachverhalte, deren Beseitigung für die Einhaltung der vertraglichen Grundfreiheiten sowie für die Gewährleistungen eines freien Wettbewerbs im gemeinsamen Binnenmarkt erforderlich ist[314].

---

310 EuGH v. 17.7.2008, C-132/06, *Kommission/Italien*, a.a.O., Rz. 38.

311 EuGH v. 17.7.2008, C-132/06, *Kommission/Italien*, a.a.O., Rz. 39.

312 *Englisch*, IStR 2009, S. 39.

313 *Dürrschmidt*, NJW 2010, S. 2087.

314 *Jacobs*, Internationale Unternehmensbesteuerung, S. 113.

Für den Bereich des Rechts der indirekten Steuern[315] haben die Mitgliedstaaten den Unionsgesetzgeber mit Art. 113 AEUV jedoch ausdrücklich ermächtigt, diese Steuern in einem für die Errichtung und das Funktionieren des Binnenmarktes erforderlichen Maß zu harmonisieren. Auf der Grundlage des Art. 113 AEUV hat der Unionsgesetzgeber daher das nationale Recht der Umsatzsteuer sowie aller fiskalisch bedeutsamen Verbrauchsteuern durch Richtlinien weitgehend angeglichen[316]. Am weitesten fortgeschritten ist die Harmonisierung des Rechts der indirekten Steuern im Bereich des Umsatzsteuerrechts, das mit Ausnahme der Steuersätze europaweit nahezu vollständig angeglichen ist[317]. Auch das nationale Recht aller fiskalisch bedeutsamen Verbrauchsteuern[318] ist weitgehend vereinheitlicht[319].

Für das *Verfahrensrecht* sieht die MwStSystRL zwar einige Vorschriften über Aufzeichnungs- und Erklärungspflichten vor, enthält aber keine weitergehenden Vorgaben für die Ermittlung besteuerungserheblicher Sachverhalte durch die Finanzbehörden. Insbesondere fehlen Regelungen zu Zielrichtung, Notwendigkeit, Ausmaß, Art und Weise sowie Grenzen der Sachverhaltsermittlung[320]. Die weiteren sekundärrechtlichen – die Ermittlung grenzüberschreitender Sachverhalte betreffenden – verfahrensrechtlichen Bestimmungen[321] üben ebenfalls keinen nennenswerten Einfluss auf das nationale Steuerermittlungsverfahren aus. Es verbleibt insoweit beim Grundsatz der Verfahrensautonomie der Mitgliedstaaten[322]. Denn sowohl nach der Beitreibungsrichtlinie als auch nach der Zusammenarbeitsverordnung wendet die ersuchte Behörde kein vorgegebenes, europaweit einheitliches Verfahren zur Ermittlung des steuererheblichen Sachverhalts an, sondern geht ausschließlich nach den in ihrem eigenen Mitgliedstaat geltenden Verfahrensvorschriften vor. Auch enthalten beide genannten Sekundärrechtsakte keine Vorgaben für das Steuerrechtsverhältnis der Finanzbehörde

315 Zum Begriff siehe C. II. 1.

316 *Englisch*, IStR 2009, S. 37.

317 *Wernsmann*, in: Schulze/Zuleeg/Kadelbach, Europarecht, § 30, Rn. 21; *Droege*, in: Terhechte, Verwaltungsrecht der Europäischen Union, § 28, Rn. 8.

318 Für einen systematischen Überblick über die Verbrauchsteuern vgl. *Jatzke*, Das System des deutschen Verbrauchsteuerrechts unter Berücksichtigung der Ergebnisse der Verbrauchsteuerharmonisierung in der Europäischen Union, passim.

319 *Englisch*, IStR 2009, S. 37.

320 *Englisch*, IStR 2009, S. 38.

321 Im Bereich der indirekten Steuern sind insbesondere die Beitreibungsrichtlinie sowie die Zusammenarbeitsverordnung zu nennen.

322 Siehe hierzu insbesondere *Englisch*, IStR 2009, S. 38.

zum Steuerpflichtigen. Es fehlen Bestimmungen zum „Ob“ und „Wie“ der Informationsbeschaffung; Regelungen zu der für den betroffenen Steuerpflichtigen bedeutsamen Frage, ob und unter welchen Voraussetzungen für die mit der Aufklärung eines Falles befasste Behörde eine Verpflichtung besteht, von der Möglichkeit des grenzüberschreitenden Auskunftsersuchens von Amts wegen Gebrauch machen zu müssen, fehlen ebenfalls[323].

Es lässt sich somit festhalten, dass die erlassenen Rechtsakte zwar eine koordinierte Zusammenarbeit der Finanzbehörden der jeweiligen Mitgliedstaaten bewirken und fördern, jedoch keinen darüber hinausgehenden Einfluss auf das jeweilige nationale Steuerermittlungsverfahren ausüben. Es wird stattdessen ausdrücklich auf die Vorschriften des nationalen Steuerverfahrensrechts verwiesen[324].

Demgegenüber sind die in § 85 der deutschen Abgabenordnung niedergelegten verfassungsrechtlichen Grundsätze des Legalitätsprinzips und der Rechtsanwendungsgleichheit sowie die im Untersuchungsgrundsatz des § 88 AO konkretisierten Grundsätze der Gesetzmäßigkeit und Gleichmäßigkeit der Besteuerung im Bereich des harmonisierten Mehrwertsteuerrechts mit der Entscheidung des EuGH zur italienischen Steueramnestie auch europarechtlich fundiert. Die Mitgliedstaaten unterliegen beim indirekten Vollzug von harmonisiertem Recht dem Gebot umfassender Sachverhaltsaufklärung von Amts wegen[325]. Jeder Mitgliedstaat ist seither verpflichtet, alle Rechts- und Verwaltungsvorschriften zu erlassen, die geeignet sind, die Erhebung der gesamten in seinem Hoheitsgebiet geschuldeten Mehrwertsteuer zu gewährleisten[326]. Der EuGH erkennt hiermit letztlich die Feststellung des BVerfG an, wonach eine Besteuerung ohne Verifikation einen strukturellen Erhebungsmangel begründet, und das Deklarationsprinzip deshalb einer Ergänzung durch das Verifikationsprinzip bedarf[327].

Legalitätsprinzip und Rechtsanwendungsgleichheit, Gesetzmäßigkeit und Gleichmäßigkeit der Besteuerung sowie das Prinzip der materiellen Wahrheit, die für das nationale Steuerermittlungsverfahren charakteristisch sind und sich im Untersuchungsgrundsatz des § 88 AO verwirklichen, sind mithin auch beim Vollzug unionsrechtlich harmonisierter Steuern zu beachten, und zwar auch dann, wenn es sich hierbei um rein mitgliedstaatsinterne Sachverhalte handelt.

---

323 *Englisch*, IStR 2009, S. 38.

324 Zutreffend *Englisch*, IStR 2009, S. 38.

325 *Englisch*, IStR 2009, S. 39.

326 EuGH v. 17.7.2008, C-132/06, *Kommission/Italien*, a.a.O., Rz. 37.

327 BVerfGE 84, 239, 273, BVerfG v. 27.6.1991, 2 BvR 1493/89; BVerfGE 110, 94, 115, BVerfG v. 9.3.2004, 2 BvL 17/02.

E. Unionsrechtliche Einflüsse auf das Steuerermittlungsverfahren im Bereich des nichtharmonisierten Rechts der direkten Steuern

I. Keine ausdrückliche Harmonisierungskompetenz der Europäischen Union

Im Umkehrschluss zu Art. 113 AEUV lassen sich die *direkten* Steuern im Sinne des AEUV als alle *nicht indirekten* Steuern definieren[328]. Nach deutscher Dogmatik sind direkte Steuern solche, bei denen der Steuerschuldner und der wirtschaftlich belastete Steuerträger identisch sind; im Allgemeinen sind dies alle Steuern auf das Einkommen und Vermögen[329]. Dieses Verständnis ist auch auf den unionsrechtlichen Begriff anzuwenden[330].

Direkte Steuern sind nur mittelbar preisbildende Faktoren und wirken sich daher nicht in gleicher Weise wie die indirekten Steuern auf das Funktionieren des Binnenmarktes aus[331]. Allerdings sind sie aufgrund ihrer erheblichen Aufkommenswirkungen von besonderer Bedeutung für die mitgliedstaatliche Steuerhoheit[332]. Vor diesem Hintergrund finden sich in den Verträgen – anders als für den Bereich der unmittelbar binnenmarktrelevanten indirekten Steuern – keine speziellen Regelungen zur Angleichung der direkten Steuern. Im Gegenteil enthält das Unionsrecht mit Art. 114 Abs. 2 AEUV eine Bereichsausnahme für Bestimmungen über Steuern. Diese ist denkbar weit auszulegen und umfasst richtigerweise[333] nicht nur die Bestimmungen über die Steuerpflichtigen, die

328 *Seiler*, in: Grabitz/Hilf, Art. 113 AEUV, Rn. 50.

329 *Hey*, in: Tipke/Lang, Steuerrecht, § 7, Rn. 20.

330 Vgl. hierzu *Cordewener*, Europäische Grundfreiheiten und nationales Steuerrecht, S. 8 ff.

331 Vgl. hierzu *Seiler*, Steuerstaat und Binnenmarkt, in: FS Isensee, 2007, S. 885.

332 *Seiler*, in: Grabitz/Hilf, Art. 113 AEUV, Rn. 51.

333 EuGH v. 29.4.2004, C-338/01, *Kommission/Rat*, Slg. 2004, I-4829, Rz. 67; *Khan*, in: Geiger/Khan/Kotzur, EUV/AEUV, Art. 114 AEUV, Rn. 16; *Korte*, in: Calliess/Ruffert, EUV/AEUV, Art. 114 AEUV, Rn. 15; a. A. offenbar nur *Tietje*, in: Grabitz/Hilf, Art. 114 AEUV, Rn. 90.

steuerbaren Umsätze, die Besteuerungsgrundlage sowie die Steuersätze und die Befreiungen von ihnen, sondern auch die Bestimmungen über die Modalitäten der Beitreibung dieser Steuern und somit neben allen materiellen Regelungen auch die Verfahrensvorschriften.

Eine Angleichung der direkten Steuern kann daher nur auf Grundlage der allgemeinen Rechtsangleichungskompetenz des Art. 115 AEUV erfolgen[334]. Die Harmonisierungskompetenz des Art. 115 AEUV setzt jedoch stets voraus, dass sich die betreffenden Rechts- und Verwaltungsvorschriften der Mitgliedstaaten unmittelbar auf die Errichtung oder das Funktionieren des Binnenmarktes auswirken. Darüber hinaus untersteht jedwede Harmonisierung der direkten Steuern den Grundsätzen der Subsidiarität und der Verhältnismäßigkeit[335]. Schließlich bedarf eine Beschlussfassung über die Rechtsangleichung der Einstimmigkeit im Rat. Der enge Tatbestand und vor allem die hohe Hürde der Einstimmigkeit haben dazu geführt, dass Harmonisierungsmaßnahmen auf dem Gebiet der direkten Steuern bislang Ausnahmen geblieben sind[336]. Von wenigen punktuellen Rechtsangleichungen abgesehen, ist die Rechtsetzung über die direkten Steuern nahezu ausschließlich den Mitgliedstaaten vorbehalten[337].

II. Bestandsaufnahme der Harmonisierung

1. Überblick

Auf Grundlage von Art. 115 AEUV ist es bisher nur zu einer punktuellen Harmonisierung der Ertragsteuern gekommen[338]. Im Wesentlichen sind hier – bezogen auf den Bereich der Besteuerung grenzüberschreitend tätiger Unternehmen – die Mutter-Tochter-Richtlinie[339] zur Besteuerung von Dividenden, die eine

334 Vgl. hierzu *Birk*, FR 2005, S. 121; *Khan*, in: Geiger/Khan/Kotzur, EUV/AEUV, Art. 115 AEUV, Rn. 2; *Tiedtke/Mohr*, EuZW 2008, S. 424.

335 *Droege*, in: Terhechte, Verwaltungsrecht der Europäischen Union, § 28, Rn. 12.

336 *Seiler*, in: Grabitz/Hilf, Art. 113 AEUV, Rn. 52.

337 Vgl. zum Ganzen *Seiler*, in: Grabitz/Hilf, Art. 113 AEUV, Rn. 53 f.

338 Zum Stand der Rechtsangleichung auf diesem Gebiet siehe *Oppermann/Classen/Nettesheim*, Europarecht, S. 590 ff.

339 Richtlinie des Rates v. 23.7.1990 über das gemeinsame Steuersystem der Mutter- und Tochtergesellschaften verschiedener Mitgliedstaaten (90/435/EWG); ABl. Nr. L 225, S. 6; zuletzt geändert durch Richtlinie des Rates v. 30.11.2011 (2011/96/EU); ABl. Nr. L 345, S. 8 sowie durch Richtlinie des Rates v. 27.1.2015 (2015/121/EU); ABl. Nr. L 21, S. 1.

Tochtergesellschaft an ihre Muttergesellschaft ausschüttet, die Fusionsrichtlinie[340] sowie die Zins- und Lizenzrichtlinie[341] über eine gemeinsame Steuerregelung für Zahlungen von Zinsen und Lizenzgebühren zwischen verbundenen Unternehmen verschiedener Mitgliedstaaten zu nennen[342]. Im Falle der Realisierung der in Planung befindlichen gemeinsamen körperschaftsteuerlichen Bemessungsgrundlage (GKKB) käme es auch auf dem Gebiet der Unternehmensbesteuerung zu einer Rechtsvereinheitlichung[343]. Daneben sind für das Verfahrensrecht die Beitreibungsrichtlinie[344] sowie insbesondere die Amtshilferichtlinie[345] von Bedeutung[346].

---

340 Richtlinie des Rates v. 23.7.1990 über das gemeinsame Steuersystem für Fusionen, Spaltungen, die Einbringung von Unternehmensteilen und den Austausch von Anteilen, die Gesellschaften verschiedener Mitgliedstaaten betreffen, sowie für die Verlegung des Sitzes einer Europäischen Gesellschaft oder einer Europäischen Genossenschaft von einem Mitgliedstaat in einen anderen Mitgliedstaat (90/434/EWG); ABl. Nr. L 225, S. 1; zuletzt geändert durch Richtlinie des Rates v. 13.5.2013 (2013/13/EU); ABl. Nr. L 141, S. 30.

341 Richtlinie des Rates v. 3.6.2003 über eine gemeinsame Steuerregelung für Zahlungen von Zinsen und Lizenzgebühren zwischen verbundenen Unternehmen verschiedener Mitgliedstaaten (2003/49/EG); ABl. Nr. L 157, S. 49 ff.; zuletzt geändert durch Richtlinie des Rates v. 13.5.2013 (2013/13/EU); ABl. Nr. L 141, S. 30.

342 Für einen Überblick siehe *Wernsmann*, in: Schulze/Zuleeg/Kadelbach, Europarecht, § 30, Rn. 66 ff.

343 Vgl. Vorschlag der Europäischen Kommission vom 16.3.2011 für eine Richtlinie des Rates über eine gemeinsame konsolidierte Körperschaftsteuer-Bemessungsgrundlage (GKKB), KOM (2011) 121, S. 4; vgl. in jüngster Zeit die Mitteilung der Kommission v. 17.6.2015, KOM (2015) 302 final, S. 8 f., sowie die beiden Richtlinienvorschläge v. 25.10.2016, KOM (2016) 683 final und KOM (2016) 685 final.

344 Richtlinie des Rates v. 16.3.2010 über die Amtshilfe bei der Beitreibung von Forderungen in Bezug auf bestimmte Steuern, Abgaben und sonstige Maßnahmen (2010/24/EU); ABl. Nr. L 84, S. 1 ff.; vormals Richtlinie des Rates v. 15.3.1976 über die gegenseitige Unterstützung bei der Beitreibung von Forderungen in Bezug auf bestimmte Abgaben, Zölle, Steuern und sonstige Maßnahmen (76/308/EWG), zuletzt kodifiziert mit der Richtlinie des Rates v. 26.5.2008 über die gegenseitige Unterstützung bei der Beitreibung von Forderungen in Bezug auf bestimmte Abgaben, Zölle, Steuern und sonstige Maßnahmen (2008/55/EG); ABl. Nr. L 150, S. 28.

345 Richtlinie des Rates v. 15.2.2011 über die Zusammenarbeit der Verwaltungsbehörden im Bereich der Besteuerung und zur Aufhebung der Richtlinie 77/799/EWG (2011/16/EU); ABl. Nr. L 64, S. 1 ff.; zuletzt geändert durch Richtlinie des Rates v. 6.12.2016 (2016/2258/EU); ABl. Nr. L 342, S. 1.

346 Zur EU-Amtshilferichtlinie vgl. im Folgenden unter E. III. 2. a).

Nach den unter dem Schlagwort „Lux-Leaks" bekannt gewordenen Enthüllungen internationaler Medien über die luxemburgischen Steuervermeidungsmodelle für Unternehmen ist in jüngster Zeit wieder Bewegung in die seit Jahren diskutierte gemeinsame Bemessungsgrundlage für die Körperschaftsteuer in der EU gekommen. Ob sich allerdings die hierfür erforderliche Einstimmigkeit im Rat erreichen lässt, ist derzeit offen.

2. Mutter-Tochter-Richtlinie

Im Bereich der Besteuerung grenzüberschreitend tätiger Unternehmen soll die Mutter-Tochter-Richtlinie die an sich drohende Doppelbesteuerung bei der Ausschüttung einer Dividende einer Tochtergesellschaft an ihre in einem anderen Mitgliedstaat ansässige Muttergesellschaft verhindern. Dem Ansässigkeitsstaat der Muttergesellschaft obliegt hierbei die Vermeidung der Doppelbesteuerung. Dieser berücksichtigt hierzu die Vorbelastung der Auslandsdividende durch Anrechnung oder Freistellung. Die Doppelbelastung der Dividenden im Ansässigkeitsstaat der Muttergesellschaft wird hierbei von der weit überwiegenden Zahl der Mitgliedstaaten durch die Freistellungsmethode vermieden[347]. Nennenswerte Vorgaben für das Verfahrensrecht sind mit dieser Richtlinie indes nicht verbunden.

3. Fusionsrichtlinie

Die Fusionsrichtlinie bezweckt die Beseitigung von Hindernissen bei grenzüberschreitenden Umwandlungen, Spaltungen sowie bei der Einbringung von Unternehmensanteilen und des Austausches von Anteilen, bei denen in zwei oder mehr Mitgliedstaaten ansässige Unternehmen beteiligt sind. Die Richtlinie vermeidet die an sich erforderliche Aufdeckung und Besteuerung stiller Reserven. Die Fusionsrichtlinie enthält eine Liste mit Gesellschaftsformen, die in den Anwendungsbereich der Richtlinie fallen. Weiterhin deckt die Fusionsrichtlinie auch Fälle ab, bei denen eine übertragende Gesellschaft eine in einem anderen Mitgliedstaat belegene Betriebstätte überträgt[348]. Auf das Verfahrensrecht hat die Richtlinie keinen entscheidenden Einfluss.

347 In Deutschland gewährleistet durch § 8b KStG; für einen Überblick siehe bspw. *Jacobs*, Internationale Unternehmensbesteuerung, S. 180 f.

348 Für einen Überblick zur Fusionsrichtlinie siehe *Jacobs*, Internationale Unternehmensbesteuerung, S. 182 ff.

4. Zinsrichtlinien

Ziel der am 3.6.2003 verabschiedeten Zins- und Lizenzrichtlinie[349] ist es, steuerliche Hindernisse in Verbindung mit grenzüberschreitenden Zahlungen von Zinsen und Lizenzgebühren zwischen Kapitalgesellschaften zu beseitigen[350]. Zu diesem Zweck sieht die Richtlinie die Abschaffung der Quellensteuer auf Einkünfte in Form von Lizenzgebühren und Zinsen vor, die in einem Mitgliedstaat anfallen. Diese Einkünfte werden in dem betreffenden Mitgliedstaat von jeglicher Besteuerung befreit, wenn es sich beim wirtschaftlichen Eigentümer dieser Zahlungen um ein Unternehmen oder eine Betriebsstätte in einem anderen Mitgliedstaat handelt. Das Besteuerungsrecht wird ausschließlich dem Ansässigkeitsstaat zugewiesen.

Die ebenfalls am 3.6.2003 verabschiedete Richtlinie zur Besteuerung von Zinserträgen von Privatpersonen[351] hatte zum Ziel, jegliche Verzerrungen des Kapitalverkehrs zwischen den Mitgliedstaaten zu verhindern, indem sie die effektive Besteuerung von grenzüberschreitenden Zinserträgen an natürliche Personen in deren Ansässigkeitsstaat gewährleistet. Die Richtlinie umfasste Zinserträge natürlicher Personen aus Forderungen, die entweder direkt, über Investmentfonds oder über zwischengeschaltete nicht besteuerte Einrichtungen erzielt wurden. Sie enthielt Bestimmungen zur automatischen Auskunftserteilung in Bezug auf diese Zinserträge, die von in einem Mitgliedstaat niedergelassenen Zahlstellen an in einem anderen Mitgliedstaat ansässige natürliche Personen gezahlt wurden. Im Zuge der Neufassung der EU-Amtshilferichtlinie[352] hat die Richtlinie zur Besteuerung von Zinserträgen weitgehend an Bedeutung verloren. Aufgrund erheblicher Überschneidungen zwischen den beiden Richtlinien sieht die weitergehende EU-Amtshilferichtlinie in deren Art. 8 Abs. 3 lit. a) vor, dass die Bestimmungen der EU-Amtshilferichtlinie über den Informationsaustausch den Bestimmungen der Richtlinie zur Besteuerung von Zinserträgen vorgehen. Dementsprechend hat die Kommission am 18.3.2015 einen Vorschlag

---

349 Richtlinie des Rates v. 3.6.2003 über eine gemeinsame Steuerregelung für Zahlungen von Zinsen und Lizenzgebühren zwischen verbundenen Unternehmen verschiedener Mitgliedstaaten (2003/49/EG); ABl. Nr. L 157, S. 49 ff.; zuletzt geändert durch Richtlinie des Rates v. 13.5.2013 (2013/13/EU); ABl. Nr. L 141, S. 30.

350 Weiterführend zur Zinsrichtlinie siehe *Jacobs*, Internationale Unternehmensbesteuerung, S. 187 ff.

351 Richtlinie des Rates v. 3.6.2003 im Bereich der Besteuerung von Zinserträgen (2003/48/EG); ABl. Nr. L 157, S. 38 ff.; zuletzt geändert durch Richtlinie des Rates v. 24.3.2014 (2014/48/EU); ABl. Nr. L 111, S. 50.

352 Hierzu nachfolgend unter E. III. 2. a) dd).

zur Aufhebung der Richtlinie zur Besteuerung von Zinserträgen vorgelegt[353], der nunmehr schließlich zur Aufhebung dieser Richtlinie mit Wirkung zum 1.1.2016 geführt hat[354].

III. Unionsrechtliche Einflüsse auf das Steuerermittlungsverfahren

1. Überblick

Da die direkten Steuern Personen und nicht Leistungsbewegungen belasten und von ihnen keine unmittelbaren Wettbewerbsverzerrungen ausgehen, wurden Angleichungsvorschriften für die direkten Steuern in den Verträgen nicht für notwendig erachtet[355]. In gleicher Weise enthalten die Verträge auch keine Kompetenz zur Harmonisierung des Verfahrensrechts; die Verfahrensautonomie liegt grundsätzlich weiter bei den Mitgliedstaaten[356]. Dies bedeutet aber mitnichten, dass das dem nichtharmonisierten Recht der direkten Steuern zugrundeliegende Steuerverfahren im Allgemeinen und das Steuerermittlungsverfahren im Besonderen frei von Einflüssen des Unionsrechts sind.

Im Folgenden sollen zunächst die Vorgaben des Sekundärrechts in den Blick genommen werden. Hieran schließt sich eine Betrachtung des Primärrechts als Prüfungsmaßstab für das nationale Steuerermittlungsverfahren an, da sich das Primärrecht inzwischen zum zentralen Prüfungsmaßstab für das nationale Recht der direkten Steuern entwickelt hat.

2. Vorgaben des Sekundärrechts

Sekundärrechtliche verfahrensrechtliche Bestimmungen betreffen vor allem die Ermittlung grenzüberschreitender besteuerungserheblicher Sachverhalte[357]. Aufgrund des Territorialitätsprinzips[358] unterliegt deren Verifikation erhöhten Schwierigkeiten; gleichsam besteht die Gefahr, dass die ermittlungstechnischen Schwierigkeiten bei grenzüberschreitenden Sachverhalten die Steuerpflichtigen

353 Siehe zum Ganzen Vorschlag der Europäischen Kommission v. 18.3.2015 für eine Richtlinie des Rates zur Aufhebung der Richtlinie 2003/48/EG, KOM (2015) 129, S. 2 ff.

354 Richtlinie 2015/2060/EU des Rates v. 10.11.2015 zur Aufhebung der Richtlinie 2003/48/EG im Bereich der Besteuerung von Zinserträgen, ABl. Nr. L 301, S. 1.

355 *Birk*, FR 2005, S. 121 f.

356 *Kahl*, in: Calliess/Ruffert, EUV/AEUV, Art. 4 EUV, Rn. 64.

357 *Wernsmann*, in: Schulze/Zuleeg/Kadelbach, Europarecht, § 30, Rn. 126.

358 *Herdegen*, Völkerrecht, § 26, Rn. 4 ff.; *Schaumburg*, Internationales Steuerrecht, S. 187.

zu Steuerhinterziehungs- und Steuervermeidungsstrategien verleiten. Hierdurch wird die Steuergerechtigkeit gefährdet und dem Funktionieren des Binnenmarktes entgegengewirkt. Es besteht deshalb die Notwendigkeit, entsprechende Verifikationsmöglichkeiten bei der Ermittlung grenzüberschreitender Sachverhalte vorzuhalten.

a) EU-Amtshilferichtlinie

aa) Grundsätzliches zur zwischenstaatlichen Amtshilfe durch Auskunftsaustausch

Zur Ermittlung grenzüberschreitender Sachverhalte und zur Erlangung der hierfür notwendigen Auskünfte und Informationen stehen den nationalen Finanzbehörden grundsätzlich vier Wege offen. Neben dem in bilateralen völkerrechtlichen Abkommen zur Vermeidung der Doppelbesteuerung (Doppelbesteuerungsabkommen, DBA) vorgesehenen Auskunftsaustausch bestehen mit einigen Staaten auch besondere Rechts- und Amtshilfevereinbarungen, die zum Teil über die üblichen Auskunftsklauseln in den DBA hinausgehen[359]. Eine Aufstellung über die Abkommen auf dem Gebiet der Amtshilfe ist der vom Bundesministerium der Finanzen jährlich veröffentlichten Übersicht über den Stand der Doppelbesteuerungsabkommen und der laufenden Verhandlungen zu entnehmen[360]. Von besonderer Bedeutung für die weitere Untersuchung ist die EU-Amtshilferichtlinie[361], nach deren Maßgabe sich die Finanzbehörden der Mitgliedstaaten gegenseitig Amtshilfe durch Auskunftsaustausch leisten[362].

---

359 Bspw. der deutsch-österreichische Vertrag über Rechtsschutz und Rechtshilfe in Abgabensachen vom 4.10.1954, BStBl I 1955, S. 434.

360 Zuletzt BMF-Schreiben v. 18.1.2017 über den Stand der Doppelbesteuerungsabkommen und der Doppelbesteuerungsverhandlungen zum 1.1.2017.

361 Vormals Richtlinie des Rates v. 19.12.1977 über die gegenseitige Amtshilfe zwischen den zuständigen Behörden der Mitgliedstaaten im Bereich der direkten Steuern, bestimmter Verbrauchsteuern und der Steuern auf Versicherungsprämien (77/799/EWG); ABl. Nr. L 336, S. 15, aufgehoben und ersetzt durch die Richtlinie des Rates v. 15.2.2011 über die Zusammenarbeit der Verwaltungsbehörden im Bereich der Besteuerung und zur Aufhebung der Richtlinie 77/799/EWG (2011/16/EU); ABl. Nr. L 64, S. 1 ff.; zuletzt geändert durch Richtlinie des Rates v. 6.12.2016 (2016/2258/EU), ABl. Nr. L 342, S. 1.

362 Im Übrigen überlagert die EU-Amtshilferichtlinie ohnehin die Auskunftsklauseln der übrigen Rechtsvorschriften, insbesondere diejenigen der DBA, und ist daher vorrangig heranzuziehen, vgl. *Schaumburg*, Internationales Steuerrecht, S. 1269.

Ein Auskunftsanspruch kann im Einzelfall schließlich auch ohne völkerrechtliche Vereinbarungen und Rechtsakte der Europäischen Union nach den Voraussetzungen des § 117 AO („Kulanzauskunft") gegeben sein[363]. Ausländische Finanzbehörden können demnach auch dann um Auskunft ersucht werden, wenn die zuvor genannten Rechtsgrundlagen nicht gegeben sind oder ein Ersuchen nicht durch diese Rechtsgrundlagen gedeckt ist (§ 117 Abs. 1 AO); in gleicher Weise kann auch Auskunftsersuchen ausländischer Behörden entsprochen werden (§ 117 Abs. 3 AO).

bb) Die EG-Amtshilferichtlinie

Bereits in den 70-iger Jahren des vorigen Jahrhunderts hatte die damalige Europäische Gemeinschaft (EG) erkannt, dass die zunehmende Steuerhinterziehung und die Steuerflucht über die Grenzen der einzelnen Mitgliedstaaten hinaus zu Haushaltseinnahmeverlusten führen, gegen den Grundsatz der Steuergerechtigkeit verstoßen und Beeinträchtigungen des Wettbewerbs und des Binnenmarktes bewirken können[364]. Der Rat sah daher die Notwendigkeit gegeben, die grenzüberschreitende Zusammenarbeit zwischen den mitgliedstaatlichen Steuerverwaltungen innerhalb der EG nach gemeinsamen Grundsätzen und Regeln zu verstärken[365].

Vor diesem Hintergrund wurde am 19.12.1977 die EG-Amtshilferichtlinie[366] (Richtlinie 77/799/EWG) erlassen. Nach dieser sollten sich die Mitgliedstaaten gegenseitig auf Ersuchen (Art. 2) Auskünfte in Einzelfällen erteilen. Des Weiteren sollten sich die Mitgliedstaaten auch ohne Ersuchen (Art. 3) in bestimmten Fällen gegenseitig Auskünfte erteilen, insbesondere bei Vermutung einer Steuerverkürzung auch spontane Auskünfte (Art. 4). Es wurde ferner für geboten erachtet, den Bediensteten der Steuerverwaltung eines Mitgliedstaats die Anwesenheit auf dem Gebiet eines anderen Mitgliedstaats zu gestatten, wenn die beiden betroffenen Staaten dies wünschen (Art. 6). Darüber hinaus enthielt die Richtlinie auch Auskunftsverweigerungsrechte (Art. 8) und Geheimhaltungsregelungen (Art. 7).

---

363 *Seer*, in: Tipke/Kruse, AO/FGO, § 117, Rn. 118.

364 *Möllenbeck*, Das Verhältnis der EG-Amtshilfe zu den erweiterten Mitwirkungspflichten bei internationalen Steuerfällen, S. 74 m.w.N.

365 Vgl. Präambel der Richtlinie 77/799/EWG, ABl. Nr. L 336, S. 15.

366 Richtlinie des Rates v. 19.12.1977 über die gegenseitige Amtshilfe zwischen den zuständigen Behörden der Mitgliedstaaten im Bereich der direkten Steuern, bestimmter Verbrauchsteuern und der Steuern auf Versicherungsprämien (77/799/EWG); ABl. Nr. L 336, S. 15.

Gegenstand der Richtlinie, welche die Bundesrepublik Deutschland schließlich zum 1.1.1986 durch das EG-Amtshilfegesetz (EGAHiG)[367] in nationales Recht umgesetzt hatte, war zunächst nur der Auskunftsaustausch über die direkten Steuern (Art. 1). Die Richtlinie wurde in der Folgezeit mehrfach modifiziert[368]. Von 1979 bis 1992 fiel auch die Mehrwertsteuer in den Anwendungsbereich der Richtlinie 77/799/EWG, ebenso wie die Verbrauchsteuern von 1992 bis 2004. Durch die Verordnung über die Mehrwertsteuer vom 7.10.2003[369] und über die Verbrauchsteuern vom 16.11.2004[370] wurden jedoch sowohl die Mehrwertsteuer als auch die Verbrauchsteuern wieder aus dem Anwendungsbereich der Richtlinie 77/799/EWG herausgenommen. Vor ihrer Neuregelung durch die Richtlinie 2011/16/EU[371] beschränkte sich der Anwendungsbereich der Amtshilferichtlinie daher nur auf die gegenseitige Amtshilfe im Bereich der direkten Steuern und der Steuern auf Versicherungsprämien[372].

cc) Die Notwendigkeit einer neuen EU-Amtshilferichtlinie

Im Zuge der Globalisierung hat nicht nur die grenzüberschreitende Betätigung von Unternehmen sondern auch die Bereitschaft natürlicher Personen zugenommen, ihren beruflichen oder ihren privaten Lebensmittelpunkt in einen anderen

367 Steuerbereinigungsgesetz vom 19.12.1985, BGBl. I 1985, S. 2436.

368 Für einen Überblick vgl. *Möllenbeck*, Das Verhältnis der EG-Amtshilfe zu den erweiterten Mitwirkungspflichten bei internationalen Steuerfällen, S. 75 m.w.N.

369 Verordnung (EG) Nr. 1798/2003 des Rates v. 7.10.2003 über die Zusammenarbeit der Verwaltungsbehörden auf dem Gebiet der Mehrwertsteuer und zur Aufhebung der Verordnung (EWG) Nr. 218/92; ABl. Nr. L 264, S. 1; zuletzt geändert durch Verordnung (EU) Nr. 904/2010 des Rates v. 7.10.2010; ABl. Nr. L 268, S. 1.

370 Verordnung (EG) Nr. 2073/2004 des Rates v. 16.11.2004 über die Zusammenarbeit der Verwaltungsbehörden auf dem Gebiet der Verbrauchsteuern, ABl. Nr. L 359, S. 1; zuletzt geändert durch Verordnung (EU) Nr. 389/2012 des Rates v. 2.5.2012; ABl. Nr. L 121, S. 1.

371 Richtlinie des Rates v. 15.2.2011 über die Zusammenarbeit der Verwaltungsbehörden im Bereich der Besteuerung und zur Aufhebung der Richtlinie 77/799/EWG (2011/16/EU); ABl. Nr. L 64, S. 1 ff.; zuletzt geändert durch Richtlinie des Rates v. 6.12.2016 (2016/2258/EU); ABl. Nr. L 342, S. 1.

372 Vgl. Amtshilferichtlinie in Gestalt der Richtlinie des Rates v. 7.10.2003 zur Änderung der Richtlinie 77/799/EWG über die gegenseitige Amtshilfe zwischen den zuständigen Behörden der Mitgliedstaaten im Bereich der direkten und indirekten Steuern (2003/93/EG).

Mitgliedstaat der Europäischen Union zu verlegen[373]. Durch den erheblichen Anstieg der Mobilität der Steuerpflichtigen, der Anzahl der grenzüberschreitenden Transaktionen sowie der Internationalisierung der Finanzinstrumente erschien die bisherige EG-Amtshilferichtlinie 77/799/EWG nicht mehr geeignet, den Anforderungen an die notwendige Zusammenarbeit der nationalen Finanzbehörden bei der Ermittlung grenzüberschreitender Sachverhalte gerecht zu werden[374]. Um dennoch eine ordnungsgemäße Ermittlung und Festsetzung der Steuern gewährleisten zu können, erachtete die Kommission die Entwicklung einer neuen Zusammenarbeit zwischen den Steuerbehörden der Mitgliedstaaten als notwendig. In Erwägungsgrund Nr. 2 der Richtlinie heißt es hierzu:

> *„Ein einzelner Mitgliedstaat ist daher nicht in der Lage, sein internes Steuersystem, insbesondere was die direkten Steuern angeht, zu verwalten, ohne Informationen aus anderen Mitgliedstaaten zu erhalten. Um die negativen Auswirkungen dieser Situation zu beseitigen, ist es unumgänglich, eine neue Verwaltungszusammenarbeit zwischen den Steuerbehörden der Mitgliedstaaten zu entwickeln. Es besteht Bedarf an Instrumenten zur Vertrauensbildung zwischen den Mitgliedstaaten, die dafür Sorge tragen, dass für alle Mitgliedstaaten dieselben Regeln, Pflichten und Rechte gelten."*

Den Mitgliedstaaten sollte deshalb ein neuer Gesetzestext an die Hand gegeben werden, der sie zu einer effizienten Zusammenarbeit auf internationaler Ebene befähigt und ihnen so die negativen Auswirkungen der immer weiter wachsenden Globalisierung auf den Binnenmarkt überwinden hilft[375].

Der Richtlinienentwurf der Kommission vom 2.2.2009 wurde am 15.2.2011 vom ECOFIN-Rat, der aus allen Wirtschafts- und Finanzministern der Mitgliedstaaten besteht, formell angenommen und mit dem EU-Amtshilfegesetz (EUAHiG) mit Geltung ab dem 1.1.2013 in deutsches Recht umgesetzt[376]. Die neue EU-Amtshilferichtlinie enthält im Vergleich zur EG-Amtshilferichtlinie 77/799/EWG einige wesentliche Neuerungen[377], die eine signifikante Ausdehnung und Erleichterung des Informationsaustausches zwischen den Behörden der Mitgliedstaaten bezwecken.

---

373 *Hendricks*, Internationale Informationshilfe im Steuerverfahren, S. 1.

374 Erwägungsgrund Nr. 1 der Richtlinie 2011/16/EU.

375 Erwägungsgrund Nr. 3 der Richtlinie 2011/16/EU.

376 Gesetz über die Durchführung der gegenseitigen Amtshilfe in Steuersachen zwischen den Mitgliedstaaten der Europäischen Union, EU-Amtshilfegesetz (EUAHiG) v. 26.6.2013, BGBl. I 2013, S. 1809.

377 Vgl. hierzu nachfolgend unter E. III. 2. b).

dd) Die neue EU-Amtshilferichtlinie

Gemäß Art. 2 Abs. 1 der EU-Amtshilferichtlinie 2011/16/EU ist für den *Geltungsbereich* der Richtlinie geregelt, dass diese für „Steuern aller Art" gilt, die von einem oder für einen Mitgliedstaat bzw. von oder für gebiets- oder verwaltungsmäßige Gliederungseinheiten eines Mitgliedstaats, einschließlich der lokalen Behörden, erhoben werden. Nach Art. 2 Abs. 2 sind hiervon jedoch indirekte Steuern ausgenommen, die bereits in den Rechtsvorschriften der Union über die Zusammenarbeit der Verwaltungsbehörden der Mitgliedstaaten erfasst sind[378]. Im Vergleich zur EG-Amtshilferichtlinie 77/799/EWG hat der Geltungsbereich der Richtlinie durch die Neuregelung eine Erweiterung erfahren, da Art. 1 Abs. 1 der Richtlinie 77/799/EWG den Auskunftsverkehr auf „alle Auskünfte, die für eine korrekte Festsetzung der Einkommens- und Vermögensteuern geeignet sein können" beschränkt hatte[379].

Hinsichtlich der *Organisation* des Auskunftsaustausches sieht Art. 4 der EU-Amtshilferichtlinie die Einrichtung bisher unbekannter Organisationseinheiten vor[380]. Die Richtlinie enthält zum einen die Forderung an die Mitgliedstaaten zur Benennung eines zentralen Verbindungsbüros (Art. 4 Abs. 2), das für Kontakte zu anderen Mitgliedstaaten auf dem Gebiet der Zusammenarbeit der Verwaltungsbehörden hauptverantwortlich zuständig ist (Art. 3 Nr. 2). Zum anderen sieht die Richtlinie die Möglichkeit zur Benennung sog. Verbindungsstellen (Art. 4 Abs. 3), die nach Maßgabe der Richtlinie Informationen direkt austauschen können (Art. 3 Nr. 3) sowie die Option zur Benennung „zuständiger Bediensteter" (Art. 4 Abs. 4) vor, die ebenfalls zum direkten Informationsaustausch nach Maßgabe der Richtlinie befugt sind (Art. 3 Nr. 4). Durch diese Maßnahmen soll der als zu umständlich kritisierte Amtsweg beim Informationsaustausch[381] effizienter gestaltet werden[382]. Denn bisher war ein eingehendes Amtshilfeersuchen grundsätzlich

---

378 Siehe oben D. III. 2. und 3.

379 Nach Art. 1 Abs. 3 der Richtlinie 77/799/EWG waren in Deutschland die Einkommen-, Körperschaft-, Vermögen-, Gewerbe- und Grundsteuer von der EG-Amtshilferichtlinie umfasst. Nach der neuen Richtlinie 2011/16/EU, die für „Steuern aller Art" gilt, kann nunmehr bspw. auch die Erbschaftsteuer Gegenstand des Auskunftsverkehrs sein, was bisher nicht der Fall war; vgl. hierzu auch *Gabert*, IWB 2011, S. 252.

380 Eine vergleichbare Regelung war in der Richtlinie 77/799/EWG nicht enthalten.

381 So bereits *Möllenbeck*, Das Verhältnis der EG-Amtshilfe zu den erweiterten Mitwirkungspflichten bei internationalen Steuerfällen, S. 46.

382 *Gabert*, IWB 2011, S. 252.

unter Einschaltung der Botschaften über das Bundesfinanzministerium oder des Bundeszentralamts für Steuern der für die innerstaatliche Durchführung zuständigen deutschen Finanzbehörde zuzuleiten[383].

Auch in der neuen Amtshilferichtlinie gibt es mit der Ersuchensauskunft, der Spontanauskunft und der automatischen Auskunft wie bisher drei verschiedene *Arten des Informationsaustausches.*

Art. 5 der Richtlinie 2011/16/EU regelt das Verfahren für den Informationsaustausch auf Ersuchen. Hiernach übermittelt die ersuchte Behörde der ersuchenden Behörde alle in Art. 1 Abs. 1 genannten Informationen, die sie besitzt oder die sie im Anschluss an behördliche Ermittlungen erhalten hat. Hinsichtlich der Übermittlung der Amtshilfeersuchen sieht Art. 20 der Richtlinie 2011/16/EU nunmehr die Verwendung eines Standardformblattes vor.

Art. 8 der Richtlinie 2011/16/EU regelt den automatischen Auskunftsverkehr. Art. 8 Abs. 1 sieht vor, dass die zuständige Behörde jedes Mitgliedstaats im Wege des automatischen Austausches der zuständigen Behörde jedes anderen Mitgliedstaats Informationen in Bezug auf Besteuerungszeiträume ab dem 1.1.2014 betreffend die in Art. 8 Abs. 1 lit. a) bis e) genannten Arten von Einkünften und Vermögen übermittelt[384]. Gemäß Art. 8 Abs. 5 hat die Kommission dem Rat bis zum 1.7.2017 einen Bericht über die Effizienz und das Funktionieren des automatischen Austausches von Informationen vorzulegen, auf dessen Grundlage der Rat bewertet, ob weitere Verbesserungen notwendig sind[385].

Art. 9 hat die Regelung des Umfangs und der Voraussetzungen des spontanen Informationsaustausches zum Gegenstand. Eine Neuerung ist hiermit nicht verbunden, da Abs. 1 lit. a) bis e) identische Fallgruppen wie Art. 4 Abs. 1 lit. a) bis e) Richtlinie 77/799/EWG enthält, unter denen Spontanauskünfte zu erteilen sind.

Sonstige Formen der Verwaltungszusammenarbeit sehen Art. 11 und 12 vor. Gemäß Art. 11 Abs. 1 können ersuchende und ersuchte Behörde vereinbaren, dass befugte Bedienstete der ersuchenden Behörde in den Amtsräumen der ersuchten Behörde und bei den behördlichen Ermittlungen anwesend sein dürfen,

---

383 Siehe zum Verfahren bspw. *Seer*, in: Tipke/Kruse, AO/FGO, § 117, Rn. 134 ff.

384 Dies betrifft Vergütungen aus unselbständiger Arbeit, Aufsichtsrats- oder Verwaltungsratsvergütungen, Lebensversicherungsprodukte, die nicht von anderen Rechtsakten der Union über den Austausch von Informationen oder vergleichbaren Maßnahmen erfasst sind, Ruhegehälter, Eigentum an unbeweglichem Vermögen und Einkünfte daraus.

385 Gemäß Art. 8 Abs. 5 lit. b) kann dies zur Folge haben, dass die Liste der Arten von Einkünften und Vermögen in Abs. 1 um Dividenden, Veräußerungsgewinne und Lizenzgebühren erweitert wird.

die im Hoheitsgebiet des ersuchten Mitgliedstaats durchgeführt werden. Sofern es nach den Rechtsvorschriften des ersuchten Mitgliedstaats zulässig ist, dürfen die Bediensteten der ersuchenden Behörde, die bei den behördlichen Ermittlungen zugegen sind, auch Einzelpersonen befragen und Aufzeichnungen selbst prüfen (Art. 11 Abs. 2)[386]. Art. 12 der Richtlinie 2011/16/EU regelt schließlich die Möglichkeit gleichzeitiger Prüfungen. Hiernach können zwei oder mehr Mitgliedstaaten vereinbaren, jeweils in ihrem Hoheitsgebiet gleichzeitige Prüfungen einer oder mehrerer Personen von gemeinsamem oder ergänzendem Interesse durchzuführen, um die dabei erlangten Informationen auszutauschen.

Für die Beantwortung von Auskunftsersuchen hatte die EG-Amtshilferichtlinie 77/799/EWG keinerlei Fristen vorgesehen[387]. Dies wurde als wesentliches Vollzugshindernis angesehen, weil die Beantwortung eines steuerlichen Auskunftsersuchens in Einzelfällen aus diesem Grund äußerst lange Zeit beanspruchen konnte[388]. Die EU-Amtshilferichtlinie 2011/16/EU hat deshalb in Art. 7 *konkrete Fristen* eingeführt, bis wann ein Auskunftsersuchen zu beantworten ist. Nach Art. 7 Abs. 1 stellt die ersuchte Behörde die Informationen „möglichst rasch, spätestens jedoch sechs Monate nach dem Datum des Eingangs des Ersuchens" zur Verfügung[389]. In bestimmten besonders gelagerten Fällen können die Behörden auch andere als die vorgesehenen Fristen vereinbaren (Art. 7 Abs. 2). Nach Art. 7 Abs. 3 hat die ersuchte Behörde der ersuchenden Behörde den Eingang des Ersuchens unverzüglich, spätestens jedoch sieben Arbeitstage nach Erhalt des Ersuchens (möglichst auf elektronischem Wege) zu bestätigen. Innerhalb eines Monats nach Erhalt des Ersuchens muss die ersuchte Behörde die ersuchende Behörde über eventuell bestehende Mängel in dem Ersuchen informieren (Art. 7 Abs. 4). Wenn es der ersuchten Behörde nicht möglich ist, auf ein Ersuchen fristgerecht zu antworten, hat sie die ersuchende Behörde unverzüglich, spätestens jedoch innerhalb von drei Monaten nach Erhalt des Ersuchens unter Nennung der

386 Dagegen war in Art. 6 der Richtlinie 77/799/EWG nur allgemein die Möglichkeit der Anwesenheit von Bediensteten der Steuerverwaltung des ersuchenden Mitgliedstaats erlaubt.

387 Art. 5 der Richtlinie 77/799/EWG sah lediglich vor, dass sich die zuständige Behörde des ersuchten Mitgliedstaats bei der Übermittlung von Auskünften um „größtmögliche Beschleunigung bemüht".

388 *Möllenbeck*, Das Verhältnis der EG-Amtshilfe zu den erweiterten Mitwirkungspflichten bei internationalen Steuerfällen, S. 48.

389 Sofern die ersuchte Behörde bereits im Besitz dieser Informationen ist, wird die Auskunft innerhalb von zwei Monaten erteilt, vgl. Art. 7 Abs. 1 Satz 2 Richtlinie 2011/16/EU.

entgegenstehenden Gründe und unter Angabe des Zeitpunkts zu unterrichten, an dem sie dem Ersuchen voraussichtlich nachkommen kann (Art. 7 Abs. 5). Wenn die ersuchte Behörde überhaupt nicht willens oder in der Lage ist dem Ersuchen zu entsprechen, muss sie der ersuchenden Behörde unverzüglich, spätestens jedoch innerhalb eines Monats nach Erhalt des Ersuchens die Gründe hierfür übermitteln (Art. 7 Abs. 6). Weitere Fristenregelungen, die der Beschleunigung des Auskunftsverkehrs dienen, enthalten Art. 8 Abs. 6 betreffend den automatischen Auskunftsverkehr sowie Art. 10 hinsichtlich des spontanen Auskunftsverkehrs. Der weiteren Beschleunigung des Auskunftsverkehrs dienlich ist auch der in Art. 20 vorgesehene *Einsatz von Standardformblättern* bei der Übermittlung von Ersuchen und Auskünften sowie der *Einsatz elektronischer Standardformate* beim automatischen Auskunftsverkehr[390].

Da auch Sprachprobleme[391] einen reibungslosen und effizienten Informationsaustausch gefährden[392], sieht Art. 21 Abs. 4 der Richtlinie 2011/16/EU nunmehr vor, dass die beteiligten Behörden untereinander eine *Sprachregelung* treffen und eine Sprache vereinbaren können, in der die Ersuchen um Zusammenarbeit, einschließlich Zustellungsersuchen, sowie beigefügte Schriftstücke abgefasst werden.

ee) Vorschläge der Kommission für eine Änderung der EU-Amtshilferichtlinie

Im Rahmen des am 18.3.2015 vorgelegten Maßnahmenpakets zur Steuertransparenz hatte die Kommission vorgeschlagen, die EU-Amtshilferichtlinie 2011/16/EU dahingehend zu ändern, dass durch die Einführung eines verpflichtenden automatischen Informationsaustauschs über Steuervorbescheide mit grenzüberschreitender Dimension und über Vorabverständigungsvereinbarungen eine umfassende und effektive Verwaltungszusammenarbeit zwischen den Steuerbehörden der Mitgliedstaaten gewährleistet wird. Insbesondere sollte hierdurch

---

390 Ergänzend sieht Art. 21 der Richtlinie 2011/16/EU den Einsatz des gemeinsamen Kommunikationsnetzwerks CNN (*common communication network*) vor, das von der Europäischen Union für jegliche elektronische Datenübertragung zwischen den zuständigen Behörden im Bereich Zoll und Steuern entwickelt wurde, vgl. *Gabert*, IWB 2011, S. 258.

391 Obgleich den Finanzministerien Übersetzungsdienste zur Verfügung stehen, kann deren Inanspruchnahme den Informationsaustausch verlangsamen und zusätzliche Kosten verursachen, siehe hierzu *Gabert*, IWB 2011, S. 258.

392 *Möllenbeck*, Das Verhältnis der EG-Amtshilfe zu den erweiterten Mitwirkungspflichten bei internationalen Steuerfällen, S. 55.

die durch Steuervorbescheide begünstigte aggressive Form der Steuerplanung von grenzüberschreitend tätigen Unternehmen, die letztlich auf eine Steuervermeidung abzielt, verhindert werden.

Ein Steuervorbescheid ist eine Bestätigung einer Finanzbehörde eines Mitgliedstaats gegenüber einem Unternehmen darüber, wie die Steuerschuld zu berechnen ist. Diese an sich legale Praxis, Unternehmen Rechtssicherheit zu verschaffen, führt jedoch dann zu Schwierigkeiten, wenn Steuervorbescheide genutzt werden, um selektive Steuervergünstigungen in Aussicht zu stellen oder den Besteuerungsort künstlich zu verlagern, so dass Gewinne niedriger (oder gar nicht) besteuert werden[393]. Eine steuerlich motivierte Gestaltung, die in dem Mitgliedstaat, der den Vorbescheid erteilt, eine niedrige Besteuerung der Einkünfte zur Folge hat, kann jedoch dazu führen, dass in anderen Mitgliedstaaten nur geringe Einkünfte zur Besteuerung verbleiben, wodurch die Steuerbasis dieser Mitgliedstaaten ausgehöhlt wird[394]. Die Kommission prüft bereits in einer Reihe von Fällen, ob Steuervorbescheide als unzulässige staatliche Beihilfen angesehen werden können. Daneben sollte durch die Änderung der EU-Amtshilferichtlinie eine strikte Transparenz bei Steuervorbescheiden eingeführt werden. Denn Mitgliedstaaten, deren Steuereinnahmen durch die Steuervorbescheide anderer Mitgliedstaaten negativ beeinflusst werden, können darauf nicht entsprechend reagieren, da zwischen den nationalen Behörden nur in geringem Umfang Informationen über Steuervorbescheide ausgetauscht werden[395].

Der Vorschlag zur Änderung der Richtlinie vom 18.3.2015 verlangte von den Mitgliedstaaten einen automatischen Austausch von Basisinformationen über Steuervorbescheide und Vorabverständigungsvereinbarungen mit allen anderen Mitgliedstaaten. Dahinter steht der Gedanke, dass die anderen Mitgliedstaaten – und nicht der den Vorbescheid erteilende Mitgliedstaat – am besten in der Lage sind, die potenzielle Wirkung und Tragweite eines solchen Bescheids zu bewerten[396].

---

393 Mitteilung der Europäischen Kommission an das Europäische Parlament und den Rat v. 18.3.2015 über Steuertransparenz als Mittel gegen Steuerhinterziehung und Steuervermeidung, KOM (2015) 136, S. 4.

394 Vorschlag der Europäischen Kommission v. 18.3.2015 für eine Richtlinie des Rates zur Änderung der Richtlinie 2011/16/EU bezüglich der Verpflichtung zum automatischen Austausch von Informationen im Bereich der Besteuerung, KOM (2015) 135, S. 2 f.

395 Mitteilung der Europäischen Kommission an das Europäische Parlament und den Rat v. 18.3.2015 über Steuertransparenz als Mittel gegen Steuerhinterziehung und Steuervermeidung, KOM (2015) 136, S. 5.

396 Vorschlag der Europäischen Kommission v. 18.3.2015 für eine Richtlinie des Rates zur Änderung der Richtlinie 2011/16/EU bezüglich der Verpflichtung zum automatischen Austausch von Informationen im Bereich der Besteuerung, KOM (2015) 135, S. 3.

Der Rat hat schließlich am 6.10.2015 eine Einigung über die entsprechende Richtlinie erzielt. Die EU-Amtshilferichtlinie 2011/16/EU wurde durch die Änderungsrichtlinie (EU) 2015/2376 vom 8.12.2015[397] um eine besondere Verpflichtung zum automatischen Informationsaustausch in einem neuen Art. 8 lit. a) ergänzt. Die zuständigen Behörden eines Mitgliedstaats haben hiernach im Wege eines automatischen Austauschs Informationen über bestimmte von ihnen erteilte oder geänderte Steuervorbescheide an die zuständigen Behörden aller anderen Mitgliedstaaten zu übermitteln. Diese Verpflichtung soll auch für Vorbescheide gelten, die innerhalb eines Zeitraums von fünf Jahren vor dem 1.1.2017 erteilt wurden. Durch die Änderung werden auch die in der Amtshilferichtlinie 2011/16/EU enthaltenen Bestimmungen zu Rückmeldungen, zu den praktischen Regelungen für den Informationsaustausch und zur Bewertung der Verwaltungszusammenarbeit auf den automatischen Informationsaustausch über Steuervorbescheide und Vorabverständigungsvereinbarungen ausgeweitet.

Es stellt sich allerdings die Frage, ob die Änderung der Amtshilferichtlinie 2011/16/EU zur Erreichung des mit ihr verfolgten Ziels überhaupt erforderlich gewesen ist. Denn sowohl Art. 9 Abs. lit. a) und lit. d) der Richtlinie 2011/16/EU als auch Art. 4 Abs. 1 lit. a) und lit. d) der vorangegangenen Richtlinie 77/799/EWG enthalten bereits Bestimmungen über den spontanen Informationsaustausch zwischen den Behörden der Mitgliedstaaten in allen Fällen, in denen die zuständige Behörde eines Mitgliedstaats Gründe für die *Vermutung einer Steuerverkürzung in dem anderen Mitgliedstaat* hat. Gleiches gilt für den Fall, dass Gründe für die *Vermutung einer Steuerersparnis durch künstliche Gewinnverlagerungen innerhalb eines Konzerns* vorliegen. Für Art. 4 Abs. 1 lit. a) der Richtlinie 77/799/EWG hat der EuGH bereits klargestellt, dass der Begriff *Steuerverkürzung* nicht notwendigerweise im strafrechtlichen Sinne auszulegen ist, sondern allgemein jede nicht gerechtfertigte Steuerersparnis in einem anderen Mitgliedstaat bezeichnet[398]. Bei konsequenter Auslegung und Anwendung dürften Steuervorbescheide demnach bereits unter die bestehenden Rechtsvorschriften fallen, und Mitgliedstaaten, die Steuervorbescheide gewähren, hätten ihre *tax rulings* den betroffenen Mitgliedstaaten anzeigen müssen.

Mit dem in der Änderungsrichtlinie vorgesehenen verpflichtenden automatischen Informationsaustausch über Steuervorbescheide ist zwar eine Verbesserung

397 Richtlinie (EU) 2015/2376 des Rates v. 8.12.2015 zur Änderung der Richtlinie 2011/16/EU bezüglich der Verpflichtung zum automatischen Austausch von Informationen im Bereich der Besteuerung; ABl. Nr. L 332, S. 1.

398 EuGH v. 13.4.2000, Rs. C-420/98, *W.N./Staatssecretaris van Financiën*, Slg. 2000, I-2867, Rz. 24.

der Steuertransparenz verbunden. Vor dem Hintergrund, dass Steuervorbescheide wohl bereits vom spontanen Informationsaustausch der bisherigen Amtshilferichtlinie umfasst sind, sollte jedoch der konsequenten Ausschöpfung bestehender rechtlicher Möglichkeiten Vorrang vor dem Erlass immer neuer Richtlinien und Änderungsvorschlägen eingeräumt werden.

Am 28.1.2016 hatte die Kommission einen weiteren Vorschlag zur Änderung der Amtshilferichtlinie 2011/16/EU vorgelegt[399]. Dieser Vorschlag trägt den internationalen Entwicklungen Rechnung, die im Aktionsplan und im entsprechenden Maßnahmenpaket der OECD zur Bekämpfung der Gewinnverkürzung und Gewinnverlagerung multinationaler Unternehmensgruppen (Base Erosion and Profit Shifting – BEPS) Ausdruck gefunden haben. Mit der Annahme dieses Vorschlags wurde die Amtshilferichtlinie 2011/16/EU durch die Änderungsrichtlinie (EU) 2016/881 vom 25.5.2016 um einen neuen Art. 8 lit. aa) erweitert. Dieser sieht eine spezifische Verpflichtung zum automatischen Austausch von Informationen über länderbezogene Berichte vor. Im länderbezogenen Bericht sollen multinationale Unternehmensgruppen jährlich und für alle Steuerhoheitsgebiete, in denen sie einer Geschäftstätigkeit nachgehen, die Höhe ihrer Erträge, ihrer Vorsteuergewinne sowie ihrer bereits gezahlten und noch zu zahlenden Ertragsteuern angeben. Außerdem sollen sie Angaben zur Zahl ihrer Beschäftigten, ihrem ausgewiesenen Kapital, ihren einbehaltenen Gewinnen und ihren materiellen Vermögenswerten in den einzelnen Steuerhoheitsgebieten machen. Schließlich sollen sie alle Geschäftseinheiten der Gruppe nennen, die in einem bestimmten Steuerhoheitsgebiet tätig sind, und Informationen zu den von den einzelnen Geschäftseinheiten ausgeübten Geschäftstätigkeiten liefern[400].

Die Ausdehnung des Umfangs des verpflichtenden automatischen Informationsaustauschs auf den Austausch länderbezogener Berichte zwischen den Mitgliedstaaten dürfte einen wichtigen Beitrag zur Gewährleistung der umfassenden und effektiven Verwaltungszusammenarbeit zwischen den Steuerbehörden der Mitgliedstaaten leisten.

---

399 Vorschlag der Europäischen Kommission v. 28.1.2016 für eine Richtlinie des Rates zur Änderung der Richtlinie 2011/16/EU bezüglich der Verpflichtung zum automatischen Austausch von Informationen im Bereich der Besteuerung, KOM (2016) 25, S. 2 f.

400 Siehe Erwägungsgrund Nr. 6 des Vorschlags der Europäischen Kommission v. 28.1.2016 für eine Richtlinie des Rates zur Änderung der Richtlinie 2011/16/EU bezüglich der Verpflichtung zum automatischen Austausch von Informationen im Bereich der Besteuerung, KOM (2016) 25, S. 11.

b) Bewertung der Amtshilferichtlinie bezüglich ihrer Auswirkungen auf das Steuerermittlungsverfahren

Es hat sich gezeigt, dass die Neufassung der Amtshilferichtlinie in Gestalt der EU-Amtshilferichtlinie 2011/16/EU geeignet ist, zu einer effizienteren und schnelleren Zusammenarbeit der Finanzbehörden der Mitgliedstaaten bei der Ermittlung grenzüberschreitender Steuersachverhalte beizutragen[401]. Durch die in den letzten Jahren erfolgten Änderungen dieser Richtlinie durch die Richtlinie 2014/107/EU und durch die Richtlinie (EU) 2015/2376 wurden den Steuerbehörden weitere Instrumente zur Bekämpfung von Steuerbetrug, Steuerhinterziehung und aggressiver Steuerplanung im Zusammenhang mit Finanzkonten, Steuervorbescheiden und Vorabverständigungsvereinbarungen an die Hand gegeben. Die Einführung des verpflichtenden automatischen Informationsaustauschs über länderbezogene Berichte durch die Änderungsrichtlinie (EU) 2016/881 verstärkt die Verwaltungszusammenarbeit zwischen den Steuerbehörden der Mitgliedstaaten zusätzlich.

Besonders hervorzuheben ist die Verkürzung des bislang umständlichen Amtshilfewegs durch die Schaffung neuer Organisationseinheiten, die sich direkt an der Zusammenarbeit der Finanzbehörden beteiligen können. Für die Praxis als hilfreich dürften sich auch der Einsatz von Standardformblättern bei Ersuchens- und Spontanauskünften sowie der Einsatz eines elektronischen Standardformats bei automatischen Auskünften erweisen. Begrüßenswert ist ferner die Einführung verbindlicher Fristen für die Beantwortung eines Auskunftsersuchens sowie die vorgesehenen Fristenregelungen bei automatischen und spontanen Auskünften. Gleiches gilt für die Fristen hinsichtlich der Begründung für eine verzögerte Auskunftserteilung sowie für die Mitteilung der Gründe einer Nichtbeantwortung des Ersuchens.

Bei genauer Betrachtung wird allerdings deutlich, dass auch mit der neuen EU-Amtshilferichtlinie kein nennenswerter Einfluss auf das nationale Steuerermittlungsverfahren ausgeübt wird[402] und es beim Grundsatz der Verfahrensautonomie der Mitgliedstaaten verbleibt. Hinsichtlich der behördlichen Ermittlungen bestimmt Art. 6 Abs. 3 der EU-Amtshilferichtlinie nämlich folgende Vorgehensweise:

---

401 Vgl. zum Ganzen *Gabert*, IWB 2011, S. 259 f.; *Oertel/Merx/Reimann*, ISR 2015, S. 153; *Spensberger/Steiner*, ISR 2015, S. 156 ff.

402 Vgl. für die Beitreibungsrichtlinie und die Zusammenarbeitsverordnung im Bereich des harmonisierten Steuerrechts D. III. 4.

„Zur Beschaffung der erbetenen Informationen oder zur Durchführung der erbetenen behördlichen Ermittlungen geht die ersuchte Behörde nach denselben Verfahren vor, die sie anwenden würde, wenn sie von sich aus oder auf Ersuchen einer anderen Behörde des eigenen Mitgliedstaats handeln würde."

Die Modalitäten der Sachverhaltsermittlung richten sich somit ausschließlich nach den Vorschriften des nationalen Ermittlungsverfahrens des ersuchten Mitgliedstaats.

Die Vorschriften zur Anwesenheit in den Amtsräumen der Behörden und der Teilnahme an behördlichen Ermittlungen in Art. 11 der EU-Amtshilferichtlinie sind ebenfalls nicht geeignet, zu einer Vereinheitlichung des Steuerermittlungsverfahrens beizutragen. Besonders deutlich wird dies bei näherer Betrachtung der Regelung des Art. 11 Abs. 1 lit. a) und b). Hiernach *können* die ersuchende und die ersuchte Behörde vereinbaren, dass unter den *von der ersuchten Behörde festgelegten Regelungen* ordnungsgemäß befugte Bedienstete der ersuchenden Behörde in den Amtsräumen zugegen sein dürfen, in denen die Verwaltungsbehörden des ersuchten Mitgliedstaats *ihre Tätigkeit* ausüben. Des Weiteren ist vorgesehen, dass die Beamten des ersuchenden Mitgliedstaats bei den behördlichen Ermittlungen zugegen sein dürfen, die im Hoheitsgebiet des ersuchten Mitgliedstaats – von der Behörde des ersuchten Mitgliedstaats – durchgeführt werden. Art. 11 Abs. 2 enthält eine Regelung, wonach die anwesenden Beamten der ersuchenden Behörde nach entsprechender Vereinbarung selbst *Einzelpersonen befragen und Aufzeichnungen prüfen* dürfen. Diese vermeintliche Einführung einer grenzüberschreitenden Prüfungsbefugnis steht jedoch stets unter dem Vorbehalt, dass dies nach den Rechtsvorschriften des ersuchten Mitgliedstaats überhaupt zulässig ist. Selbst wenn dies nach den jeweiligen nationalen Vorschriften zulässig sein sollte, bleibt der Informationsaustausch jedoch nahezu ausschließlich passiver Natur, da eigene Kontrollbefugnisse der Beamten des ersuchenden Mitgliedstaats hiermit nicht verbunden sind.

Die Regelungen bleiben in diesem entscheidenden Punkt deutlich hinter dem zurück, was der Richtlinienentwurf noch vorsah: nämlich die Einführung einer aktiven Prüfungsbefugnis der Beamten des ersuchenden Mitgliedstaats[403]. Im Gegensatz zur finalen Richtlinie war es im Entwurf noch für notwendig erachtet worden, dass sich Beamte der Steuerverwaltung des ersuchenden Mitgliedstaats nicht nur im Hoheitsgebiet eines anderen Mitgliedstaats aufhalten, sondern auch selbst *die Kontrollbefugnisse der Beamten des ersuchten Mitgliedstaats ausüben*

403 *Gabert*, IWB 2011, S. 260; *Gabert*, FR 2013, S. 989.

dürfen[404]. Darüber hinaus mangelt es der EU-Amtshilferichtlinie auch an Vorgaben für das Steuerrechtsverhältnis der Finanzbehörde zum Steuerpflichtigen. Regelungen hinsichtlich der Frage, ob und unter welchen Voraussetzungen die mit der Aufklärung eines Falles befasste Behörde von der Möglichkeit des grenzüberschreitenden Auskunftsersuchens Gebrauch machen *muss*, sind dort nicht vorgesehen.

Gleichwohl bietet die neue EU-Amtshilferichtlinie den Mitgliedstaaten erstmals echte Möglichkeiten zu grenzüberschreitenden Verwaltungskooperationen, insbesondere zu gemeinsamen Außenprüfungen von Unternehmen („Joint Audits")[405].

Die bayerische Finanzverwaltung hat diesbezüglich bereits 2013 mit dem Aufbau des Internationalen Steuerzentrums (IStZ) begonnen[406]. In Abstimmung mit dem Bundeszentralamt für Steuern, das als einzige deutsche Behörde über die Zuständigkeit für den internationalen Informationsaustausch in Steuersachen verfügt[407], koordiniert das IStZ gemeinsame Betriebsprüfungen bayerischer und ausländischer Finanzbehörden[408].

In Deutschland stellt der den Art. 11 EU-Amtshilferichtlinie umsetzende § 10 EUAHiG die Grundlage für die Anwesenheit und eigene Ermittlungsbefugnisse von Prüfern aus anderen Mitgliedstaaten bei Außenprüfungen auf deutschem Hoheitsgebiet dar[409]. Demnach können die bei einer inländischen Prüfung anwesenden ausländischen Prüfer dem Steuerpflichtigen und dessen steuerlichen Beratern selbst Fragen stellen und Aufzeichnungen prüfen, wenn der Steuerpflichtige dem zustimmt (§ 10 Abs. 3 Satz 2 EUAHiG). Ziel einer gemeinsamen Prüfung ist neben der umfassenden Informationsbeschaffung und Sachverhaltsaufklärung zur Verhinderung einer Nichtbesteuerung[410] auch die Erzielung

404 Siehe Erwägungsgrund Nr. 12 des Vorschlags der Europäischen Kommission v. 2.2.2009 für eine Richtlinie des Rates über die Zusammenarbeit der Verwaltungsbehörden im Bereich der Besteuerung, KOM (2009) 29, S. 11.

405 Vgl. hierzu ausführlich *Spensberger/Steiner*, ISR 2015, S. 156 ff.

406 Vgl. hierzu *Oertel/Merx/Reimann*, ISR 2015, S. 153 ff.

407 Vgl. § 5 Abs. 1 Nr. 5 Finanzverwaltungsgesetz.

408 Nach § 3 Abs. 2 EUAHiG ist das Bundeszentralamt für Steuern das zentrale Verbindungsbüro, das die Kommunikation mit den anderen Mitgliedstaaten übernimmt und eingehende sowie ausgehende Ersuchen auf Zulässigkeit prüft und zulässige Ersuchen und Informationen an die inländischen Finanzbehörden oder die anderen Mitgliedstaaten weiterleitet.

409 § 11 EUAHiG ermöglicht umgekehrt die Anwesenheit inländischer Prüfer in anderen Mitgliedstaaten.

410 *Oertel/Merx/Reimann*, ISR 2015, S. 155.

eines gemeinsamen Ergebnisses als Basis kongruenter Veranlagung des grenzüberschreitenden Vorgangs beiderseits der Grenze, um eine Doppelbesteuerung zu vermeiden[411]. Eine Pflicht zur Einigung auf ein einheitliches Ergebnis gibt es jedoch nicht[412]. Soweit der ermittelte Sachverhalt unterschiedlich bewertet wird, bleibt der Steuerpflichtige auf das Verständigungsverfahren nach Art. 25 OECD-Musterabkommens verwiesen[413].

Überdies steht der dynamische Entwicklungsprozess der Kooperation im Bereich der Steuerverwaltungen erst am Anfang[414]. Neben Personalknappheit, mangelnder Kenntnis über ausländisches Steuer- und Verfahrensrecht und unterschiedlicher Verwaltungskulturen stellen Sprachprobleme eine Herausforderung für die bei der grenzüberschreitenden Betriebsprüfung beteiligten Finanzbehörden dar[415]. Die ermittelnden Beamten sehen sich insbesondere mit der Situation konfrontiert, Dokumente und Gesetzestexte bewerten zu müssen, die in einer fremden Amtssprache verfasst wurden. Bildhaft gesprochen gilt bei der Betriebsprüfung im Ausland der Grundsatz „Der Beleg spricht kein Deutsch" bzw. „Der Beleg spricht kein Englisch"[416]. Obwohl ein einheitlicher Rechtsrahmen für gemeinsame Außenprüfungen bisher nicht besteht[417] und insbesondere keine allgemeinen Regelungen über Prüfungssubjekte, Prüfungsgrundsätze und Ablauf wie Form des Prüfungsverfahrens existieren[418], stellen gemeinsame Betriebsprüfungen dennoch einen vielversprechenden Ansatz dar, um die mit dem Grundsatz der formellen Territorialität verbundenen Hindernisse eines gleichmäßigen und gesetzmäßigen Steuervollzugs bei grenzüberschreitenden

411 *Meickmann*, IStR 2014, S. 595.

412 Die bisher zwischen der österreichischen und der bayerischen Finanzverwaltung geprüften Fälle haben allesamt zu einer Verständigung bereits innerhalb der Prüfung geführt, vgl. hierzu *Spensberger/Steiner*, ISR 2015, S. 158; zu den Praxiserfahrungen bei gemeinsamen multilateralen Betriebsprüfungen siehe auch *Eisgruber*, DStR-Beih 2013, S. 89 ff.

413 *Spensberger/Steiner*, ISR 2015, S. 158; *Meickmann*, IStR 2014, S. 595.

414 *Czakert*, IStR 2013, S. 603; *Oertel/Merx/Reimann*, ISR 2015, S. 155.

415 *Oertel/Merx/Reimann*, ISR 2015, S. 154.

416 *Eisgruber*, DStR-Beih 2013, S. 91; *Oertel/Merx/Reimann*, ISR 2015, S. 154.

417 Außerhalb des Anwendungsbereichs des EUAHiG sind gemeinsame Prüfungen jedenfalls auf deutschem Staatsgebiet ohne eigene Regelung in einem DBA oder einem anderen Informationsaustauschabkommen mangels Rechtsgrundlage nicht zulässig.

418 *Drüen*, DStR-Beih 2013, S. 86.

Sachverhalten unter Wahrung des Grundsatzes der Verhältnismäßigkeit und des gesetzmäßigen Schutzes des Steuerpflichtigen (einschließlich der Wahrung des Steuergeheimnisses)[419] abzubauen[420].

Dennoch ist festzuhalten, dass auch die neue EU-Amtshilferichtlinie nur eine scheinbare Ausnahme vom Grundsatz der Verfahrensautonomie der Mitgliedstaaten darstellt. Zwar ermöglicht sie eine verstärkte koordinierte Verwaltungszusammenarbeit der Finanzbehörden der Mitgliedstaaten, jedoch übt sie keinen darüber hinausgehenden Einfluss auf das nationale Steuerermittlungsverfahren aus.

3. Vorgaben des Primärrechts für die Ausgestaltung und Anwendung des Steuerermittlungsverfahrens

Obgleich der Vollzug des Steuerrechts nach wie vor nahezu ausschließlich in den Händen der Mitgliedstaaten liegt und sich auch das anzuwendende Verfahrensrecht im Allgemeinen sowie das Steuerermittlungsverfahren im Besonderen weiterhin nach nationalem Recht richtet, so ist das nationale Steuerermittlungsverfahren nicht frei von Einflüssen des Unionsrechts[421]. Primärrechtliche Vorgaben für die Ausgestaltung und Anwendung des nationalen Steuerermittlungsverfahrens ergeben sich zum einen aus den aus Art. 4 Abs. 3 EUV abgeleiteten Geboten der Äquivalenz und der Effektivität sowie zum anderen aus den europäischen Grundfreiheiten.

a) Äquivalenz und Effektivität als Gebote des Unionsrechts

Die grundsätzlich weiter bei den Mitgliedstaaten liegende Verfahrensautonomie steht unter dem Vorbehalt der Gebote der Äquivalenz und der Effektivität[422]. Art. 4 Abs. 3 EUV verlangt hinsichtlich des Verfahrensrechts, dass bei der Anwendung nationalen Rechts zur Durchführung des Unionsrechts die vorgesehenen Regelungen nicht ungünstiger gestaltet sein dürfen als bei entsprechenden Verfahren,

419 Siehe hierzu BMF-Schreiben v. 6.1.2017.

420 *Meickmann*, IStR 2014, S. 595; *Oertel/Merx/Reimann*, ISR 2015, S. 153 ff.; *Spensberger/Steiner*, ISR 2015, S. 156 ff.

421 *Drüen*, in: Schön/Beck (Hrsg.), Zukunftsfragen des deutschen Steuerrechts, 2009, S. 24 m.w.N.

422 EuGH v. 7.1.2004, Rs. C-201/02, *Wells*, Slg. 2004, I-723, Rz. 67; EuGH v. 15.3.2007, Rs. C-35/05, *Reemtsma*, Slg. 2007, I-2425, Rz. 37; EuGH v. 30.6.2011, Rs. C-262/09, *Meilicke II*, Slg. 2011, I-5669, Rz. 55.

die gleichartige innerstaatliche Sachverhalte betreffen[423] (Äquivalenzgebot)[424]. Auch darf die Ausgestaltung und Anwendung nationaler Verfahrensregelungen die Wirksamkeit des Unionsrechts, insbesondere die Ausübung der durch die Unionsrechtsordnung verliehenen Rechte, nicht praktisch unmöglich machen oder übermäßig erschweren (Effektivitätsgebot)[425].

Im Anwendungsbereich des Unionsrechts durch die Gebote der Äquivalenz und der Effektivität bewirkte Modifikationen des nationalen Steuerverfahrens bestehen sowohl in der Beseitigung unionsrechtswidriger Begünstigungen als auch in der Beseitigung unionsrechtswidriger Belastungen[426]. Bedeutsames Beispiel ist die Rücknahme begünstigender (unionsrechtswidriger) Steuerverwaltungsakte, insbesondere im Bereich der Beihilfenverwaltung[427]. Grundsätzlich richtet sich die Rücknahme des Verwaltungsakts zwar nach nationalem Recht, dem Unionsinteresse ist jedoch bei der Abwägung zwischen öffentlichem Rücknahmeinteresse und dem Vertrauensschutz des Adressaten des Verwaltungsakts in vollem Umfang Rechnung zu tragen[428]. Demnach ist die Finanzbehörde im Einzelfall zu einer Rücknahme des Verwaltungsakts auch dann verpflichtet, wenn die Frist zur Rücknahme an sich abgelaufen ist und die Behörde für die Rechtswidrigkeit des Verwaltungsakts in einem solchen Maße verantwortlich ist, dass die Rücknahme dem Begünstigten gegenüber als Verstoß gegen Treu und Glauben erscheinen muss[429]. Darüber hinaus hat das Effektivitätsgebot auch Einfluss auf die Rücknahme belastender Verwaltungsakte, bei denen an sich bereits Bestandskraft eingetreten ist. Zwar wird die Bestandskraft von Verwaltungsakten nach nationalem Recht auch vom Unionsrecht anerkannt[430]. Jedoch besteht

---

423 *von Bogdandy/Schill*, in: Grabitz/Hilf, Art. 4 EUV, Rn. 84; *Geiger*, in: Geiger/Khan/Kotzur, EUV/AEUV, Art. 4 EUV, Rn. 39.

424 Aus der Rechtsprechung grundlegend EuGH v. 21.9.1983, verbundene Rechtssachen C-205–215/82, *Deutsche Milchkontor*, Slg. 1983, 2633, Rz. 35; in jüngerer Zeit bspw. EuGH v. 4.7.2006, C-212/04, *Adeneler*, Slg. 2006, I-6057, Rz. 95.

425 *Geiger*, in: Geiger/Khan/Kotzur, EUV/AEUV, Art. 4 EUV, Rn. 39; EuGH v. 4.7.2006, C-212/04, *Adeneler*, Slg. 2006, I-6057, Rz. 95.

426 *Wernsmann*, in: Schulze/Zuleeg/Kadelbach, Europarecht, § 30, Rn. 137 ff.

427 *von Danwitz*, Europäisches Verwaltungsrecht, S. 555 ff.; *von Bogdandy/Schill*, in: Grabitz/Hilf, Art. 4 EUV, Rn. 87; *Klimeck*, Einfluss des europäischen Primärrechts auf das nationale Verfahrensrecht, 2006, S. 100 ff.

428 *von Bogdandy/Schill*, in: Grabitz/Hilf, Art. 4 EUV, Rn. 87.

429 EuGH v. 20.3.1997, C-24/95, *Land Rheinland-Pfalz/Alcan Deutschland*, Slg. 1997, I-1591, Rz. 38, 43.

430 EuGH v. 13.1.2004, C-453/00, *Kühne & Heitz*, Slg. 2004, I-837, Rz. 24; *von Danwitz*, Europäisches Verwaltungsrecht, S. 544 ff.

nach der Rechtsprechung des EuGH dann eine Verpflichtung zur Rücknahme belastender unionsrechtswidriger Verwaltungsakte, wenn deren Rücknahme nach nationalem Recht möglich ist und die Bestandskraft nach Ausschöpfung des Rechtsweges eingetreten ist, ohne dass das letztinstanzlich entscheidende Gericht den Gerichtshof im Wege des Vorabentscheidungsverfahrens nach Art. 267 AEUV angerufen hat[431].

b) Europäisches Primärrecht als Maßstab, insbesondere Grundfreiheiten

Obwohl die Europäische Union keine eigene Regelungskompetenz auf dem Gebiet der direkten Steuern besitzt, haben die Mitgliedstaaten trotz verbliebener Sachkompetenz in diesem Bereich bei ihrem Handeln das Unionsrecht zu beachten[432]. Insofern stellt das primäre Unionsrecht durch die Grundfreiheiten sowie subsidiär durch das Unionsbürgerrecht der allgemeinen Freizügigkeit[433] und durch das allgemeine Diskriminierungsverbot[434] sowohl dem nationalen materiellen Steuerrecht als auch dem formellen Steuerrecht und insbesondere dem im Rahmen dieser Arbeit bedeutsamen nationalen Steuerermittlungsverfahren Grenzen auf[435].

aa) Grundfreiheiten im europäischen Steuerrechtsraum

Ziel der Grundfreiheiten ist die Sicherstellung des freien grenzüberschreitenden (innereuropäischen) Wirtschaftsverkehrs zur Durchsetzung und Aufrechterhaltung des Binnenmarktes[436]. Der Binnenmarkt ist durch den freien Verkehr von Waren, Personen, Dienstleistungen und Kapital gekennzeichnet (Art. 26 Abs. 2 AEUV). Die Gewährleistungen der Freiheit des Warenverkehrs[437], der

---

431 EuGH v. 13.1.2004, C-453/00, *Kühne & Heitz*, Slg. 2004, I-837, Rz. 28; EuGH v. 12.2.2008, C-2/06, *Kempter*, Slg. 2008, I-411, Rz. 39; *Kanitz/Wendel*, EuZW 2008, S. 231, 233 f.

432 St. Rspr. EuGH v. 14.2.1995, Rs. C-279/93, *Schumacker*, Slg. 1995, I-225, Rz. 21.

433 Art. 21 AEUV.

434 Art. 18 AEUV.

435 Für eine Bestandsaufnahme zu den Auswirkungen der Grundfreiheiten auf das Ertragsteuerrecht der Bundesrepublik Deutschland siehe *Reimer*, in: Lehner (Hrsg.), Grundfreiheiten im Steuerrecht der EU-Staaten, 2000, S. 39 bis 101.

436 Zum Sinn und Zweck der Grundfreiheiten vgl. *Oppermann/Classen/Nettesheim*, Europarecht, S. 392 f.

437 Art. 34, 36 AEUV.

Freizügigkeit der Arbeitnehmer[438], der Dienstleistungsfreiheit[439], der Niederlassungsfreiheit[440] sowie der Kapitalverkehrsfreiheit[441] werden hierbei als die „Grundfreiheiten" der Verträge bezeichnet. Diese schützen im Kern vor allen nationalen Vorschriften, die den grenzüberschreitenden Wirtschaftsverkehr behindern[442]; rein innerstaatliche Sachverhalte werden hingegen nicht erfasst. Neben den Grundfreiheiten schützt Art. 21 AEUV die allgemeine Freizügigkeit der Unionsbürger. Das Freizügigkeitsrecht steht allen Unionsbürgern zu, ohne dass es wie bei den Grundfreiheiten darauf ankommt, dass sie sich grenzüberschreitend wirtschaftlich betätigen[443]. Ferner werden die Grundfreiheiten noch durch das in Art. 18 Abs. 1 AEUV enthaltene (subsidiäre) allgemeine Diskriminierungsverbot aus Gründen der Staatsangehörigkeit ergänzt.

Der EuGH entfaltet die Grundfreiheiten gleichheitsrechtlich[444] als *Diskriminierungs- und* freiheitsrechtlich[445] als *Beschränkungsverbote*. In ihrer Ausprägung als Diskriminierungsverbote verbieten sie die ungerechtfertigte Benachteiligung wegen der Staatsangehörigkeit[446] eines anderen Mitgliedstaats, mithin die Schlechterstellung von Staatsangehörigen eines anderen Mitgliedstaats gegenüber den eigenen Staatsangehörigen. Das Beschränkungsverbot bezieht sich auf nationale Maßnahmen, welche die Ausübung der Grundfreiheiten behindern oder weniger attraktiv machen können. Das Beschränkungsverbot gilt unabhängig davon, ob Inländer oder Ausländer anderer Mitgliedstaaten ungleich behandelt werden.

bb) Auswirkungen der Grundfreiheiten auf das nationale Steuerrecht

Im Gegensatz zu den indirekten Steuern enthalten die Verträge für die direkten Steuern kein spezielles Diskriminierungsverbot; das abgabenspezifische Diskriminierungsverbot des Art. 110 AEUV gilt nur für „Abgaben auf Waren",

---

438 Art. 45 ff. AEUV.
439 Art. 56 ff. AEUV.
440 Art. 49 ff. AEUV.
441 Art. 63 ff. AEUV.
442 *Oppermann/Classen/Nettesheim*, Europarecht, S. 392.
443 *Oppermann/Classen/Nettesheim*, Europarecht, S. 261.
444 Hierzu ausführlich *Cordewener*, Europäische Grundfreiheiten und nationales Steuerrecht, S. 200 ff.
445 Hierzu ausführlich *Cordewener*, Europäische Grundfreiheiten und nationales Steuerrecht, S. 249 ff.
446 Bei Gesellschaften wird an Stelle der Staatsangehörigkeit auf das Kriterium des Sitzes abgestellt.

zu denen lediglich die wichtigsten indirekten, nicht aber die direkten Steuern zählen[447]. Der EuGH schließt diese vertragliche Lücke durch die extensiv interpretierten und zu Beschränkungsverboten aufgewerteten[448] Grundfreiheiten[449]. Als Einfallstor dient hierbei die Formel, dass die Mitgliedstaaten ihre vorbehaltenen Zuständigkeiten auch auf dem Gebiet der direkten Steuern unter Beachtung des Unionsrechts ausüben müssen[450].

Die „extensiv-funktionelle Interpretation der Grundfreiheiten"[451] durch den EuGH hat zur Folge, dass sich eine erhebliche Einwirkung auf die nationale Steuersystematik vollzieht. Obgleich an sich nur von geringer Bedeutung für den Binnenmarkt[452], ist auch das nationale (Einkommen-)Steuerrecht hiervon nicht ausgenommen. Die Auswirkungen der Grundfreiheiten auf das nationale direkte Steuerrecht sind dabei vielfältig, die Bandbreite der Anknüpfungspunkte reicht von allen Teilelementen des materiellen Rechts[453] bis zu den einzelnen Verfahrensstufen auf der formellen Seite[454]. Im Vordergrund der zu mitgliedstaatlichen Steuernormen ergangenen Rechtsprechung des EuGH steht zwar überwiegend der materielle Steueranspruch im engeren Sinne[455], dieser bedarf jedoch aufgrund der Zielsetzung der Arbeit keiner näheren Beleuchtung. Für die Untersuchung der Einwirkungen der Rechtsprechung des EuGH zu den Grundfreiheiten auf das nationale Steuerermittlungsverfahren eignen sich vielmehr jene Sachverhalte, welche die zutreffende *Ermittlung* materieller Steueransprüche in grenzüberschreitenden Konstellationen zum Gegenstand haben.

---

447 *Seiler*, in: Grabitz/Hilf, Art. 113 AEUV, Rn. 55.

448 Zur Entfaltung der Grundfreiheiten zu Beschränkungsverboten in der Rechtsprechung des EuGH siehe insbesondere *Lehner*, DStJG 23 (2000), S. 267 ff.

449 *Seiler*, in: Grabitz/Hilf, Art. 113 AEUV, Rn. 56.

450 EuGH v. 14.2.1995, Rs. C-279/93, *Schumacker*, Slg. 1995, I-225, Rz. 21; Siehe bereits auch EuGH v. 28.1.1986, Rs. 270/83, *Avoir fiscal*, Slg. 1986, 273 ff.

451 *Seiler*, Steuerstaat und Binnenmarkt, in: FS Isensee, 2007, S. 886 f.

452 *Seiler*, Steuerstaat und Binnenmarkt, in: FS Isensee, 2007, S. 885.

453 Nach *A. Cordewener* sind hiervon neben dem Steueranspruch selbst auch der Steuervergütungsanspruch, der Haftungsanspruch, der Anspruch auf steuerliche Nebenleistungen sowie der Steuererstattungsanspruch erfasst, vgl. *Cordewener*, Europäische Grundfreiheiten und nationales Steuerrecht, S. 378 f.

454 *Cordewener*, Europäische Grundfreiheiten und nationales Steuerrecht, S. 378.

455 *Cordewener*, Europäische Grundfreiheiten und nationales Steuerrecht, S. 379.

c) Prüfungsumfang des EuGH, insbesondere Rechtfertigungsgründe

aa) Prüfungsumfang

Der EuGH prüft hinsichtlich der *Verletzung von Grundfreiheiten* in einem ersten Schritt[456] zunächst, ob eine mitgliedstaatliche Maßnahme in- und ausländische Personen ungleich behandelt oder ob sie die Ausübung von Grundfreiheiten beeinträchtigt. Sofern er eine Verletzung von Grundfreiheiten festgestellt hat, prüft er in einem zweiten Schritt, ob die Diskriminierungen oder Beschränkungen *gerechtfertigt* werden können. Um einen sachgerechten Ausgleich zwischen den Grundfreiheiten und den nationalen Gestaltungskompetenzen zu wahren, akzeptiert der EuGH mitgliedstaatlich definierte Allgemeininteressen, solange diese keinen wirtschaftlichen Charakter aufweisen und gesteht den Mitgliedstaaten grundsätzlich auch das Recht zu, das Schutzniveau zu bestimmen[457].

Nach der Rechtsprechung des EuGH gilt für alle Grundfreiheiten des AEUV ein vierstufiger Rechtfertigungsstandard. Demnach müssen nationale Maßnahmen, welche die Ausübung der vertraglich garantierten grundlegenden Freiheiten behindern oder weniger attraktiv machen können, die folgenden Voraussetzungen erfüllen: Sie müssen *in nichtdiskriminierender Weise angewandt* werden, sie müssen *aus zwingenden Gründen des Allgemeininteresses gerechtfertigt* sein, sie müssen *geeignet* sein, die Verwirklichung des mit ihnen verfolgten Ziels zu gewährleisten, und sie dürfen nicht über das hinausgehen, was zur Erreichung dieses Ziels *erforderlich* ist[458].

Im Rahmen der Rechtfertigungsprüfung zieht der EuGH nicht nur die in den Verträgen niedergelegten *geschriebenen* Rechtfertigungsgründe[459] heran, sondern bedient sich – auch und gerade im Steuerrecht – der von ihm selbst richterrechtlich entwickelten *ungeschriebenen Rechtfertigungsgründe*[460].

---

456 Zur Struktur der Prüfung der Grundfreiheiten siehe bspw. *Oppermann/Classen/Nettesheim*, Europarecht, S. 394 ff.

457 *Oppermann/Classen/Nettesheim*, Europarecht, S. 395.

458 EuGH v. 30.11.1995, Rs. C-55/94, *Gebhard*, Slg. 1995, I-4165, Rz. 37.

459 Im Hinblick auf das Steuerrecht bspw. Art. 65 Abs. 1 lit. a) AEUV, wonach die Kapitalverkehrsfreiheit nicht das Recht der Mitgliedstaaten berührt, die einschlägigen Vorschriften ihres Steuerrechts anzuwenden, die Steuerpflichtige mit unterschiedlichem Wohnort oder Kapitalanlageort unterschiedlich behandeln.

460 *Englisch*, in: Tipke/Lang, Steuerrecht, § 4, Rn. 93.

bb) Anerkannte Rechtfertigungsgründe

Weichenstellende Bedeutung für die Dogmatik zur Anwendung der Grundfreiheiten auf den Bereich des Rechts der direkten Steuern der Mitgliedstaaten hatte die Entscheidung des EuGH in der Rechtssache *Avoir fiscal*[461] aus dem Jahr 1986. Mit dieser Entscheidung, welche die Anrechnung von Körperschaftsteuern in Frankreich betraf, hatte der EuGH zum einen die grundsätzliche steuerrechtliche Unterscheidung zwischen Gebietsansässigen und Gebietsfremden anerkannt. Zum anderen hatte der EuGH seine Befürchtung zum Ausdruck gebracht, dass es zu einer Aushöhlung der Grundfreiheiten kommen könnte, wenn es den Mitgliedstaaten vorbehaltlos gestattet wäre, Steuerpflichtige je nach deren Ansässigkeit steuerlich ungleich zu behandeln[462]. Die Problematik der Zulässigkeit einer steuerlichen Ungleichbehandlung von Inlandssachverhalten und grenzüberschreitenden Sachverhalten findet seitdem grundsätzlich auf der Rechtfertigungsebene statt[463].

In der Steuerrechtsprechung des EuGH sind als ungeschriebene Rechtfertigungsgründe bislang in Erscheinung getreten[464]:

- Kohärenz[465]
- Vermeidung von steuerlichem Missbrauch und Steuerflucht[466]
- Gewährleistung wirksamer Steueraufsicht[467]
- Territorialität der Besteuerung[468]

---

461 EuGH v. 28.1.1986, Rs. 270/83, *Avoir fiscal*, Slg. 1968, 273 ff.

462 Zum Ganzen *Kube*, EuGH-Rechtsprechung zum direkten Steuerrecht - Stand und Perspektiven, S. 2 f.

463 Zu den wenigen Ausnahmen von bereits auf Tatbestandsebene anerkannten Unterscheidungen siehe *Kube*, EuGH-Rechtsprechung zum direkten Steuerrecht - Stand und Perspektiven, S. 3 ff.

464 Zu den einzelnen Rechtfertigungsgründen siehe nur *Kube*, EuGH-Rechtsprechung zum direkten Steuerrecht - Stand und Perspektiven, S. 7 ff.

465 Siehe hierzu EuGH v. 28.1.1992, Rs. C-204/90, *Bachmann*, Slg. 1992, I-249, Rz. 21.

466 Siehe hierzu EuGH v. 12.9.2006, Rs. C-196/04, *Cadbury Schweppes*, Slg. 2006, I-7995, Rz. 51 ff.

467 Die Begrifflichkeiten „Gewährleistung wirksamer Steueraufsicht", „Wirksamkeit der Steuerkontrollen", „wirksame steuerliche Kontrolle" und „Wirksamkeit der Steueraufsicht" werden im Folgenden synonym verwendet. Zum Rechtfertigungsgrund der Gewährleistung wirksamer Steueraufsicht siehe EuGH v. 27.1.2009, Rs. C-318/07, *Persche*, Slg. 2009, I-359, Rz. 51 ff.

468 Siehe hierzu EuGH v. 15.5.1997, Rs. C-250/95, *Futura Participations*, Slg. 1997, I-2471, Rz. 22.

- Effizienz der Steuerbeitreibung[469]
- Vermeidung mehrfacher Verlustnutzung[470]
- Wahrung der Aufteilung der Besteuerungsbefugnisse[471].

Von herausragender Bedeutung für das nationale Steuerermittlungsverfahren ist hierbei der Rechtfertigungsgrund der Gewährleistung wirksamer Steueraufsicht. Denn die Wirksamkeit steuerlicher Kontrollen ist Voraussetzung für die von Verfassungs wegen gebotene Verifikation besteuerungserheblicher Sachverhalte und dient der Sicherstellung der Gesetzmäßigkeit und Gleichmäßigkeit der Besteuerung. Bezogen auf das nationale Recht hat der EuGH zu dem für das Beitreibungsverfahren bedeutsamen Rechtfertigungsgrund der Effizienz der Steuerbeitreibung in einer zu § 50a EStG ergangenen Entscheidung bereits festgestellt, dass es grundfreiheitlich um der Effizienz der Steuerbeitreibung willen gerechtfertigt ist, dass der Besteuerungsanspruch gegenüber einem in einem anderen Mitgliedstaat ansässigen Vergütungsschuldner durch einen besonderen, haftungsbewehrten Steuerabzug an der Quelle sichergestellt wird[472]. Der EuGH hat in dieser Entscheidung mitgliedstaatliche Belange anerkannt und berücksichtigt. Inwieweit der EuGH den mitgliedstaatlichen Belangen auch im Zusammenhang mit dem Rechtfertigungsgrund der Gewährleistung wirksamer Steueraufsicht Gehör schenkt und die Ausgestaltung des nationalen Steuerermittlungsverfahrens im Hinblick auf die Möglichkeiten und Grenzen angemessener Verifikation durch die Finanzbehörden billigt, soll im nachfolgenden Kapitel untersucht werden.

IV. Zwischenergebnis

Direkte Steuern sind nur mittelbar preisbildende Faktoren und wirken sich daher nicht in gleicher Weise wie die indirekten Steuern auf das Funktionieren des Binnenmarktes aus[473]. Allerdings sind sie aufgrund ihrer erheblichen Aufkommenswirkungen von besonderer Bedeutung für die mitgliedstaatliche Steuerhoheit[474].

---

469 Siehe hierzu EuGH v. 3.10.2006, Rs. C-290/04, *FKP Scorpio*, Slg. 2006, I-9461, Rz. 35.

470 Siehe hierzu EuGH v. 15.5.2008, Rs. C-414/06, *Lidl Belgium*, Slg. 2008, I-3601, Rz. 35.

471 Siehe hierzu EuGH v. 15.5.2008, Rs. C-414-06, *Lidl Belgium*, Slg. 2008, I-3601, Rz. 31. Zum Rechtfertigungsgrund der Aufteilung der Besteuerungsbefugnisse siehe insbesondere auch *Englisch*, Aufteilung der Besteuerungsbefugnisse – Ein Rechtfertigungsgrund für die Einschränkung von EG-Grundfreiheiten?, passim.

472 EuGH v. 3.10.2006, Rs. C-290/04, *Scorpio*, Slg. 2006, I-9461, Rz. 35.

473 Vgl. hierzu *Seiler*, Steuerstaat und Binnenmarkt, in: FS Isensee, 2007, S. 885.

474 *Seiler*, in: Grabitz/Hilf, Art. 113 AEUV, Rn. 51.

Vor diesem Hintergrund finden sich in den Verträgen keine speziellen Regelungen zur Angleichung der direkten Steuern. Eine Angleichung kann daher nur auf Grundlage der allgemeinen Rechtsangleichungskompetenz des Art. 115 AEUV erfolgen. Dessen enger Tatbestand und das geltende Einstimmigkeitsprinzip haben jedoch dazu geführt, dass Harmonisierungsmaßnahmen auf dem Gebiet der direkten Steuern bislang Ausnahmen geblieben sind.

Auch in Bezug auf das Verfahrensrecht sehen die Verträge keine Kompetenz zur Harmonisierung vor; die Verfahrensautonomie liegt grundsätzlich weiter bei den Mitgliedstaaten[475]. Dennoch ist das dem Recht der direkten Steuern zugrundeliegende Steuerermittlungsverfahren nicht frei von Einflüssen des Unionsrechts. Hierbei ist zwischen den Einflüssen durch Sekundärrecht und dem Primärrecht als Prüfungsmaßstab für das nationale Steuerermittlungsverfahren zu unterscheiden.

Sekundärrechtliche Vorgaben für das Verfahrensrecht existieren in Gestalt der Beitreibungsrichtlinie[476] und insbesondere der Amtshilferichtlinie[477]. Es hat sich hierbei gezeigt, dass die neugefasste EU-Amtshilferichtlinie 2011/16/EU in Gestalt der Änderungsrichtlinien vom 9.12.2014 (Änderungsrichtlinie 2014/107/EU) sowie vom 8.12.2015 (Änderungsrichtlinie (EU) 2015/2376) zwar durchaus geeignet ist, zu einer effizienteren und schnelleren Zusammenarbeit der Finanzbehörden der Mitgliedstaaten bei der Ermittlung grenzüberschreitender Steuersachverhalte beizutragen[478]. Durch die Änderungsrichtlinien wurden den Steuerbehörden weitere Instrumente zur Bekämpfung von Steuerbetrug, Steuerhinterziehung und aggressiver Steuerplanung im Zusammenhang mit Finanzkonten, Steuervorbescheiden und Vorabverständigungsvereinbarungen an die Hand gegeben. Durch die Änderungsrichtlinie (EU) 2016/881 vom 25.5.2016 wurde die Verwaltungszusammenarbeit zwischen den Steuerbehörden der Mitgliedstaaten durch die Einführung des verpflichtenden automatischen Informationsaustauschs über länderbezogene Berichte verstärkt.

---

475 *Kahl*, in: Calliess/Ruffert, EUV/AEUV, Art. 4 EUV, Rn. 64.

476 Richtlinie des Rates v. 16.3.2010 über die Amtshilfe bei der Beitreibung von Forderungen in Bezug auf bestimmte Steuern, Abgaben und sonstige Maßnahmen (2010/24/EU); ABl. Nr. L 84, S. 1 ff.

477 Richtlinie des Rates v. 15.2.2011 über die Zusammenarbeit der Verwaltungsbehörden im Bereich der Besteuerung und zur Aufhebung der Richtlinie 77/799/EWG (2011/16/EU); ABl. Nr. L 64, S. 1 ff.; zuletzt geändert durch Richtlinie des Rates v. 6.12.2016 (2016/2258/EU); ABl. Nr. L 342, S. 1.

478 Vgl. hierzu unter E. III. 2. b).

Im Ergebnis wird jedoch auch mit der modifizierten EU-Amtshilferichtlinie 2011/16/EU kein nennenswerter Einfluss auf das nationale Steuerermittlungsverfahren ausgeübt[479]; es verbleibt vielmehr beim Grundsatz der Verfahrensautonomie der Mitgliedstaaten. Denn die Modalitäten der Sachverhaltsermittlung richten sich ausschließlich nach den Vorschriften des nationalen Ermittlungsverfahrens des ersuchten Mitgliedstaats. Die Vorschriften zur Anwesenheit in den Amtsräumen der Behörden und der Teilnahme an behördlichen Ermittlungen sind ebenfalls nicht geeignet, zu einer Vereinheitlichung des Steuerermittlungsverfahrens beizutragen. Die ersuchende und die ersuchte Behörde können zwar vereinbaren, dass Bedienstete der ersuchenden Behörde in den Amtsräumen der ersuchten Behörde zugegen sein dürfen, allerdings werden die Ermittlungen ausschließlich von den Beamten der ersuchten Behörde geführt. Der Informationsaustausch ist deshalb rein passiver Natur; eigene Kontrollbefugnisse der Beamten des ersuchenden Mitgliedstaats sind in der modifizierten EU-Amtshilferichtlinie nicht vorgesehen. Diese enthält darüber hinaus auch keine Vorgaben für das Steuerrechtsverhältnis der Finanzbehörde zum Steuerpflichtigen. Regelungen, ob und unter welchen Voraussetzungen die mit der Aufklärung eines Falles befasste Behörde von der Möglichkeit des grenzüberschreitenden Auskunftsersuchens Gebrauch machen muss, fehlen ebenfalls.

Zwar bietet die neue EU-Amtshilferichtlinie den Mitgliedstaaten erstmals echte Möglichkeiten zu grenzüberschreitenden Verwaltungskooperationen, insbesondere zu gemeinsamen Außenprüfungen von Unternehmen[480]. Gleichwohl stellt die EU-Amtshilferichtlinie nur eine scheinbare Ausnahme vom Grundsatz der Verfahrensautonomie der Mitgliedstaaten dar, da sie keinen über eine koordinierte Verwaltungszusammenarbeit der Finanzbehörden der Mitgliedstaaten hinausgehenden Einfluss auf das nationale Steuerermittlungsverfahren ausübt.

Primärrechtliche Vorgaben für die Ausgestaltung und Anwendung des nationalen Steuerermittlungsverfahrens resultieren zum einen aus den Geboten der Äquivalenz und der Effektivität sowie zum anderen aus den europäischen Grundfreiheiten. Der Anwendung der Grundfreiheiten dem Grunde nach müsste der Umstand entgegenstehen, dass die Europäische Union auf dem Gebiet der direkten Steuern keine eigene Regelungskompetenz besitzt und es sich bei den direkten Steuern deshalb um ein nur in Randbereichen harmonisiertes Rechtsgebiet handelt. Der EuGH schließt diese vertragliche Lücke eigenmächtig

479 Vgl. für die Beitreibungsrichtlinie und die Zusammenarbeitsverordnung im Bereich des harmonisierten Steuerrechts D. III. 4.

480 Vgl. hierzu E. III. 2. b).

durch eine „extensiv-funktionelle Interpretation der Grundfreiheiten“[481]. Als „Einfallstor“ dient dem EuGH hierbei die Formel, dass die Mitgliedstaaten ihre vorbehaltenen Zuständigkeiten auch auf dem Gebiet der direkten Steuern unter Beachtung des Unionsrechts ausüben müssen[482]. Die Grundfreiheiten berühren das nationale Steuerermittlungsverfahren auf der Ebene der Rechtfertigung. Im Rahmen der Rechtfertigungsprüfung zieht der EuGH neben den in den Verträgen niedergelegten (geschriebenen) Rechtfertigungsgründen[483] insbesondere auch die von ihm selbst richterrechtlich entwickelten ungeschriebenen Rechtfertigungsgründe[484] heran. Von herausragender Bedeutung für das nationale Steuerermittlungsverfahren ist dabei der Rechtfertigungsgrund der Wirksamkeit steuerlicher Kontrollen. Denn die Wirksamkeit steuerlicher Kontrollen ist Voraussetzung für die von Verfassungs wegen gebotene Verifikation besteuerungserheblicher Sachverhalte und dient in besonderer Weise der Sicherstellung der Gesetzmäßigkeit und Gleichmäßigkeit der Besteuerung.

---

481 *Seiler*, Steuerstaat und Binnenmarkt, in: FS Isensee, 2007, S. 886 f.

482 EuGH v. 14.2.1995, Rs. C-279/93, *Schumacker*, Slg. 1995, I-225, Rz. 21; Siehe bereits auch EuGH v. 28.1.1986, Rs. 270/83, *Avoir fiscal*, Slg. 1986, 273 ff.

483 Im Hinblick auf das Steuerrecht bspw. Art. 65 Abs. 1 lit. a) AEUV, wonach die Kapitalverkehrsfreiheit nicht das Recht der Mitgliedstaaten berührt, die einschlägigen Vorschriften ihres Steuerrechts anzuwenden, die Steuerpflichtige mit unterschiedlichem Wohnort oder Kapitalanlageort unterschiedlich behandeln.

484 *Englisch*, in: Tipke/Lang, Steuerrecht, § 4, Rn. 93.

F. Spannungsverhältnis zwischen den Vorgaben des Unionsrechts und den verfassungsrechtlichen Anforderungen an das nationale Steuerermittlungsverfahren

I. Die Rechtsprechung des EuGH

1. Überblick

Das Verhältnis zwischen der Amtsermittlung und der Mitwirkungspflicht des Steuerpflichtigen bei der Aufklärung grenzüberschreitender Sachverhalte unterliegt in zunehmendem Maße dem Einfluss des Unionsrechts und erfährt insbesondere durch die Rechtsprechung des EuGH zu den Grundfreiheiten eine entscheidende Prägung. Dieser Befund ist eingedenk der Tatsache, dass die Europäische Union im Bereich der direkten Steuern nach dem derzeitigen Stand weder eine ausdrückliche Harmonisierungskompetenz für das materielle Steuerrecht noch für das Steuerverfahrensrecht der Mitgliedstaaten besitzt, befremdlich. Nach dem Grundsatz der Verfahrensautonomie der Mitgliedstaaten sind für das Steuerermittlungsverfahren an sich ausschließlich nationale Vorgaben maßgeblich. Trotz Anerkennung der nach wie vor bestehenden Steuersouveränität der Mitgliedstaaten geht der EuGH jedoch in ständiger Rechtsprechung davon aus, dass die Mitgliedstaaten die ihnen verbliebenen Befugnisse unter Wahrung des Unionsrechts ausüben müssen[485]. Dieser Grundsatz, der von Mitgliedern des Gerichts anschaulich als „Umrahmungsprinzip" bezeichnet wird[486], wurde für den Bereich der direkten Steuern erstmals ausdrücklich im Jahr 1995 im Urteil *Schumacker*[487] formuliert. An eben dieser Schnittstelle treffen die Vorgaben des Unionsrechts auf die Grundlagen der nationalen Rechtsordnung. Besonderes Augenmerk gilt hierbei den verfassungsrechtlichen Anforderungen an das nationale Steuerermittlungsverfahren.

Im Folgenden soll nunmehr auf das Spannungsverhältnis zwischen der Inpflichtnahme des Steuerpflichtigen und der Sachverhaltsaufklärung von

---

485 St. Rspr. seit EuGH v. 28.1.1986, Rs. 270/83, *Avoir fiscal*, Slg. 1986, 273 ff.

486 *Lenaerts*, EuR 2009, S. 729.

487 EuGH v. 14.2.1995, Rs. C-279/93, *Schumacker*, Slg. 1995, I-225, Rz. 21; in jüngerer Zeit bspw. EuGH v. 22.3.2007, Rs. C-383/05, *Talotta*, Slg. 2007, I-2555, Rz. 16; EuGH v. 7.9.2004, Rs. C-319/02, *Manninen*, Slg. 2004, I-7477, Rz. 19.

Amts wegen durch die Finanzverwaltung eingegangen und anhand einiger besonders bedeutsamer Entscheidungen[488] des EuGH aufgezeigt werden, wie sich die Rollenverteilung zwischen Finanzverwaltung und Steuerpflichtigem bei der Aufklärung eines grenzüberschreitenden Sachverhalts gewandelt hat. Für die Untersuchung eignen sich hierbei insbesondere jene Sachverhalte, welche die zutreffende *Ermittlung* materieller Steueransprüche in grenzüberschreitenden Konstellationen zum Gegenstand haben und bei denen sowohl die Finanzbehörden als auch der Steuerpflichtige selbst die Möglichkeit zur Sachverhaltsaufklärung haben. Dabei sind zuvörderst solche Fallgestaltungen von Bedeutung, bei denen es sich um die Aufklärung *steuermindernder* Tatsachen handelt; denn nur in diesen Fällen besitzt der Steuerpflichtige ein eigenes Aufklärungsinteresse, da mit der zutreffenden Ermittlung des Sachverhalts für ihn günstige Folgen verbunden sind[489]. Namentlich sind hier insbesondere[490] die Berücksichtigung von Versorgungsbeiträgen an ausländische Unternehmen[491], die Berücksichtigung bestimmter Ausgaben[492], die Berücksichtigung eines günstigen Wertansatzes[493] oder die (für den Steuerpflichtigen günstige) Anwendung des Veranlagungsverfahrens[494] zu nennen, bei dem der Steuerpflichtige in den Genuss verschiedener persönlicher Abzugsbeträge kommt.

Bei den einzelnen Entscheidungen des EuGH wird im Folgenden jeweils nach einer kurzen Darstellung des Sachverhalts und der Verletzung oder Beeinträchtigung der Grundfreiheiten das Augenmerk auf die Prüfung des für das Steuerermittlungsverfahren bedeutsamen Rechtfertigungsgrunds der Wirksamkeit der Steueraufsicht gelegt.

Die aufzuzeigende Wandlung der Rollenverteilung zwischen der Finanzverwaltung und dem Steuerpflichtigen bei der Aufklärung eines grenzüberschreitenden Sachverhalts in der Rechtsprechung des EuGH vollzieht sich hierbei in

---

488 Für einen umfassenden Überblick siehe nur *Möllenbeck*, Das Verhältnis der EG-Amtshilfe zu den erweiterten Mitwirkungspflichten bei internationalen Steuerfällen, S. 152 ff.; ebenso *Cordewener*, Europäische Grundfreiheiten und nationales Steuerrecht, S. 385 ff.

489 So auch *Möllenbeck*, Das Verhältnis der EG-Amtshilfe zu den erweiterten Mitwirkungspflichten bei internationalen Steuerfällen, S. 152.

490 Für weitere Beispiele siehe nur *Möllenbeck*, Das Verhältnis der EG-Amtshilfe zu den erweiterten Mitwirkungspflichten bei internationalen Steuerfällen, S. 153.

491 EuGH v. 28.1.1992, Rs. C-204/90, *Bachmann*, Slg. 1992, I-249; vgl. auch die Parallelentscheidung EuGH v. 28.1.1992, Rs. C-300/90, *Kommission/Belgien*, Slg. 1992, I-314.

492 EuGH v. 27.1.2009, Rs. C-318/07, *Persche*, Slg. 2009, I-359.

493 EuGH v. 17.1.2008, Rs. C-256/06, *Jäger*, Slg. 2008, I-123.

494 EuGH v. 14.2.1995, Rs. C-279/93, *Schumacker*, Slg. 1995, I-225.

drei Schritten. Während der Schwerpunkt der Sachverhaltsermittlung anfänglich noch bei der Inanspruchnahme der Amtshilferichtlinie liegt, werden die Ermittlungsinstrumente der Amtshilfe und der Mitwirkung des Steuerpflichtigen in der zweiten Phase der Rechtsprechung des EuGH als gleichrangig eingestuft. In einem letzten Schritt wird schließlich der Mitwirkungspflicht des Steuerpflichtigen der Vorrang vor der Ermittlungsmöglichkeit mittels Amtshilfe eingeräumt.

2. Amtshilfe als Schwerpunkt der Sachverhaltsermittlung

a) Das Urteil in der Rechtssache Bachmann, *Rs. C-204/90*

Die erste Entscheidung, in deren Rahmen sich der EuGH mit der Mitwirkungspflicht des Steuerpflichtigen und der Ermittlung mittels Inanspruchnahme der Amtshilfe zu befassen hatte, ist das Urteil im Fall *Bachmann*[495].

In der zu entscheidenden Sache hatte sich ein deutscher Staatsangehöriger in Belgien niedergelassen und war dort dauerhaft beschäftigt. Die belgische Finanzverwaltung verweigerte ihm den steuerlichen Abzug von Beiträgen zu Kranken-, Invaliditäts- und Lebensversicherungsverträgen, die er noch in Deutschland abgeschlossen hatte. Die Verweigerung des Abzugs geschah vor dem Hintergrund, dass das nationale belgische Steuerrecht eine nachgelagerte Besteuerung für diese Beiträge vorsah. Danach waren diese nur dann abziehbar, wenn auch die Versteuerung der später von den Versicherungen zu zahlenden Versorgungsbeiträge in Belgien sichergestellt war. Bei einem späteren Wegzug des Steuerpflichtigen nach Deutschland wäre dies jedoch nicht der Fall gewesen.

Als Rechtfertigungsgrund für die Versagung des Steuerabzugs hat der EuGH neben den Rechtfertigungsgründen des Allgemeininteresses[496] und der Kohärenz des Steuersystems[497] insbesondere auch den Rechtfertigungsgrund der wirksamen steuerlichen Kontrolle geprüft. Die Mitgliedstaaten hatten vorgetragen, dass es *„schwierig, wenn nicht unmöglich sei, die Bescheinigungen für in anderen Mitgliedstaaten geleistete Beitragszahlungen zu kontrollieren“*[498]. Dem Einwand der Mitgliedstaaten über Schwierigkeiten bei der Steuerkontrolle hat der EuGH jedoch keine allzu große Bedeutung beigemessen, indem er die Mitgliedstaaten

495 EuGH v. 28.1.1992, Rs. C-204/90, *Bachmann*, Slg. 1992, I-249; vgl. auch die Parallelentscheidung EuGH v. 28.1.1992, Rs. C-300/90, *Kommission/Belgien*, Slg. 1992, I-314.

496 Vgl. hierzu EuGH v. 28.1.1992, Rs. C-204/90, *Bachmann*, a.a.O., Rz. 16.

497 EuGH v. 28.1.1992, Rs. C-204/90, *Bachmann*, a.a.O., Rz. 21.

498 EuGH v. 28.1.1992, Rs. C-204/90, *Bachmann*, a.a.O., Rz. 17.

auf die Informationsmöglichkeiten durch die Amtshilferichtlinie verwiesen hat. Der EuGH hat hierzu ausgeführt, dass sich die Mitgliedstaaten auf die Amtshilferichtlinie stützen können,

> *„um zu kontrollieren, ob in einem anderen Mitgliedstaat Zahlungen geleistet worden sind, wenn diese Zahlungen wie im vorliegenden Fall für die zutreffende Festsetzung der Steuer vom Einkommen zu berücksichtigen sind“*[499].

Auch das vorgebrachte Argument, dass einige Mitgliedstaaten nicht über eine Rechtsgrundlage dafür verfügten, von den Versicherern die Auskünfte zu verlangen, die zur Kontrolle der in ihrem Gebiet geleisteten Zahlungen erforderlich seien[500], hat der EuGH in seiner Entscheidung zurückgewiesen. Dieser Einwand zielte auf die in Art. 8 Abs. 1 der damaligen EG-Amtshilferichtlinie (Richtlinie 77/799/EWG) enthaltenen immanenten „Grenzen des Auskunftsaustausches“, also auf die Trennlinie zu denjenigen Bereichen nationaler Steuersouveränität, die vom Harmonisierungsumfang der Richtlinie und der von ihr ausgehenden „Sperrwirkung“ unberührt bleiben und somit den Mitgliedstaaten Spielräume für ihr eigenes gesetzgeberisches Tätigwerden bieten[501]. Der EuGH hat zwar anerkannt, dass ein um Auskunft ersuchter Mitgliedstaat nach Art. 8 Abs. 1 der Richtlinie 77/799/EWG die Auskunft verweigern kann,

> *„wenn der Durchführung von Ermittlungen oder der Beschaffung oder der Verwertung von Auskünften durch die zuständige Behörde für die eigenen Zwecke dieses Staates gesetzliche Vorschriften oder ihre Verwaltungspraxis entgegenstünden“*[502].

Nach Ansicht des EuGH rechtfertigt dies jedoch nicht den generellen Ausschluss des Steuerabzugs der in einem anderen Mitgliedstaat gezahlten Versicherungsbeiträge. Es hindere die beteiligten Finanzbehörden nämlich nichts daran, *„vom Betroffenen die für erforderlich gehaltenen Belege zu verlangen und gegebenenfalls den Abzug bei Nichtvorlage dieser Belege zu verweigern“*[503].

Obwohl der EuGH in dieser Entscheidung zwar die Möglichkeit der Mitgliedstaaten betont, bei einem grenzüberschreitenden Sachverhalt eine Nachweispflicht des Steuerpflichtigen einzuführen und die Steuervergünstigung bei Nichterbringen des Nachweises zu versagen, sieht er den Schwerpunkt der Ermittlung dennoch in der Amtshilfe. Der Möglichkeit, dem Steuerpflichtigen

---

499 EuGH v. 28.1.1992, Rs. C-204/90, *Bachmann*, a.a.O., Rz. 18.

500 EuGH v. 28.1.1992, Rs. C-204/90, *Bachmann*, a.a.O., Rz. 19.

501 *Cordewener*, Europäische Grundfreiheiten und nationales Steuerrecht, S. 440.

502 EuGH v. 28.1.1992, Rs. C-204/90, *Bachmann*, a.a.O., Rz. 20.

503 EuGH v. 28.1.1992, Rs. C-204/90, *Bachmann*, a.a.O., Rz. 20.

eine Nachweispflicht aufzuerlegen, bemisst der EuGH ausschließlich sekundäre Bedeutung zu; diese solle nur dazu dienen, die von den Mitgliedstaaten vorgetragenen möglichen Lücken des Auskunftsaustausches zu schließen[504].

b) Das Urteil in der Rechtssache Schumacker, *Rs. C-279/93*

Eine viel beachtete Entscheidung zu den mitgliedstaatlichen Steuervorschriften stellt das Urteil des EuGH in der Rechtssache *Schumacker*[505] dar. Im Unterschied zu seiner Entscheidung in der Rechtssache *Bachmann* zieht der EuGH die Möglichkeit der Sachaufklärung mittels einer Mitwirkungspflicht des Steuerpflichtigen überhaupt nicht mehr in Betracht, sondern verweist allein auf die Inanspruchnahme der Amtshilfe. Der EuGH bringt damit zum Ausdruck, dass er die Aufklärung eines grenzüberschreitenden Sachverhalts als Aufgabe der Finanzbehörde ansieht und die EG-Amtshilferichtlinie (Richtlinie 77/799/EWG) hierfür als effektives und praktikables Instrument der Sachverhaltsermittlung erachtet[506].

In seinem Urteil hatte sich der EuGH mit dem Anliegen des belgischen Staatsangehörigen *Schumacker* zu befassen. Dieser übte von 1988 bis 1989 eine nichtselbständige Tätigkeit in Deutschland aus, wobei er jedoch mit seiner Familie weiterhin in Belgien wohnte[507]. Aufgrund seines belgischen Wohnsitzes unterfiel *Schumacker* den damaligen deutschen Regelungen für beschränkt Steuerpflichtige. Als solcher unterlag er dem vereinfachten Besteuerungsverfahren, so dass seine Einkommensteuer durch den Lohnabzug als endgültig abgegolten galt. Die beschränkte Steuerpflicht hatte auch zur Folge, dass *Schumacker* unabhängig von seinem Familienstand in die Steuerklasse I eingestuft wurde und wie ein Unverheirateter behandelt wurde. Insbesondere kam ihm nicht die Steuervergünstigung des „Splittingtarifs" für verheiratete Ehegatten zugute[508]. Darüber hinaus war er auch vom Lohnsteuer-Jahresausgleich und von der jährlichen Einkommensteuerveranlagung durch die Verwaltung ausgeschlossen. Mangels Lohnsteuer-Jahresausgleichs konnten ihm etwa zu viel gezahlte Steuern zum Jahresende nicht zurückerstattet werden[509]. Hiergegen hatte *Schumacker*

---

504 *Möllenbeck*, Das Verhältnis der EG-Amtshilfe zu den erweiterten Mitwirkungspflichten bei internationalen Steuerfällen, S. 158.

505 EuGH v. 14.2.1995, Rs. C-279/93, *Schumacker*, Slg. 1995, I-225.

506 *Möllenbeck*, Das Verhältnis der EG-Amtshilfe zu den erweiterten Mitwirkungspflichten bei internationalen Steuerfällen, S. 162.

507 EuGH v. 14.2.1995, Rs. C-279/93, *Schumacker*, a.a.O., Rz. 15.

508 EuGH v. 14.2.1995, Rs. C-279/93, *Schumacker*, a.a.O., Rz. 12 f.

509 EuGH v. 14.2.1995, Rs. C-279/93, *Schumacker*, a.a.O., Rz. 13.

zunächst vor der deutschen Finanzbehörde Einspruch erhoben und anschließend den Finanzgerichtsweg beschritten. Der BFH hatte dem EuGH schließlich verschiedene Fragen zur Auslegung der deutschen Steuerregelungen vorgelegt.

Der EuGH hat zunächst festgestellt, dass zwar der Bereich der direkten Steuern als solcher beim gegenwärtigen Stand des Unionsrechts nicht in die Zuständigkeit der Union fällt, die Mitgliedstaaten die ihnen verbliebenen Befugnisse jedoch unter Wahrung des Unionsrechts ausüben müssen[510]. Ausgehend hiervon hat der EuGH eine *mittelbare* Diskriminierung der Arbeitnehmerfreizügigkeit angenommen[511].

Nach Ansicht des EuGH befänden sich (unbeschränkt steuerpflichtige) Gebietsansässige und (beschränkt steuerpflichtige) Gebietsfremde grundsätzlich zwar nicht in einer vergleichbaren Situation, da die Einkünfte eines Gebietsfremden im Beschäftigungsstaat meist nur einen Teil seiner Gesamteinkünfte darstellen, während bei einem Gebietsansässigen der Schwerpunkt seiner Gesamteinkünfte in aller Regel im Wohnsitzstaat liegt[512]. Weiter hat der EuGH darauf verwiesen, dass die persönliche Steuerkraft des Gebietsfremden unter Berücksichtigung seiner Gesamteinkünfte sowie seiner persönlichen Lage und seines Familienstands am leichtesten an dem Ort beurteilt werden kann, an dem der Mittelpunkt seiner persönlichen Interessen und seiner Vermögensinteressen liegt. Im Übrigen verfüge dieser Staat – der Wohnsitzstaat – über alle erforderlichen Informationen zur Beurteilung der Gesamtsteuerkraft des Steuerpflichtigen[513]. Nach Ansicht des EuGH gelte jedoch dann etwas anderes,

> *„wenn der Gebietsfremde wie im Ausgangsverfahren in seinem Wohnsitzstaat keine nennenswerten Einkünfte hat und sein zu versteuerndes Einkommen im wesentlichen aus einer Tätigkeit bezieht, die er im Beschäftigungsstaat ausübt, so daß der Wohnsitzstaat nicht in der Lage ist, ihm die Vergünstigungen zu gewähren, die sich aus der Berücksichtigung seiner persönlichen Lage und seines Familienstands ergeben“*[514].

Die Situation eines solchen Gebietsfremden und eines Gebietsansässigen sei deshalb vergleichbar. Die mittelbare Diskriminierung des Gebietsfremden ergebe sich daraus, dass seine persönlichen und familiären Verhältnisse weder im Wohnsitzstaat noch im Beschäftigungsstaat berücksichtigt werden können[515].

---

510 EuGH v. 14.2.1995, Rs. C-279/93, *Schumacker*, a.a.O., Rz. 21.
511 EuGH v. 14.2.1995, Rs. C-279/93, *Schumacker*, a.a.O., Rz. 29.
512 EuGH v. 14.2.1995, Rs. C-279/93, *Schumacker*, a.a.O., Rz. 31 ff.
513 EuGH v. 14.2.1995, Rs. C-279/93, *Schumacker*, a.a.O., Rz. 33.
514 EuGH v. 14.2.1995, Rs. C-279/93, *Schumacker*, a.a.O., Rz. 36.
515 EuGH v. 14.2.1995, Rs. C-279/93, *Schumacker*, a.a.O., Rz. 38.

Hinsichtlich der Rechtfertigung dieser Ungleichbehandlung hat sich der EuGH zunächst mit dem von den Mitgliedstaaten vorgebrachten Argument der Kohärenz auseinandergesetzt. Die Mitgliedstaaten hatten vorgetragen, dass ein Zusammenhang zwischen der Berücksichtigung der persönlichen Lage und des Familienstands einerseits und andererseits dem Recht zur Besteuerung des Welteinkommens bestünde. Da die Berücksichtigung der persönlichen Lage und des Familienstands alleinige Sache des Wohnsitzstaats sei, habe der Beschäftigungsstaat diese Umstände in der Person des Gebietsfremden nicht zu berücksichtigen, da diese sonst doppelt berücksichtigt würden und der Gebietsfremde dann sowohl im Beschäftigungs- als auch im Wohnsitzstaat in den Genuss der steuerlichen Begünstigung käme[516].

Diesem Vorbringen der Mitgliedstaaten ist der EuGH indes nicht gefolgt. Denn in einer Situation wie der des Ausgangsverfahrens könne nämlich der Wohnsitzstaat die persönliche Lage und den Familienstand des Betroffenen nicht berücksichtigen, „*da die Steuerlast dort nicht ausreicht, um die Berücksichtigung dieser Umstände zuzulassen*". Vielmehr verlange der unionale Grundsatz der Gleichbehandlung, dass die persönliche Lage und der Familienstand des gebietsfremden Steuerpflichtigen in derselben Weise berücksichtigt werden wie bei Gebietsansässigen im Beschäftigungsstaat und dass ihm deshalb dieselben Steuervergünstigungen gewährt werden[517].

Auch für das zweite Rechtfertigungsargument der Mitgliedstaaten, wonach *verwaltungstechnische Schwierigkeiten* den Beschäftigungsstaat daran hinderten, die Einkünfte zu erfassen, die in seinem Hoheitsgebiet tätige Gebietsfremde in ihrem jeweiligen Wohnsitzstaat erzielten, hat der EuGH wenig Verständnis gezeigt. Stattdessen verwies er erneut auf die Möglichkeiten der Amtshilfe. Seiner Ansicht nach bietet die Richtlinie 77/799/EWG den mitgliedstaatlichen Finanzbehörden

> „*Möglichkeiten zur Erlangung notwendiger Auskünfte, die mit den für die inländischen Steuerverwaltungen im Verhältnis zueinander bestehenden Möglichkeiten vergleichbar sind*". Deshalb gebe es „*keine verwaltungstechnischen Hindernisse für die Berücksichtigung der persönlichen Lage und des Familienstands des Gebietsfremden in dem Staat, in dem die Tätigkeit ausgeübt wird*"[518].

---

516 EuGH v. 14.2.1995, Rs. C-279/93, *Schumacker*, a.a.O., Rz. 40.

517 EuGH v. 14.2.1995, Rs. C-279/93, *Schumacker*, a.a.O., Rz. 41.

518 EuGH v. 14.2.1995, Rs. C-279/93, *Schumacker*, a.a.O., Rz. 45.

3. Gleichbehandlung der Ermittlungsinstrumente der Amtshilfe und der Mitwirkung des Steuerpflichtigen

a) *Das Urteil in der Rechtssache* Vestergaard, *Rs. C-55/98*

Einen Wandel in der Rechtsprechung des EuGH läutete das Urteil in der Rechtssache *Vestergaard*[519] ein. In dieser Entscheidung hatte sich der EuGH mit einer Vorschrift des dänischen Einkommensteuerrechts zum steuermindernden Abzug beruflicher Aufwendungen zu befassen. Der Rechtfertigungsgrund der Wirksamkeit der Steueraufsicht wurde vom EuGH zwar anerkannt. Jedoch rechtfertige die Wirksamkeit der Steuerkontrollen nicht eine damit einhergehende Ungleichbehandlung innerstaatlicher und grenzüberschreitender Fälle. Denn sowohl die Möglichkeit der Amtshilfe als auch die Inanspruchnahme des Steuerpflichtigen selbst seien als geeignete Instrumente zur Sachverhaltsermittlung durch die Finanzbehörden anzusehen.

In der vorliegenden Rechtssache wollte der dänische Staatsangehörige *Vestergaard* angefallene Kosten im Zusammenhang mit einer Fortbildungsveranstaltung auf Kreta steuermindernd geltend machen, was ihm die dänische Finanzverwaltung jedoch verweigerte. Grundsätzlich sah das dänische Einkommensteuerrecht zwar den steuermindernden Abzug beruflicher Aufwendungen vor, jedoch enthielten die dänischen Einkommensteuerrichtlinien eine hiervon abweichende Vermutungsregel zu Lasten des Steuerpflichtigen. Hiernach wurde vermutet, dass die Teilnahme an einer beruflichen Fortbildungsveranstaltung an einem ausländischen Urlaubsort in so erheblichem Umfang Urlaubszwecken dient, dass die Teilnahmekosten nicht als abzugsfähige berufliche Aufwendungen gelten konnten[520]. Die Vermutung galt ausdrücklich nur für Veranstaltungen im Ausland, während sie auf Fortbildungen an üblichen Urlaubsorten in Dänemark nicht galt.

Unter Verweis auf seine bereits aus dem Urteil *Schumacker*[521] bekannte Feststellung, dass zwar der Bereich der direkten Steuern als solcher beim gegenwärtigen Stand des Unionsrechts nicht in die Zuständigkeit der Union fällt, die Mitgliedstaaten die ihnen verbliebenen Befugnisse jedoch unter Wahrung des Unionsrechts ausüben müssen[522], hat der EuGH eine Verletzung der Dienstleistungsfreiheit angenommen. Dienstleistungen wie die in Rede stehende fielen

519 EuGH v. 28.10.1999, Rs. C-55/98, *Vestergaard*, Slg. 1999, I-7641.

520 EuGH v. 28.10.1999, Rs. C-55/98, *Vestergaard*, a.a.O., Rz. 6.

521 EuGH v. 14.2.1995, Rs. C-279/93, *Schumacker*, a.a.O., Rz. 21.

522 EuGH v. 28.10.1999, Rs. C-55/98, *Vestergaard*, a.a.O., Rz. 15.

demnach *„unabhängig davon, wo der Dienstleistende oder der Dienstleistungsempfänger ansässig ist"*, bereits dann in den Geltungsbereich der Dienstleistungsfreiheit, *„wenn diese Dienstleistungen Staatsangehörigen eines Mitgliedstaats in einem anderen Mitgliedstaat erbracht werden"*[523].

Der EuGH hat zunächst den Rechtfertigungsgrund der Kohärenz unter Verweis auf die Ausführungen des Generalanwalts abgelehnt, wonach im vorliegenden Fall kein unmittelbarer Zusammenhang zwischen einem vorherigen Abzugstatbestand und einem dem späteren Ausgleich dieses Abzugs dienenden Besteuerungstatbestand zu erkennen sei und der Abzugsfähigkeit der Ausgaben für die Teilnahme an der Fortbildungsveranstaltung gerade keine spiegelbildliche Besteuerung gegenüber stehe[524].

Demgegenüber hat der EuGH dem Rechtfertigungsgrund der wirksamen steuerlichen Kontrolle im Grundsatz zunächst Geltung beigemessen. Dänemark hatte vorgetragen, dass die Vermutung der Nichtabzugsfähigkeit bei Aufwendungen für Fortbildungsveranstaltungen im Ausland erforderlich sei, um zu verhindern, dass Ferien unter dem Deckmantel der Fortbildung durch Steuerabzug ungerechtfertigt vom Staat finanziert werden. Nach Ansicht des EuGH erlaube die Wirksamkeit der Steuerkontrollen insoweit einem Mitgliedstaat die Anwendung von Maßnahmen, welche

> *„die klare und präzise Feststellung der Höhe der in diesem Staat als berufliche Aufwendungen abziehbaren Ausgaben, u.a. auch die für die Teilnahme an Fortbildungsveranstaltungen, ermöglichen"*[525].

Das nationale Besteuerungsverfahren müsse jedoch innerstaatliche und grenzüberschreitende Fälle gleich behandeln. Die Wirksamkeit der Steuerkontrollen rechtfertige es nicht, den steuerlichen Abzug von unterschiedlichen Voraussetzungen abhängig zu machen, je nachdem, ob die Fortbildungsveranstaltungen in dem betreffenden Mitgliedstaat oder in einem anderen Mitgliedstaat stattfinden[526].

Der EuGH hat zunächst daran erinnert, dass ein Mitgliedstaat auf der Grundlage der Amtshilferichtlinie

> *„die zuständigen Behörden eines anderen Mitgliedstaats um alle Auskünfte ersuchen kann, die er für die ordnungsgemäße Bemessung der Einkommensteuer benötigt"*[527].

---

523 EuGH v. 28.10.1999, Rs. C-55/98, *Vestergaard*, a.a.O., Rz. 18.

524 EuGH v. 28.10.1999, Rs. C-55/98, *Vestergaard*, a.a.O., Rz. 24; Schlussanträge des Generalanwalts vom 10.6.1999, Rs. C-55/98, *Vestergaard*, Rz. 37 ff.

525 EuGH v. 28.10.1999, Rs. C-55/98, *Vestergaard*, a.a.O., Rz. 25.

526 EuGH v. 28.10.1999, Rs. C-55/98, *Vestergaard*, a.a.O., Rz. 25.

527 EuGH v. 28.10.1999, Rs. C-55/98, *Vestergaard*, a.a.O., Rz. 26.

Gleichzeitig hat er jedoch darauf hingewiesen, dass die beteiligten Steuerbehörden auch nicht daran gehindert seien,

> *„vom Steuerpflichtigen selbst alle Belege zu verlangen, die ihnen für die Beurteilung der Frage notwendig erscheinen, ob der verlangte Abzug gewährt werden kann"*[528].

Durch die Benennung der Möglichkeit der Amtshilfe und der Inanspruchnahme des Steuerpflichtigen im selben Atemzug kommt erstmals zum Ausdruck, dass der EuGH der Ermittlungsmöglichkeit der Finanzverwaltung mittels der Amtshilferichtlinie keinen Vorrang mehr einräumt, sondern die Inanspruchnahme des Steuerpflichtigen als *gleichwertiges* Instrument zur Sachverhaltsermittlung ansieht[529].

b) *Das Urteil in der Rechtssache* Danner, *Rs. C-136/00*

Die in der Rechtssache *Vestergaard* begonnene Phase der Gleichberechtigung von Amtsermittlung und Mitwirkungspflicht des Steuerpflichtigen wurde vom EuGH in der Rechtssache *Danner*[530] weitergeführt und verfestigt. Der EuGH ist in dieser Entscheidung seiner Linie, wonach die Amtsermittlung und die Mitwirkungspflicht des Steuerpflichtigen als gleichberechtigte Ermittlungsmethoden nebeneinander stehen, treu geblieben. Auch dieses Urteil enthält allerdings keine Stellungnahme zu der Frage, ob und gegebenenfalls welche Ermittlungsmethode vorzuziehen ist.

Der EuGH hatte in dieser Entscheidung über den die deutsche und finnische Staatsangehörigkeit besitzenden Arzt *Danner* zu entscheiden, der bis zum Jahr 1977 in Deutschland arbeitete und lebte, bevor er nach Finnland übersiedelte. Ab 1976 entrichtete er Altersversicherungsbeiträge an zwei deutsche Versorgungseinrichtungen. Nachdem er seinen Wohnsitz nach Finnland verlegt hatte, führte er die Zahlung dieser Beiträge an die deutschen Versorgungseinrichtungen weiter, obwohl hierzu keine Verpflichtung mehr bestand[531]. Diese Vorsorgeaufwendungen wurden in Finnland jedoch nicht in voller Höhe berücksichtigt, da im finnischen Steuerrecht Beiträge zur freiwilligen Altersversorgung an ausländische Versicherungsträger grundsätzlich nur begrenzt einkommensmindernd berücksichtigt wurden. Nach Ansicht des EuGH war hierin eine Beschränkung der Dienstleistungsverkehrsfreiheit gegeben[532].

---

528 EuGH v. 28.10.1999, Rs. C-55/98, *Vestergaard*, a.a.O., Rz. 26.

529 Vgl. hierzu *Möllenbeck*, Das Verhältnis der EG-Amtshilfe zu den erweiterten Mitwirkungspflichten bei internationalen Steuerfällen, S. 174.

530 EuGH v. 3.10.2002, Rs. C-136/00, *Danner*, Slg. 2002, I-8147.

531 EuGH v. 3.10.2002, Rs. C-136/00, *Danner*, a.a.O., Rz. 15 bis 17.

532 EuGH v. 3.10.2002, Rs. C-136/00, *Danner*, a.a.O., Rz. 30.

Nachdem der EuGH zunächst dem Rechtfertigungsgrund der Kohärenz eine Absage erteilt hatte[533], wandte er sich dem Rechtfertigungsgrund der Wirksamkeit der Steueraufsicht zu. Die Mitgliedstaaten hatten vorgetragen, dass es schwierig oder sogar unmöglich sei, nachzuprüfen, ob die ausländischen Versorgungssysteme die im finnischen Steuerrecht festgelegten Voraussetzungen der Abzugsfähigkeit erfüllten. Es sei ebenfalls unmöglich, die Zahlung der Renten und anderer Leistungen ausländischer Versorgungssysteme an in Finnland ansässige Personen zu überwachen und dementsprechend wirksam zu besteuern[534]. Schwierigkeiten bei der Besteuerung ergäben sich insbesondere daraus, dass die finnischen Behörden zwar von inländischen Einrichtungen verlangen könnten, die Steuerbehörden über sämtliche Zahlungen zu informieren, dass sie gegenüber im Ausland niedergelassenen Versicherern dazu jedoch nicht befugt seien. Ein Steuerpflichtiger, der Beiträge an ausländische Versorgungssysteme abziehen möchte, habe zwar ein eigenes Interesse daran, alle erforderlichen Auskünfte zu erteilen, doch fehle ihm ein vergleichbarer Anreiz, vollständige und genaue Auskünfte über nachfolgende Änderungen des Versicherungsvertrags oder über die aus dem Ausland bezogenen Renten und andere Leistungen zu erteilen[535].

Wie bereits in der Rechtssache *Vestergaard* hat der EuGH die Mitgliedstaaten auf die Möglichkeiten der Amtshilferichtlinie verwiesen, mit der sie zur Überprüfung in der Lage seien,

> *„ob Beiträge von einem Steuerpflichtigen dieses Staates tatsächlich an eine Einrichtung aus einem anderen Mitgliedstaat gezahlt worden sind".*

Hieran anschließend hat der EuGH klargestellt, dass die beteiligten Steuerbehörden außerdem nichts daran hindere,

> *„vom Steuerpflichtigen selbst alle Belege zu verlangen, die ihnen für die Beurteilung der Frage notwendig erscheinen, ob die Voraussetzungen für die Abzugsfähigkeit der Beiträge nach den einschlägigen Rechtsvorschriften erfüllt sind und der verlangte Abzug dementsprechend gewährt werden kann"*[536].

533 EuGH v. 3.10.2002, Rs. C-136/00, *Danner*, a.a.O., Rz. 37 f.
534 EuGH v. 3.10.2002, Rs. C-136/00, *Danner*, a.a.O., Rz. 44 bis 46.
535 EuGH v. 3.10.2002, Rs. C-136/00, *Danner*, a.a.O., Rz. 47.
536 EuGH v. 3.10.2002, Rs. C-136/00, *Danner*, a.a.O., Rz. 50.

4. Mitwirkung des Steuerpflichtigen als Schwerpunkt der Sachverhaltsermittlung

a) *Das Urteil in der Rechtssache* Jäger, *Rs. C-256/06*

Beispielhaft für die Phase der Rechtsprechung, in welcher der EuGH das Schwergewicht der Sachaufklärung beim Steuerpflichtigen verortet, ist die Entscheidung in der Rechtssache *Jäger*[537]. Die Sachaufklärung verwirklicht sich nach Ansicht des EuGH ausschließlich durch die Inanspruchnahme des Steuerpflichtigen. Auf eine vor- oder gleichrangige Möglichkeit der Sachaufklärung mittels der Amtshilfe wird an keiner Stelle der Entscheidung hingewiesen.

Der Sache nach ging es um eine Bestimmung des deutschen Erbschaftsteuer- und Schenkungsteuergesetzes zur Besteuerung von land- und forstwirtschaftlichem Vermögen. Bei der Bewertung ausländischen Grundbesitzes wurde demnach der gemeine Wert (Verkehrswert) angesetzt, während es demgegenüber bei inländischem Vermögen zur Anwendung eines besonderen Bewertungsverfahrens kam, bei dem im Durchschnitt lediglich 10% des Verkehrswerts erreicht wurden[538]. Der EuGH sah in der unterschiedlichen Bewertung von in- und ausländischem Vermögen eine verbotene Beschränkung des freien Kapitalverkehrs[539].

Zur Rechtfertigung hatte die deutsche Regierung insbesondere den Rechtfertigungsgrund der Wirksamkeit der steuerlichen Kontrolle angeführt und dabei auf praktische Hindernisse hingewiesen, die der Übertragung der in der fraglichen Regelung vorgesehenen Bewertungskriterien auf land- und forstwirtschaftliches Vermögen in anderen Mitgliedstaaten entgegenstünden. Sie hatte vorgetragen, dass sich dieses Bewertungsverfahren auf standardisierte Ertragswerte für die Nutzungsteile stütze und dass diese Werte aus statistischen Unterlagen der deutschen Verwaltung abgeleitet seien. Demgegenüber stünden solche Werte für in anderen Mitgliedstaaten belegenes land- und forstwirtschaftliches Vermögen nicht zur Verfügung[540].

Der EuGH hat hierzu festgestellt, dass es sich für die nationalen Behörden „*zwar tatsächlich als schwierig erweisen*" kann, das nationale Bewertungsverfahren auf einen in einem anderen Mitgliedstaat belegenen land- und forstwirtschaftlichen

537 EuGH v. 17.1.2008, Rs. C-256/06, *Jäger*, Slg. 2008, I-123.
538 EuGH v. 17.1.2008, Rs. C-256/06, *Jäger*, a.a.O., Rz. 8 f.
539 EuGH v. 17.1.2008, Rs. C-256/06, *Jäger*, a.a.O., Rz. 35.
540 EuGH v. 17.1.2008, Rs. C-256/06, *Jäger*, a.a.O., Rz. 53.

Vermögensgegenstand anzuwenden. Diese Schwierigkeit könne es aber nicht rechtfertigen, die Gewährung der betreffenden Steuervergünstigung kategorisch zu verweigern,

> *„da die betroffenen Steuerpflichtigen aufgefordert werden könnten, selbst diesen Behörden die Daten vorzulegen, die diese für erforderlich halten, um eine Anwendung dieses Verfahrens in angepasster Weise auf die in anderen Mitgliedstaaten belegenen Betriebe sicherzustellen"*[541].

b) *Das Urteil in der Rechtssache* Persche, *Rs. C-318/07*

Als eines der bedeutendsten Urteile des EuGH im Zusammenhang mit der Aufklärung eines grenzüberschreitenden Sachverhalts und dem Verhältnis der Mitwirkungspflichten des Steuerpflichtigen zur Möglichkeit der zwischenstaatlichen Amtshilfe nach der Amtshilferichtlinie gilt die Entscheidung in der Rechtssache *Persche*[542]. Der EuGH hat in diesem Urteil zum einen festgestellt, dass *keine Pflicht* der Finanzbehörden zur Amtsermittlung besteht und dass zum anderen die erweiterte Mitwirkungspflicht des Steuerpflichtigen gegenüber der zwischenstaatlichen Amtshilfe als vorrangiges Mittel der Aufklärung eines grenzüberschreitenden Sachverhalts anzusehen ist[543]. Sofern dem Steuerpflichtigen aber die Vorlage der notwendigen Unterlagen und sonstiger Beweismittel nicht möglich ist, können die Finanzbehörden nach Maßgabe ihres Verfahrensrechts nach den Grundsätzen der Feststellungslast (objektive Beweislast) eine Entscheidung zu Lasten des Steuerpflichtigen treffen und den begehrten Steuerabzug verwehren.

Der Entscheidung lag das Begehren des deutschen Staatsangehörigen *Persche* zugrunde. Dieser machte in seiner Einkommensteuererklärung den Sonderabzug einer Sachspende von Bett- und Badwäsche, Rollatoren und Spielzeugautos an ein in Portugal ansässiges Senioren- und Kinderheim geltend. Er legte seiner Steuererklärung ein Dokument über die Bestätigung des Erhalts der Spende durch das Seniorenheim bei sowie eine offizielle Erklärung der zuständigen Behörde, wonach die Einrichtung nach portugiesischem Recht als gemeinnützig anerkannt war. Das Finanzamt versagte in seinem Einkommensteuerbescheid jedoch den beantragten Sonderausgabenabzug mit der Begründung, dass der Spendenempfänger nicht in Deutschland ansässig sei und der Steuerpflichtige keine der Form der Abgabenordnung genügende Bestätigung vorgelegt habe.

---

541 EuGH v. 17.1.2008, Rs. C-256/06, *Jäger*, a.a.O., Rz. 54.

542 EuGH v. 27.1.2009, Rs. C-318/07, *Persche*, Slg. 2009, I-359.

543 *Möllenbeck*, Das Verhältnis der EG-Amtshilfe zu den erweiterten Mitwirkungspflichten bei internationalen Steuerfällen, S. 201.

Dies geschah vor dem Hintergrund, dass das deutsche Recht einen Steuerabzug von Spenden an gemeinnützige Einrichtungen nur für Spenden an Einrichtungen mit Sitz in Deutschland vorsah. Dagegen nahm es Spenden an Einrichtungen, die in einem anderen Mitgliedstaat ansässig und dort als gemeinnützig anerkannt sind, von dieser Steuervergünstigung ausdrücklich aus[544].

Der EuGH hat in der deutschen Regelung, wonach ein steuermindernder Spendenabzug nur bezüglich Spenden an in Deutschland ansässige Einrichtungen möglich ist, eine Beschränkung des freien Kapitalverkehrs gesehen[545]. Die Regelung sei insbesondere geeignet, sich negativ auf die Bereitschaft deutscher Steuerpflichtiger auszuwirken, an in einem anderen Mitgliedstaat als gemeinnützig anerkannte Einrichtungen zu spenden, da die Möglichkeit des Spendenabzugs das Verhalten des Spenders erheblich beeinflussen kann[546].

Von besonderer Bedeutung für die Rechtfertigung war für die Mitgliedstaaten wiederum das Erfordernis, die Wirksamkeit der Steueraufsicht zu gewährleisten. Sie hatten vorgetragen, dass die Überprüfung, ob solche Einrichtungen tatsächlich die satzungsmäßigen Ziele im Sinne der nationalen (zum Spendenabzug berechtigenden) Regelung erfüllen, mit Schwierigkeiten verbunden sei. Darüber hinaus sei es ihnen auch verwehrt, die tatsächliche Geschäftsführung dieser Einrichtungen zu kontrollieren[547].

Der EuGH hat den Rechtfertigungsgrund der Wirksamkeit der Steueraufsicht jedoch abgelehnt. Eine beschränkende Maßnahme könne

> *„nur dann gerechtfertigt sein, wenn sie dem Grundsatz der Verhältnismäßigkeit genügt, also geeignet ist, die Erreichung des mit ihr verfolgten Ziels zu gewährleisten, und nicht über das dazu Erforderliche hinausgeht"*[548].

Dies sei vorliegend jedoch nicht der Fall. Hierzu erging an die Mitgliedstaaten erneut der Hinweis, dass die beteiligten Steuerbehörden nichts daran hindere, vom Steuerpflichtigen selbst alle notwendigen Belege zu verlangen[549]. Die *verwaltungstechnischen Nachteile*, die sich eventuell daraus ergeben könnten, dass solche Einrichtungen in einem anderen Mitgliedstaat ansässig sind, reichten nicht aus, um eine Weigerung der Finanzbehörden des betreffenden Mitgliedstaats zu rechtfertigen, diesen Einrichtungen die gleichen Steuerbefreiungen

---

544 EuGH v. 27.1.2009, Rs. C-318/07, *Persche*, a.a.O., Rz. 12 bis 15.
545 EuGH v. 27.1.2009, Rs. C-318/07, *Persche*, a.a.O., Rz. 39.
546 EuGH v. 27.1.2009, Rs. C-318/07, *Persche*, a.a.O., Rz. 38.
547 EuGH v. 27.1.2009, Rs. C-318/07, *Persche*, a.a.O., Rz. 51.
548 EuGH v. 27.1.2009, Rs. C-318/07, *Persche*, a.a.O., Rz. 52.
549 EuGH v. 27.1.2009, Rs. C-318/07, *Persche*, a.a.O., Rz. 54.

wie gleichartigen inländischen Einrichtungen zu gewähren[550]. Der BFH hatte in seinem Vorlagebeschluss in diesem Zusammenhang auf die verfassungsrechtliche Verankerung des Verifikationsprinzips und die auch vom BVerfG festgestellte[551] Notwendigkeit hingewiesen, dass die Möglichkeit bestehen müsse, das Deklarationsverfahren durch Außenprüfungen zu ergänzen[552]. Der EuGH hat dem entgegnet, ein Mitgliedstaat könne

> *„die Gewährung von Steuervergünstigungen für Spenden an eine Einrichtung, die in einem anderen Mitgliedstaat ansässig und dort als gemeinnützig anerkannt ist, auch nicht deshalb versagen, weil die Finanzbehörden des ersten Mitgliedstaats bei solchen Einrichtungen nicht über die Möglichkeit verfügen, vor Ort zu überprüfen, ob die Anforderungen ihrer Steuervorschriften erfüllt sind“*[553].

Im Urteil schließen sich hieran Hinweise zur Informationsbeschaffungspflicht des Steuerpflichtigen an. Nach Ansicht des EuGH verfüge der Spender zwar im Gegensatz zur begünstigten Einrichtung nicht selbst über alle Informationen, welche die Finanzbehörden zur Überprüfung benötigten, ob die Einrichtung die nach nationalem Recht vorgeschriebenen Voraussetzungen für die Gewährung von Steuervergünstigungen erfüllt. Dennoch sei

> *„es einem Spender normalerweise möglich, von dieser Einrichtung Unterlagen zu erhalten, aus denen der Betrag und die Art der Spende, die von der Einrichtung verfolgten Ziele und ihr ordnungsgemäßer Umgang mit den Spenden, die sie in den Vorjahren erhalten hat, hervorgehen“*[554].

Zur Rolle der Finanzverwaltung bei der Sachverhaltsaufklärung und dem Thema der Feststellungslast hatte der BFH in seiner Vorlage an den EuGH die Frage gestellt, ob die Amtshilferichtlinie eine *Pflicht* der Finanzbehörde eines Mitgliedstaats begründe, zur Aufklärung eines in einem anderen Mitgliedstaat verwirklichten Sachverhalts die Hilfe der Verwaltungsbehörden des anderen Mitgliedstaats in Anspruch zu nehmen, oder ob der Steuerpflichtige darauf verwiesen werden kann, dass er nach dem Verfahrensrecht seines Mitgliedstaats bei Auslandssachverhalten die Feststellungslast (objektive Beweislast) trägt[555].

---

550 EuGH v. 27.1.2009, Rs. C-318/07, *Persche*, a.a.O., Rz. 55.

551 BVerfGE 84, 239, 273, BVerfG v. 27.6.1991, 2 BvR 1493/89; BVerfGE 110, 94, 115, BVerfG v. 9.3.2004, 2 BvL 17/02.

552 BFH v. 9.5.2007, XI R 56/05, Rz. 40.

553 EuGH v. 27.1.2009, Rs. C-318/07, *Persche*, a.a.O., Rz. 66.

554 EuGH v. 27.1.2009, Rs. C-318/07, *Persche*, a.a.O., Rz. 57.

555 BFH v. 9.5.2007, XI R 56/05, Rz. 50 ff.

Zur Sachverhaltsaufklärung mittels der Amtshilferichtlinie hat der EuGH festgestellt, dass die Finanzbehörden zwar die Möglichkeit haben, die zuständige Behörde eines anderen Mitgliedstaats um Auskunft zu ersuchen, dass die Amtshilferichtlinie die Behörden aber nicht verpflichte, einen Auslandssachverhalt mit Hilfe der zwischenstaatlichen Auskunft zu ermitteln[556]. Die Amtshilferichtlinie verlange insbesondere nicht,

> *„dass der Mitgliedstaat des Spenders vom Amtshilfe-Mechanismus dieser Richtlinie immer schon dann Gebrauch macht, wenn die Auskünfte des Spenders nicht ausreichen, um zu überprüfen, ob die begünstigte Einrichtung die Voraussetzungen der nationalen Rechtsvorschriften für die Gewährung von Steuervergünstigungen erfüllt“*[557].

Auf die Frage des Verhältnisses zwischen der Mitwirkungspflicht des Steuerpflichtigen und der Möglichkeit der Amtshilfe mittels der Amtshilferichtlinie ist der EuGH nur am Rande eingegangen. Gegen Ende der Entscheidung findet sich hierzu der Hinweis, die beteiligten Finanzbehörden seien im Falle von Schwierigkeiten bei der Nachprüfung der von dem Steuerpflichtigen vorgelegten Auskünfte

> *„durch nichts daran gehindert, bei Nichtvorlage der Nachweise, die sie für die zu treffende Steuerfestsetzung als erforderlich ansehen, den beantragten Steuerabzug zu verweigern“*[558].

c) Das Urteil in der Rechtssache Meilicke II, *Rs. C-262/09*

Mit der Entscheidung in der Rechtssache *Meilicke II*[559] knüpft der EuGH an seine im Urteil *Persche* geäußerte Rechtsauffassung an, wonach die Steuerbehörden eines Mitgliedstaats vom Steuerpflichtigen alle Belege verlangen dürfen, die ihnen für die Beurteilung der Frage notwendig erscheinen, ob die Voraussetzungen für einen Steuervorteil nach den einschlägigen Rechtsvorschriften erfüllt sind und ob dieser Vorteil demnach gewährt werden kann. Die Entscheidung enthält weitere Hinweise hinsichtlich der Anforderungen, die an die vom Steuerpflichtigen beizubringenden Nachweise zu stellen sind.

In der Sache ging es um die Anrechnung der auf ausländischen Dividenden lastenden Körperschaftsteuer auf die inländische Einkommensteuer. Konkret betroffen war die Anrechnung auf die Einkommensteuer der Jahre 1995 bis 1997 des in Deutschland unbeschränkt Steuerpflichtigen *Meilicke*. Bereits mit Urteil vom 6.3.2007 in der Rechtssache *Meilicke I*[560] hatte der EuGH zugunsten

---

556 EuGH v. 27.1.2009, Rs. C-318/07, *Persche*, a.a.O., Rz. 65.
557 EuGH v. 27.1.2009, Rs. C-318/07, *Persche*, a.a.O., Rz. 64.
558 EuGH v. 27.1.2009, Rs. C-318/07, *Persche*, a.a.O., Rz. 69.
559 EuGH v. 30.6.2011, Rs. C-262/09, *Meilicke II*, Slg. 2011, I-5669.
560 EuGH v. 6.3.2007, Rs. C-292/04, *Meilicke I*, Slg. 2007, I-1835.

der nach dem Tod des Steuerpflichtigen *Meilicke* klagenden Erben entschieden, dass im Rahmen des deutschen Anrechnungsverfahrens aufgrund der Vorgaben der Kapitalverkehrsfreiheit grundsätzlich auch eine Anrechnung ausländischer Körperschaftsteuer durchgeführt werden müsse. Offen blieb allerdings, wie das für das deutsche Körperschaftsteuersystem konzipierte Anrechnungsverfahren bei ausländischen Dividenden durchzuführen ist, insbesondere welche Anforderungen an den Nachweis ausländischer Körperschaftsteuer zu stellen sind. Hinsichtlich der Höhe der Anrechnung hat der EuGH festgehalten, dass der gutzuschreibende Betrag nicht den Betrag der Einkommensteuer übersteigen kann, den der begünstigte Anteilseigner in dem Mitgliedstaat, in dem er unbeschränkt steuerpflichtig ist, auf die bezogenen Dividenden zu entrichten hat[561].

In Bezug auf die Ermittlung und den Nachweis des Anrechnungsbetrags hat der EuGH zunächst festgestellt, dass der Körperschaftsteuersatz für ausgeschüttete Gewinne, der auf die Dividenden ausschüttende Gesellschaft Anwendung findet, so *„genau wie möglich"* bestimmt werden muss. Die Berechnung der Steuergutschrift auf eine bloße Schätzung des einschlägigen Steuersatzes zu stützen, sei ausgeschlossen[562]. Zwar sei es dem Grundsatz der Steuerautonomie der Mitgliedstaaten inhärent, dass diese selbst bestimmen, welche Nachweise nach ihrem eigenen nationalen System erforderlich sind, um in den Genuss einer solchen Steuergutschrift zu kommen. Gleichwohl müssen die Mitgliedstaaten bei der Ausübung der Steuerautonomie die sich aus dem Unionsrecht ergebenden Erfordernisse beachten, so dass

> *„eventuelle Schwierigkeiten bei der Ermittlung der tatsächlich in einem anderen Mitgliedstaat entrichteten Steuer ein Hindernis für den freien Kapitalverkehr nicht rechtfertigen können"*[563].

Dementsprechend seien nationale Rechtsvorschriften, wonach die Steuergutschrift nur bei Vorlage einer dem nationalen System des betreffenden Mitgliedstaats entsprechenden Bescheinigung gewährt wird, ohne jede Möglichkeit für den steuerpflichtigen Anteilseigner, die Höhe der von der Dividenden ausschüttenden Gesellschaft tatsächlich gezahlten Steuer mit anderen einschlägigen Umständen und Informationen nachzuweisen, mit der Kapitalverkehrsfreiheit nicht zu vereinbaren[564].

---

561 EuGH v. 30.6.2011, Rs. C-262/09, *Meilicke II*, a.a.O., Rz. 34.
562 EuGH v. 30.6.2011, Rs. C-262/09, *Meilicke II*, a.a.O., Rz. 36.
563 EuGH v. 30.6.2011, Rs. C-262/09, *Meilicke II*, a.a.O., Rz. 37 ff.
564 EuGH v. 30.6.2011, Rs. C-262/09, *Meilicke II*, a.a.O., Rz. 40.

Zur Gewährleistung der Wirksamkeit der steuerlichen Kontrolle sei ein Mitgliedstaat zwar zur Anwendung von Maßnahmen befugt, die die klare und genaue Feststellung der Höhe der in diesem Mitgliedstaat abziehbaren, aber in einem anderen Mitgliedstaat angefallenen Aufwendungen erlauben[565]. Die beschränkende Maßnahme sei jedoch nur dann gerechtfertigt, wenn sie dem Grundsatz der Verhältnismäßigkeit genügt. Die Vorlage einer im nationalen Recht vorgesehenen Bescheinigung sei demnach nicht zwingend erforderlich; der Steuerpflichtige könne die tatsächlich gezahlte Steuer mit „anderen einschlägigen Belegen" nachweisen[566]. Was insoweit erforderlich ist, lässt der EuGH offen, weist aber darauf hin,

> *„dass die Steuerbehörden eines Mitgliedstaats vom Steuerpflichtigen alle Belege verlangen dürfen, die ihnen für die Beurteilung der Frage notwendig erscheinen, ob die Voraussetzungen für einen Steuervorteil nach den einschlägigen Rechtsvorschriften erfüllt sind und ob dieser Vorteil demnach gewährt werden kann"*[567].

Obgleich der EuGH einschränkend darauf hingewiesen hat, dass die entsprechende Beurteilung nicht zu formalistisch erfolgen dürfe, solange eine klare und genaue Überprüfung der Voraussetzungen gewährleistet sei[568], steht hiermit fest, dass die Nachweisobliegenheit und das Nachweisrisiko für die Anrechnungsvoraussetzungen den Steuerpflichtigen treffen[569].

Diese Vorgaben gelten offenbar ungeachtet praktischer Probleme, die erforderlichen Informationen von den ausschüttenden Gesellschaften im anderen Mitgliedstaat zu erlangen. Zwar hat der EuGH in anderen Fällen entschieden, dass es Sache des vorlegenden Gerichts ist, zu prüfen, ob es sich insbesondere unter Berücksichtigung der gesetzlichen Aufbewahrungsfristen nicht als praktisch unmöglich oder als zu schwierig erweist, die Angaben über den tatsächlich angewandten Steuersatz und über die Steuer zu beschaffen[570]. Eine derartige Einschränkung hat der EuGH indessen in den Entscheidungen zur deutschen Rechtslage nicht gemacht, obwohl hierzu hinreichender Anlass bestanden hätte. Denn das FG Köln hatte in seinem Vorlagebeschluss ausdrücklich die mögliche Vernichtung von Unterlagen und einen fehlenden Herausgabeanspruch als

565 EuGH v. 30.6.2011, Rs. C-262/09, *Meilicke II*, a.a.O., Rz. 41.

566 EuGH v. 30.6.2011, Rs. C-262/09, *Meilicke II*, a.a.O., Rz. 44; zuletzt bestätigt in EuGH v. 9.10.2014, Rs. C-326/12, *van Caster*, veröffentlicht in der elektronischen Sammlung (Allgemeine Sammlung), Rz. 49 ff.

567 EuGH v. 30.6.2011, Rs. C-262/09, *Meilicke II*, a.a.O., Rz. 45.

568 EuGH v. 30.6.2011, Rs. C-262/09, *Meilicke II*, a.a.O., Rz. 46.

569 EuGH v. 30.6.2011, Rs. C-262/09, *Meilicke II*, a.a.O., Rz. 47.

570 EuGH v. 15.9.2011, Rs. C-310/09, *Accor*, Slg. 2011, I-8115, Rz. 100 f.

solche Gründe praktischer Unmöglichkeit angeführt[571]. Aufgrund dessen sowie angesichts der zeitlichen Nähe der beiden durch die gleiche Kammer des EuGH in derselben Besetzung getroffenen Entscheidungen *Accor*[572] und *Meilicke II* geht der BFH in seinem Schlussurteil zu den *Meilicke*-Entscheidungen allerdings von einer bewusst abweichenden Entscheidung des EuGH aus[573].

Es bleibt deshalb bei der Aufbürdung der Beweislast auf den Steuerpflichtigen. Ein fehlender Informationsfluss auf Anlegerseite stellt nach Auffassung des EuGH kein Problem dar, welches der betroffene Mitgliedstaat auffangen müsste[574]. Ausdrücklich hat der EuGH in diesem Zusammenhang betont, dass der betroffene Mitgliedstaat insbesondere auch nicht vom Amtshilfeverfahren Gebrauch machen muss[575].

Mit dieser Entscheidung des EuGH ist letztlich weder den Finanzbehörden noch dem Steuerpflichtigen gedient. Denn die Steuerbehörden dürfen zwar alle für die Beurteilung der Gewährung des Steuervorteils notwendigen Nachweise verlangen, andererseits darf diese Beurteilung nicht zu formalistisch erfolgen. Unklar bleibt, welches Maß an Präzision die Nachweise letztlich aufweisen müssen. Auch dürfte dem Steuerpflichtigen die Führung des Nachweises darüber, welche Steuerabzüge im anderen Mitgliedstaat tatsächlich vorgenommen worden sind, in der Praxis erhebliche Schwierigkeiten bereiten. Während sich Unternehmen im Konzernverbund von ihren in anderen Mitgliedstaaten ansässigen Tochterunternehmen problemlos eine Bescheinigung über die ausländische Körperschaftsteuer beschaffen können, und auch institutionelle Anleger aufgrund ihres Einflusses entsprechende Nachweise und Informationen beibringen können, dürften Kleinanleger mit geringer Beteiligung Probleme damit haben, die notwendigen Nachweise für womöglich lange zurückliegende Zeiträume zu erlangen.

---

571 FG Köln, EuGH-Vorlage vom 14.5.2009, 2 K 2241/02, unter B. III. 2. d) der Entscheidungsgründe.

572 EuGH v. 15.9.2011, Rs. C-310/09, *Accor*, Slg. 2011, I-8115.

573 BFH v. 15.1.2015, I R 69/12, unter B. IV. 2. b) der Entscheidungsgründe.

574 EuGH v. 30.6.2011, Rs. C-262/09, *Meilicke II*, a.a.O., Rz. 48.

575 EuGH v. 30.6.2011, Rs. C-262/09, *Meilicke II*, a.a.O., Rz. 52; so bereits auch EuGH v. 10.2.2011, verbundene Rechtssachen C-436/08 und C-437/08, *Haribo Lakritzen Hans Riegel und Österreichische Salinen*, Slg. 2011, I-305, Rz. 102.

II. Ausreichende Berücksichtigung des verfassungsrechtlich gebotenen Verifikationsprinzips?

Es hat sich gezeigt, dass die Mitgliedstaaten auf die begrenzten Ermittlungsmöglichkeiten bei grenzüberschreitenden Sachverhalten zur Sicherung ihres Steueraufkommens in vielfältiger Weise reagieren. Die Versagung eines vom Steuerpflichtigen begehrten Steuerabzugs wegen einer von ihm im Ausland getätigten Spende wurde bereits ausführlich dargelegt[576]. Allerdings sieht der EuGH die entsprechenden Maßnahmen der Mitgliedstaaten regelmäßig als Verletzungen der Grundfreiheiten an. Dem von den Mitgliedstaaten vorgetragenen und vom EuGH anerkannten Rechtfertigungsgrund der Wirksamkeit der Steueraufsicht[577] hält der EuGH hierbei stets entgegen, dass die gewählte Maßnahme nur dann gerechtfertigt sein kann, wenn sie dem Grundsatz der Verhältnismäßigkeit genügt, also geeignet ist, die Erreichung des mit ihr verfolgten Ziels zu gewährleisten, und nicht über das dazu Erforderliche hinausgeht[578]. Die Verhältnismäßigkeit der mitgliedstaatlichen Maßnahmen ist aus Sicht des EuGH jedenfalls dann nicht gegeben, wenn die mitgliedstaatlichen Finanzbehörden zur Ermittlung des grenzüberschreitenden Sachverhalts die begehrten Informationen im Wege der Amtshilfe nach der EU-Amtshilferichtlinie von den Behörden des fremden Mitgliedstaats erfragen können oder für sie die Möglichkeit besteht, vom Steuerpflichtigen selbst alle notwendigen Belege zu verlangen, um so die Wirksamkeit der Steueraufsicht zu gewährleisten.

Im Folgenden soll aufgezeigt werden, dass das Verständnis des EuGH von „Steueraufsicht" nicht deckungsgleich mit den verfassungsrechtlichen Anforderungen ist und dies eine Gefahr für das nationale Steuersystem in sich birgt. Denn die Grenze für Einwirkungen der Grundfreiheiten auf die nationale Besteuerungsgewalt ist dort zu ziehen, wo Verstöße gegen die steuersystematischen Grundlagen des nationalen Steuerrechts nicht mehr hingenommen werden können[579].

1. Besteuerungsgewalt als Grundlage staatlicher Souveränität

Die Begrenzung der nationalen Besteuerungsgewalt durch die Grundfreiheiten berührt die Mitgliedstaaten in einem sensiblen Bereich ihrer Souveränität. Die besondere Bedeutung der Besteuerungsgewalt liegt darin, dass Staatsgewalt und

576 Fall *Persche*, vgl. F. I. 4. b).

577 Siehe hierzu E. III. 3. c) bb).

578 Vgl. hierzu nur EuGH v. 27.1.2009, Rs. C-318/07, *Persche*, a.a.O., Rz. 52.

579 *Lehner*, DStJG 23 (2000), S. 278.

öffentliche Finanzen aufeinander angewiesen und ohne einander nicht denkbar sind[580]. Die Besteuerungsgewalt sichert die Souveränität des Staates; Einwirkungen auf die Besteuerungsgewalt der Mitgliedstaaten stellen deshalb zugleich Einwirkungen auf deren Souveränität dar. Dies gilt im besonderen Maße für die Bundesrepublik Deutschland, da diese den für die Erfüllung ihrer Aufgaben notwendigen Finanzbedarf im Wesentlichen durch Steuern deckt[581].

Für die Gewährleistung der verfassungsrechtlichen Gebote der Gesetzmäßigkeit und der Gleichmäßigkeit der Besteuerung sieht die Finanzverfassung des Grundgesetzes in Art. 108 Abs. 2 GG die Verwaltung der Steuern durch die Finanzbehörden vor. Das hierbei anzuwendende Verfahren ist in den §§ 85 ff. der AO näher ausgestaltet[582]. Die Ermittlung, Festsetzung und Erhebung der Einkommensteuer hängt in der Praxis allerdings maßgeblich von den Erklärungen des Steuerpflichtigen und von den in seiner Steuererklärung gemachten Angaben ab. Die grundsätzlich vorausgesetzte Steuerehrlichkeit des Erklärenden muss aber durch hinreichende, die steuerliche Belastungsgleichheit gewährleistende Kontrollmöglichkeiten abgestützt werden. Denn eine Steuererhebung, die nahezu allein auf die Erklärungsbereitschaft des Steuerpflichtigen baut, trifft nicht mehr alle und verfehlt damit die steuerliche Lastengleichheit[583]; das Deklarationsprinzip bedarf deshalb der Ergänzung durch das Verifikationsprinzip[584].

Zur Erfüllung des rechtsstaatlichen Auftrags zur gleichmäßigen Besteuerung bietet das nationale Verfahrensrecht daher geeignete Instrumente, die es den Finanzbehörden ermöglichen, das gesetzliche Ziel einer für alle gleichen, gegenwartsnahen und für jeden Einzelnen unausweichlichen Steuererhebung zu verwirklichen. Hierbei ist insbesondere an die Außenprüfung[585] als besonderes Verfahren zur Sachaufklärung zu denken.

---

580 *Vogel*, Grundzüge des Finanzrechts des Grundgesetzes, in: HStR IV, 1992, § 87, Rn. 1.

581 *P. Kirchhof*, Staatliche Einnahmen, in: HStR IV, 1992, § 88, Rn. 45.

582 Siehe hierzu B. II., III. und IV.

583 BVerfGE 84, 239, 273, BVerfG v. 27.6.1991, 2 BvR 1493/89; BVerfGE 110, 94, 115, BVerfG v. 9.3.2004, 2 BvL 17/02.

584 BVerfGE 84, 239, 273, BVerfG v. 27.6.1991, 2 BvR 1493/89; BVerfGE 110, 94, 115, BVerfG v. 9.3.2004, 2 BvL 17/02.

585 §§ 193 bis 207 AO; Weitere besondere Verfahren der Sachaufklärung zur Erfüllung der Aufgabe des § 85 AO sind daneben die Steuerfahndung (§ 208 AO) sowie die Steueraufsicht in Zoll- und Verbrauchsteuersachen (§§ 209 bis 217 AO; § 27b UStG).

Die Beachtung der in §§ 85 ff. AO vorgegebenen Grundsätze bereitet bei der Ermittlung rein nationaler Sachverhalte regelmäßig keine Schwierigkeiten[586]. Demgegenüber stoßen die Finanzbehörden bei der Ermittlung von besteuerungserheblichen Sachverhalten mit Auslandsbezug im Wortsinn an eine *Grenze*, da ihnen nach dem Territorialitätsprinzip[587] eine Ermittlungstätigkeit über die Landesgrenze hinaus nicht gestattet ist[588]. Dem Grundsatz der formellen Territorialität steht jedoch das Gebot der materiellen Universalität gegenüber, da die überwiegende Mehrheit der Staaten – so auch die Bundesrepublik Deutschland – bei der Besteuerung des Einkommens nicht nur ein Zugriffsrecht auf das Inlandseinkommen des Steuerpflichtigen beansprucht, sondern auch auf dessen Welteinkommen[589].

2. Unionsrecht und Untersuchungsgrundsatz

Zur Vorbereitung der Festsetzung von Steuern ist der besteuerungserhebliche Sachverhalt zunächst im Steuerermittlungsverfahren aufzuklären. Nur dieses Verfahren stellt die Grundsätze der Gesetzmäßigkeit und Gleichmäßigkeit der Besteuerung sicher. Die Ergänzung des Deklarationsprinzips durch das Verifikationsprinzip spielt hierbei eine wesentliche Rolle[590]. Die notwendige Verifikation des besteuerungserheblichen Sachverhalts wird zuvörderst durch den Untersuchungsgrundsatz des § 88 AO verwirklicht. Nach dem Prinzip der materiellen Wahrheit verpflichtet der Untersuchungsgrundsatz die Finanzbehörden, die für die Aufklärung eines besteuerungserheblichen Sachverhalts notwendigen Tatsachen von Amts wegen vollständig zu ermitteln. Dass dies bei grenzüberschreitenden Sachverhalten regelmäßig mit Schwierigkeiten verbunden ist, wurde bereits dargelegt.

Die Auswirkungen des Unionsrechts auf den Untersuchungsgrundsatz des § 88 AO sind sowohl im Bereich des harmonisierten als auch des nichtharmonisierten Steuerrechts sichtbar, jedoch auf gänzlich unterschiedliche Weise. Während der EuGH im Bereich des harmonisierten Rechts der indirekten Steuern

---

586 Vgl. zu den Sachzwängen des steuerlichen Massenverfahrens aber *Drüen*, in: Schön/Beck (Hrsg.), Zukunftsfragen des deutschen Steuerrechts, 2009, S. 2 f. m.w.N.

587 Siehe zum Territorialitätsprinzip bspw. *Herdegen*, Völkerrecht, § 26, Rn. 4 ff.; *Schaumburg*, Internationales Steuerrecht, S. 187.

588 Zum Vollzugsproblem bei grenzüberschreitenden Sachverhalten siehe *Staringer*, DStJG 31 (2008), S. 135 ff.

589 *P. Kirchhof*, Staatliche Einnahmen, in: HStR IV, 1992, § 88, Rn. 137.

590 BVerfGE 84, 239, 273, BVerfG v. 27.6.1991, 2 BvR 1493/89; BVerfGE 110, 94, 115, BVerfG v. 9.3.2004, 2 BvL 17/02.

auf die Einhaltung der in § 88 AO niedergelegten Grundsätze besonders Wert legt, scheint der Untersuchungsgrundsatz für den Bereich des nichtharmonisierten Rechts der direkten Steuern aufgeweicht zu werden.

a) *Bereich des harmonisierten Rechts der indirekten Steuern*

Mit der Entscheidung des EuGH zur italienischen Steueramnestie[591] hat der Untersuchungsgrundsatz des § 88 AO eine europarechtliche Fundierung erfahren. Für den Bereich des harmonisierten Rechts der indirekten Steuern wurde damit geklärt, dass der Untersuchungsgrundsatz auch bezogen auf rein mitgliedstaatsinterne Sachverhalte zu beachten ist, soweit es um den Vollzug unionsrechtlich harmonisierter Steuern geht[592].

Der EuGH erkennt dabei an, dass die nationalen Finanzbehörden hinsichtlich der Art des Einsatzes der ihnen zu Gebote stehenden Mittel über einen gewissen Spielraum verfügen[593], was der Regelung des § 88 Abs. 1 Satz 2 AO entspricht. Nach Ansicht des EuGH sind die Mitgliedstaaten bei ihrer Ermittlungstätigkeit verpflichtet, alle Steuerpflichtigen gleich zu behandeln. Die Mitgliedstaaten unterliegen dem Gebot, keine bedeutsamen Unterschiede zu schaffen, und zwar weder innerhalb eines der Mitgliedstaaten noch in den Mitgliedstaaten insgesamt[594]. Hierin kommt zum Ausdruck, dass auch der EuGH die Ermittlung von Amts wegen dogmatisch auf die Prinzipien der Gesetzmäßigkeit und der Gleichmäßigkeit der Besteuerung stützt. Zum einen hebt der EuGH ausdrücklich die Notwendigkeit hervor, die Steuern so wie in den Mehrwertsteuerrichtlinien vorgesehen zu erheben und alle dafür erforderlichen Maßnahmen zu ergreifen; zum anderen verweist der EuGH darauf, dass die Ermittlung von Amts wegen die Gleichbehandlung aller Steuerpflichtigen garantiert[595]. Hierbei dürfen durchaus auch verfahrensökonomische Gesichtspunkte den Grundsatz eines gesetzes- und gleichheitsgerechten Steuervollzugs einschränken; dies allerdings nur insoweit, als dass dadurch dessen Prinzipien nicht grundlegend in Frage gestellt werden[596].

---

591 EuGH v. 17.7.2008, Rs. C-132/06, *Kommission/Italien*, Slg. 2008, I-5457; siehe hierzu bereits D. IV.

592 *Englisch*, IStR 2009, S. 40.

593 EuGH v. 17.7.2008, C-132/06, *Kommission/Italien*, a.a.O., Rz. 38.

594 EuGH v. 17.7.2008, C-132/06, *Kommission/Italien*, a.a.O., Rz. 39.

595 *Englisch*, IStR 2009, S. 39.

596 *Englisch*, IStR 2009, S. 39 f.

Während der Untersuchungsgrundsatz des § 88 AO beim Vollzug unionsrechtlich harmonisierter Steuern von den Mitgliedstaaten – auch bezogen auf rein mitgliedstaatsinterne Sachverhalte – zu beachten ist, hat sich demgegenüber gezeigt, dass die von der Europäischen Union im Bereich des harmonisierten Rechts der indirekten Steuern verabschiedeten Sekundärrechtsakte[597] durchweg nicht geeignet sind, einen nennenswerten Einfluss auf den Untersuchungsgrundsatz auszuüben. Es ist insoweit deutlich geworden, dass die verabschiedeten Sekundärrechtsakte für die anzuwendenden Verfahrensvorschriften ausschließlich auf das jeweilige nationale Verfahrensrecht verweisen[598]. Anstelle einer Angleichung oder gar Vereinheitlichung der nationalen Steuerermittlungsverfahren tritt die Betonung von deren Eigenständigkeit.

b) Bereich des nichtharmonisierten Rechts der direkten Steuern

Obgleich die Einflüsse des Unionsrechts auf den Untersuchungsgrundsatz im Bereich des nichtharmonisierten Rechts der direkten Steuern mangels Kompetenz der Union auf diesem Gebiet an für sich geringer sein müssten als im Bereich des Rechts der indirekten Steuern, für deren Regelung der Union ausdrücklich in den Verträgen eine Kompetenz zugewiesen ist, lässt sich im Bereich des nichtharmonisierten Rechts der direkten Steuern eine ungleich stärkere Einwirkung auf den Untersuchungsgrundsatz feststellen. In Ermangelung einer Harmonisierungskompetenz sind es die Grundfreiheiten, die dem EuGH Gelegenheit zur Äußerung über Regelungen des nationalen Steuerrechts bieten. Gerade für den Bereich des Steuerrechts entbehrt dieser Befund jedoch nicht einer gewissen Gefahr. Denn die Rechtsprechung des EuGH zu den Grundfreiheiten ist naturgemäß nicht durch eine steuerrechtliche Dogmatik, sondern durch die Logik des Binnenmarktes geprägt[599]. Während die Binnenmarktrechtsprechung sich der Grundsätze des Diskriminierungs- und Beschränkungsverbots bedient, ist die steuerrechtliche Dogmatik jedoch durch die verfassungsrechtlichen Grundsätze der Gleichheit und Gerechtigkeit geprägt[600].

Zum einen steht der EuGH in ständiger Rechtsprechung auf dem Standpunkt, dass sich die Mitgliedstaaten bei der Aufklärung grenzüberschreitender Sachverhalte nicht auf die damit regelmäßig verbundenen *administrativen Schwierigkeiten*

---

597 Namentlich sind dies insbesondere die Beitreibungsrichtlinie und die Zusammenarbeitsverordnung; siehe hierzu D. III. 2. und 3.

598 Siehe hierzu D. III. 4.

599 *Triantafyllou*, EuR 2007, S. 672.

600 *Triantafyllou*, EuR 2007, S. 672.

berufen dürfen[601]. Zum anderen verbietet der EuGH den Mitgliedstaaten bei der Ermittlung besteuerungserheblicher Auslandssachverhalte typisierende Regelungen, welche die Finanzbehörden von vornherein von der umfassenden Sachverhaltsaufklärung entbinden und stattdessen die pauschale Versagung bestimmter steuerlicher Abzüge oder Begünstigungen vorsehen[602].

Nach Ansicht des EuGH sollen insbesondere *verwaltungstechnische Nachteile*, die sich aufgrund der eingeschränkten Ermittlungsmöglichkeiten der Finanzbehörden in grenzüberschreitenden Konstellationen ergeben, nicht ausreichen, um dem Steuerpflichtigen einen von diesem begehrten steuerlichen Abzug zu versagen[603]. Den Finanzbehörden wird damit ein *Mehr* an Ermittlungsanstrengungen abverlangt, als dies bei reinen Inlandssachverhalten erforderlich ist. Denn im deutschen Steuerermittlungsverfahren haben die Finanzbehörden dem Prinzip der materiellen Wahrheit entsprechend nur solange zu ermitteln, wie „Zweifel" bestehen[604]. Ihre Ermittlungspflicht endet nach nationalen Maßstäben jedenfalls dort, wo eine weitere Sachaufklärung rechtlich und tatsächlich unmöglich oder unverhältnismäßig und unzumutbar ist[605]. Auch der Aspekt eines nicht mehr vertretbaren Zeitaufwandes sowie der Gesichtspunkt der Wirtschaftlichkeit sind in diesem Zusammenhang von Bedeutung[606].

Dem *Mehr* an Ermittlungs*quantität* im Sinne erweiterter Ermittlungsanstrengungen steht nach Auffassung des EuGH allerdings ein *Weniger* an Ermittlungs*qualität* des durch die Ermittlungen zu erlangenden Überzeugungsgrads der Finanzbehörden gegenüber. Dem Steuerpflichtigen sollen steuerliche Abzüge und Vergünstigungen bisweilen aufgrund eines geringeren Beweismaßes für das Vorliegen der dafür notwendigen Umstände zugestanden werden, als dies bei rein innerstaatlichen Sachverhalten der Fall ist[607].

---

601 Vgl. hierzu bspw. EuGH v. 28.1.1992, Rs. C-204/90, *Bachmann*, a.a.O., Rz. 17 ff.; EuGH v. 4.3.2004, Rs. C-334/02, *Kommission/Frankreich*, Slg. 2004, I-2229, Rz. 29.

602 *Englisch*, IStR 2009, S. 40; aus der Rechtsprechung vgl. nur EuGH v. 28.10.1999, Rs. C-55/98, *Vestergaard*, a.a.O., Rz. 25; EuGH v. 27.1.2009, Rs. C-318/07, *Persche*, a.a.O., Rz. 51.

603 EuGH v. 27.1.2009, Rs. C-318/07, *Persche*, a.a.O., Rz. 55; EuGH v. 30.6.2011, Rs. C-262/09, *Meilicke II*, a.a.O., Rz. 37 ff.

604 *Pestalozza*, Der Untersuchungsgrundsatz, in: FS für R. Boorberg Verlag, 1977, S. 194 f.

605 *Söhn*, in: Hübschmann/Hepp/Spitaler, § 88, Rn. 136.

606 Vgl. hierzu B. IV. 2. a).

607 *Englisch*, IStR 2009, S. 40.

Der Konfliktlage zwischen grundfreiheitlichen Vorgaben und mitgliedstaatlichem Ermittlungsverfahren versucht der EuGH die Brisanz zu nehmen, indem er die Mitgliedstaaten zur Aufrechterhaltung ihrer Untersuchungsstandards auf die Mitwirkungspflicht des Steuerpflichtigen und die Möglichkeiten der EU-Amtshilferichtlinie verweist[608]. Im Folgenden soll nunmehr untersucht werden, ob die Mitwirkungspflicht des Steuerpflichtigen und die Möglichkeit der Inanspruchnahme der Amtshilfe nach der EU-Amtshilferichtlinie tatsächlich als ausreichende Maßnahmen zur Aufrechterhaltung des verfassungsrechtlich gebotenen Untersuchungsstandards angesehen werden können.

3. Der Rechtfertigungsgrund der Wirksamkeit der Steueraufsicht im Lichte des Verifikationsprinzips

Die Wirksamkeit steuerlicher Kontrollen ist Voraussetzung für die von Verfassungs wegen gebotene Verifikation besteuerungserheblicher Sachverhalte und dient der Sicherstellung der Gesetzmäßigkeit und Gleichmäßigkeit der Besteuerung. Soweit nationale Verfahrensregelungen und insbesondere Regelungen zur Sachverhaltsermittlung grenzüberschreitende Fälle betreffen und deshalb diskriminierend oder beschränkend wirken, können sie durch den Rechtfertigungsgrund der wirksamen Steueraufsicht gerechtfertigt sein. Der Rechtfertigungsgrund der Gewährleistung wirksamer Steueraufsicht ist deshalb von herausragender Bedeutung für das nationale Steuerermittlungsverfahren.

Im Hinblick auf das nationale Steuerermittlungsverfahren hat das Bundesverfassungsgericht mit seinen *Zinsurteilen*[609] entschieden, dass sich der Gesetzgeber aus Gründen der steuerlichen Gleichbehandlung bei der Festsetzung einer Steuer nicht allein auf die Erklärungen und Angaben des Steuerpflichtigen verlassen dürfe, sondern dessen Steuerehrlichkeit durch Kontrollmöglichkeiten hinreichend abstützen müsse. Hiermit wurde verbindlich festgestellt, dass das Deklarationsprinzip aus verfassungsrechtlichen Gründen der Ergänzung durch das Verifikationsprinzip bedarf.

Diesem Grundsatz des deutschen Verfassungsrechts verschließt sich auch der EuGH nicht. Allerdings ist ihm vorzuwerfen, dass er das verfassungsrechtlich geforderte Verifikationsprinzip in seiner Verhältnismäßigkeitsprüfung

---

608 Vgl. hierzu den Rechtsprechungsüberblick unter F. I.

609 BVerfGE 84, 239, BVerfG v. 27.6.1991, 2 BvR 1493/89; BVerfGE 110, 94, 115, BVerfG v. 9.3.2004, 2 BvL 17/02.

vernachlässigt[610]. Wie bereits dargelegt[611], erkennt der EuGH die Wirksamkeit der Steueraufsicht durchaus als einen zwingenden Grund des Allgemeininteresses an, der geeignet ist, eine Beschränkung der unionsrechtlich gewährleisteten Grundfreiheiten zu rechtfertigen. Er sieht insoweit aber die Mitwirkungspflicht des Steuerpflichtigen und die Möglichkeit der Inanspruchnahme der Amtshilfe nach der EU-Amtshilferichtlinie als ausreichende Maßnahmen für die Gewährleistung und Durchführung der Steueraufsicht an. Die Diskrepanz zwischen dem Verständnis des EuGH von „Steueraufsicht" und den verfassungsrechtlichen Anforderungen an diese ist jedoch augenfällig. In besonders anschaulicher Weise kommt dies im Urteil des EuGH im Fall *Persche*[612] zum Ausdruck.

a) *Nationale Steuerverwaltung: Kompetenzvorbehalt der Mitgliedstaaten oder bloße „Restzuständigkeit"?*

Die Ausgangslage im Fall *Persche* ist zunächst noch einmal zu vergegenwärtigen: Dem Begehren eines in Deutschland unbeschränkt Steuerpflichtigen, eine Sachspende an eine in Portugal ansässige (und nach dortigem Recht als gemeinnützig anerkannte) Einrichtung steuermindernd geltend zu machen, erteilte das Finanzamt eine Absage mit der Begründung, dass der Spendenempfänger nicht in Deutschland ansässig sei und der Steuerpflichtige keine der Form der Abgabenordnung genügende Bestätigung vorgelegt habe[613]. Der EuGH sah in der deutschen Regelung, wonach ein steuermindernder Spendenabzug nur bezüglich Spenden an in Deutschland ansässige Einrichtungen möglich ist, eine Beschränkung des freien Kapitalverkehrs[614].

Zur Rechtfertigung hatten die Mitgliedstaaten und insbesondere die deutsche Regierung vorgetragen, dass die Überprüfung, ob solche Einrichtungen tatsächlich die satzungsmäßigen Ziele im Sinne der nationalen (zum Spendenabzug berechtigenden) Regelung erfüllen, mit Schwierigkeiten verbunden

610 Kritisch insoweit auch *Schaumburg/Englisch*, Europäisches Steuerrecht, S. 301; *Kube*, IStR 2008, S. 309 f.; *Fischer*, FR 2009, 50 ff.

611 Siehe hierzu E. III. 3. c) bb).

612 Siehe hierzu bereits F. I. 4. b).

613 EuGH v. 27.1.2009, Rs. C-318/07, *Persche*, a.a.O., Rz. 12 bis 15.

614 EuGH v. 27.1.2009, Rs. C-318/07, *Persche*, a.a.O., Rz. 39.

sei. Darüber hinaus sei es den Mitgliedstaaten auch verwehrt, die tatsächliche Geschäftsführung dieser Einrichtungen zu kontrollieren[615]. Entscheidender Grund für die Versagung des begehrten Steuerabzugs war somit das Erfordernis, die Wirksamkeit der Steueraufsicht zu gewährleisten.

Der EuGH lehnte den Rechtfertigungsgrund der Wirksamkeit der Steueraufsicht jedoch ab. Die Versagung des Steuerabzugs sei nicht verhältnismäßig[616]. Die benötigten Informationen hätten die Finanzbehörden zum einen mittels eines Auskunftsersuchens nach der Amtshilferichtlinie erlangen können; zum anderen habe die beteiligten Steuerbehörden nichts daran gehindert, von dem Steuerpflichtigen, der die Steuerbefreiung begehrt, die Vorlage stichhaltiger Belege zu verlangen, anhand derer sie die erforderlichen Prüfungen selbst vornehmen können[617].

Das mitgliedstaatliche Anliegen einer wirksamen Steueraufsicht wird von Generalanwalt *Mengozzi* in seinen Schlussanträgen in der Rechtssache *Persche* mit der „Restzuständigkeit" der Mitgliedstaaten anerkannt[618]. Diese Aussage ist angesichts der gegenwärtigen kompetenziellen Ordnung nicht nachvollziehbar. Denn die Steuerhoheit im Bereich des nichtharmonisierten Rechts der direkten Steuern liegt bei den Mitgliedstaaten; die Administrierung dieses Rechts obliegt nach dem Grundsatz der Verfahrensautonomie ebenfalls ausschließlich den Mitgliedstaaten[619]. Zwar haben diese trotz der nach wie vor bestehenden Steuersouveränität ihre Befugnisse unter Wahrung des Unionsrechts auszuüben[620], jedoch darf dies nicht zu einer wenig wünschenswerten und kaum berechenbaren Entleerung der mitgliedstaatlichen Kompetenzen führen. Die Grundfreiheiten sind in ihrem Wesen nach als *Kompetenzausübungsschranken* zu verstehen. Deren Verständnis und Handhabung als – vertraglich nicht vorgesehene – *Kompetenzzuweisungen* an die Europäische Union, wie es durch die gewählte Begrifflichkeit der „Restzuständigkeit" angedeutet wird, bildet jedoch einen

---

615 EuGH v. 27.1.2009, Rs. C-318/07, *Persche*, a.a.O., Rz. 51.

616 EuGH v. 27.1.2009, Rs. C-318/07, *Persche*, a.a.O., Rz. 52.

617 EuGH v. 27.1.2009, Rs. C-318/07, *Persche*, a.a.O., Rz. 54.

618 Schlussanträge des Generalanwalts *Mengozzi* vom 14.10.2008, Rs. C-318/07, *Persche*, Rz. 107.

619 Siehe hierzu C. II. 3.

620 St. Rspr. seit EuGH v. 28.1.1986, Rs. 270/83, *Avoir fiscal*, Slg. 1986, 273 ff.; EuGH v. 14.2.1995, Rs. C-279/93, *Schumacker*, Slg. 1995, I-225, Rz. 21; in jüngerer Zeit bspw. EuGH v. 22.3.2007, Rs. C-383/05, *Talotta*, Slg. 2007, I-2555, Rz. 16; EuGH v. 7.9.2004, Rs. C-319/02, *Manninen*, Slg. 2004, I-7477, Rz. 19.

scharfen Gegensatz zur vertraglichen Funktion der Grundfreiheiten. Die Steueraufsicht als „Restzuständigkeit“ der Mitgliedstaaten zu begreifen, geht daher fehl. Denn ein solches Verständnis von Steueraufsicht verkennt, dass die Wirksamkeit der steuerlichen Kontrolle ein Verfassungsgebot darstellt[621].

b) *Der Hinweis des EuGH auf die Amtshilferichtlinie und die Mitwirkungspflichten des Steuerpflichtigen*

Wie bereits dargelegt hat sich die Rollenverteilung zwischen der Finanzverwaltung und dem Steuerpflichtigen bei der Aufklärung eines grenzüberschreitenden Sachverhalts in der Rechtsprechung des EuGH mehrfach gewandelt[622]. Während der Schwerpunkt der Sachverhaltsermittlung anfänglich noch bei der Inanspruchnahme der Amtshilferichtlinie lag, wurden die Ermittlungsinstrumente der Amtshilfe und der Mitwirkung des Steuerpflichtigen in der zweiten Phase der Rechtsprechung des EuGH als gleichrangig eingestuft. In einem letzten Schritt wurde schließlich der Mitwirkungspflicht des Steuerpflichtigen der Vorrang vor der Ermittlungsmöglichkeit mittels Amtshilfe eingeräumt. Dass jedoch weder die Möglichkeiten der Amtshilfe nach der EU-Amtshilferichtlinie noch die Mitwirkungspflichten des Steuerpflichtigen als ausreichende Maßnahmen für die Gewährleistung und Durchführung der Steueraufsicht angesehen werden können, hat bereits der BFH im EuGH-Vorlageverfahren *Persche*[623] deutlich gemacht.

aa) *Möglichkeiten der Amtshilferichtlinie*

Auf die Unzulänglichkeiten der EU-Amtshilferichtlinie wurde bereits an anderer Stelle ausführlich hingewiesen[624]. Trotz der mit der modifizierten Amtshilferichtlinie erreichten Verbesserungen[625] bleibt der Informationsaustausch nahezu ausschließlich passiver Natur, da insbesondere eigene Kontrollbefugnisse der Beamten des ersuchenden Mitgliedstaats auch in der neuen Amtshilferichtlinie nicht vorgesehen sind. Anstelle der Einführung einer aktiven Prüfungsbefugnis der Beamten des ersuchenden Mitgliedstaats gestattet die modifizierte Amtshilferichtlinie den Beamten des ersuchenden Mitgliedstaats unter gewissen Umständen lediglich das Recht zur Anwesenheit im fremden Mitgliedstaat und zur Beiwohnung bei den Ermittlungen der ersuchten Behörde, welche sich

---

621 *Fischer*, FR 2009, S. 253.

622 Siehe hierzu F. I.

623 BFH v. 9.5.2007, XI R 56/05.

624 Siehe hierzu E. III. 2. a) und b).

625 E. III. 2. a) dd).

jedoch ausschließlich nach den Rechts- und Verfahrensvorschriften des ersuchten Mitgliedstaats richten. Auch die jüngsten Änderungen der Richtlinie 2011/16/EU sind nicht geeignet, hieran substantiell etwas zu ändern[626].

Auch nach der Modifizierung des Amtshilfemechanismus und der Verabschiedung der EU-Amtshilferichtlinie 2011/16/EU in Gestalt der Änderungsrichtlinien vom 9.12.2014 (Änderungsrichtlinie 2014/107/EU)[627], vom 8.12.2015 (Änderungsrichtlinie (EU) 2015/2376)[628], vom 25.5.2016 (Änderungsrichtlinie (EU) 2016/881)[629] sowie vom 6.12.2016 (Änderungsrichtlinie (EU) 2016/2258)[630] verbleibt das grundsätzliche Problem, dass die ersuchende Behörde auf die Durchführung der Ermittlungsmaßnahmen durch die ausländische Finanzbehörde angewiesen ist. Letztere hat jedoch kein eigenes fiskalisches Interesse an der Ermittlung und Aufklärung besteuerungserheblicher Sachverhalte, die ausschließlich für das Steueraufkommen eines anderen Mitgliedstaats von Bedeutung sind. Zieht man dazu noch den Umstand in Erwägung, dass die ersuchte Behörde im steuerlichen Masseverfahren zahlreiche *eigene* Ermittlungsmaßnahmen durchzuführen hat, dürfte sich der Anreiz zu umfangreichen Ermittlungen zugunsten eines fremden Mitgliedstaats auf ein bescheidenes Maß reduzieren. Darüber hinaus dürfte es der ersuchten Behörde regelmäßig auch am erforderlichen Verständnis für die steuerlichen Rahmenbedingungen des ersuchenden Mitgliedstaats fehlen[631].

In gleicher Weise ist nicht gewährleistet, dass das Pflichtenprogramm des Verfahrensrechts des fremden Mitgliedstaats, nach dem sich die Ermittlungsmaßnahmen richten, demjenigen der deutschen Abgabenordnung entspricht. Denn die Verwaltung der Steuern umschließt den gesamten vierten Teil der AO („Durchführung der Besteuerung"). Das dort normierte Programm reicht von

---

626 Zu den Vorschlägen zur Änderung der EU-Amtshilferichtlinie siehe E. III. 2. a) ee).

627 Richtlinie des Rates v. 9.12.2014 (2014/107/EU) zur Änderung der Richtlinie 2011/16/EU bezüglich der Verpflichtung zum automatischen Austausch von Informationen im Bereich der Besteuerung; ABl. Nr. L 359, S. 1.

628 Richtlinie (EU) 2015/2376 des Rates v. 8.12.2015 zur Änderung der Richtlinie 2011/16/EU bezüglich der Verpflichtung zum automatischen Austausch von Informationen im Bereich der Besteuerung; ABl. Nr. L 332, S. 1.

629 Richtlinie (EU) 2016/881 des Rates v. 25.5.2016 zur Änderung der Richtlinie 2011/16/EU bezüglich der Verpflichtung zum automatischen Austausch von Informationen im Bereich der Besteuerung; ABl. Nr. L 146, S. 8.

630 Richtlinie (EU) 2016/2258 des Rates v. 6.12.2016 zur Änderung der Richtlinie 2011/16/EU bezüglich des Zugangs von Steuerbehörden zu Informationen zur Bekämpfung der Geldwäsche; ABl. Nr. L 342, S. 1.

631 *Englisch*, IStR 2009, S. 41.

der systematischen Personenstands- und Betriebsaufnahme, den Anzeigepflichten, der Anlage von Akten einschließlich der Sammlung und Vernetzung von Informationen bis hin zur Möglichkeit einer Außenprüfung[632]. Dass aber insbesondere letztere in der modifizierten EU-Amtshilferichtlinie nicht vorgesehen ist, wurde bereits dargelegt. Es ist darüber hinaus auch zweifelhaft, ob für die Finanzbehörden des ersuchten Mitgliedstaats die Verpflichtung besteht, in Zweifelsfällen solche Prüfungen vorzunehmen, die ihrem Wesen nach denen einer deutschen Außenprüfung entsprechen[633]. Denn letztlich soll die Amtshilfe – auch in ihrer modifizierten Fassung – lediglich in ergänzenden Beiträgen zu einem fremden Verfahren bestehen. Es sollen nicht die gesamten Aufgaben einer fremden Behörde für diese wahrgenommen werden, indem die Hilfe leistende Behörde insgesamt in deren Position eintritt[634].

Die Möglichkeiten der Amtshilfe mittels der EU-Amtshilferichtlinie sind daher nicht geeignet, den nationalen Untersuchungsstandard aufrechtzuerhalten.

bb) Mitwirkungspflichten des Steuerpflichtigen

Als zweite Möglichkeit zur Aufrechterhaltung des nationalen Untersuchungsstandards verweist der EuGH wiederholt auf die erweiterte Mitwirkungspflicht des Steuerpflichtigen. Diesbezüglich erteilt der EuGH den Mitgliedstaaten regelmäßig den Hinweis, die beteiligten Finanzbehörden seien im Falle von Schwierigkeiten bei der Nachprüfung der von dem Steuerpflichtigen vorgelegten Auskünfte durch nichts daran gehindert *„vom Steuerpflichtigen selbst alle Belege zu verlangen (…)“*[635].

Indes hat bereits der BFH in seinem Vorlagebeschluss in der Rechtssache *Persche* bezweifelt, dass die Verlagerung der Darlegungs- und Beweisbeschaffungslast auf den Steuerpflichtigen in allen Fällen geeignet ist, die verfassungsrechtlich gebotene Überprüfung der tatsächlichen Verhältnisse zu ermöglichen[636]. Zum einen ist der Steuerpflichtige regelmäßig schon nicht in der Lage, beweiskräftige Unterlagen zu beschaffen und vorzulegen. Im Fall *Persche* war es dem Steuerpflichtigen beispielsweise nicht möglich, „stichhaltige Belege“ zum Nachweis der Gemeinnützigkeit des Spendenempfängers und der entsprechenden

632 Siehe hierzu auch *Fischer*, FR 2009, S. 250.
633 BFH v. 9.5.2007, XI R 56/05, Rz. 41.
634 BFH v. 9.5.2007, XI R 56/05, Rz. 41.
635 Bspw. EuGH v. 3.10.2002, Rs. C-136/00, *Danner*, a.a.O., Rz. 50.
636 BFH v. 9.5.2007, XI R 56/05, Rz. 40.

Mittelverwendung zu erbringen. Zum anderen kann eine hinreichend sichere Verifikation selbst bei Vorlage von Belegen durch den Steuerpflichtigen nicht die Prüfung der tatsächlichen Existenz und der Identität eines angeblichen Empfängers der Mittel ersetzen[637]. Eine solche Prüfung wäre bei einem rein nationalen Sachverhalt mit dem Verfahren einer Außenprüfung möglich[638], die bei grenzüberschreitenden Sachverhalten indes nicht möglich ist.

Darüber hinaus ist seitens des EuGH noch nicht hinreichend geklärt, ob und gegebenenfalls inwieweit die Finanzbehörden den besteuerungserheblichen Sachverhalt auch dann noch von Amts wegen soweit als möglich aufklären müssen, wenn die vom Steuerpflichtigen vorgelegten Unterlagen und beigebrachten Nachweise keinen hinreichenden Aufschluss geben oder dieser seine Mitwirkungspflicht verletzt hat[639]. Feststehen dürfte insoweit nur, dass die Mitgliedstaaten dann nicht zur Inanspruchnahme der Möglichkeiten der Amtshilfe verpflichtet sind, wenn der Steuerpflichtige selbst nicht in der Lage ist, die erforderlichen Beweise vorzulegen[640]. Ob dies aber auch dann noch gelten kann, wenn der Steuerpflichtige alle ihm zumutbaren Maßnahmen der Beweismittelvorsorge und der Beweismittelbeschaffung ergriffen hat, ist zweifelhaft[641]. Vereinzelt wird in einem solchen Fall die Verpflichtung der Finanzbehörde erwogen, mittels Rückgriff auf die Amtshilfe die noch fehlenden Informationen einzuholen[642]. Auch Generalanwalt *Mengozzi* hatte in seinen Schlussanträgen im Fall *Persche* vertreten, die Finanzbehörden könnten

> *„die Steuervergünstigung nicht systematisch versagen, wenn der Steuerpflichtige die von ihm verlangten Nachweise nicht beigebracht hat, ohne vorher die Schwierigkeiten berücksichtigt zu haben, denen sich der Steuerpflichtige trotz aller Anstrengungen, die er bereits unternommen hat, bei der Beibringung der verlangten Beweise gegenübersieht".*

---

637 BFH v. 9.5.2007, XI R 56/05, Rz. 40.

638 BFH v. 9.5.2007, XI R 56/05, Rz. 40.

639 *Englisch*, IStR 2009, S. 41.

640 EuGH v. 27.9.2007, C-184/05, *Twoh*, Slg. 2007, I-7897, Rz. 34, 38.

641 Mit Recht kritisch *Englisch*, IStR 2009, S. 41.

642 *Söhn*, in: Hübschmann/Hepp/Spitaler, § 88, Rn. 172, wonach die generelle oder regelmäßige Einholung von Auskünften bei ausländischen Finanzbehörden zur Aufklärung von Auslandssachverhalten durch die Amtshilferichtlinie zumutbar geworden ist; in diesem Sinne wohl auch *Englisch*, IStR 2009, S. 41, der von einer grundfreiheitlichen Verpflichtung der Steuerbehörden jedes Mitgliedstaats ausgeht, alle fehlenden und mit verhältnismäßigem Aufwand zu erlangenden Informationen zu beschaffen.

Der begehrte Steuerabzug könne auch nicht versagt werden,

> *„ohne angesichts dieser Schwierigkeiten die reellen Möglichkeiten geprüft zu haben, sich diese Beweise mit Hilfe der zuständigen Behörden eines anderen Mitgliedstaats im von der Richtlinie 77/799 vorgegebenen Rahmen oder gegebenenfalls im Rahmen der Anwendung eines bilateralen Steuerabkommens zu beschaffen“*[643].

Dem hatte sich der EuGH im Fall *Persche* jedoch nicht angeschlossen, sondern diesbezüglich festgestellt, dass die Finanzbehörden keine Pflicht zur Amtsermittlung trifft und sie stattdessen den begehrten Steuerabzug verweigern können, wenn der Steuerpflichtige die notwendigen Unterlagen nicht vorlegen kann[644]. In der Entscheidung *Meilicke II* hat der EuGH diese Auffassung nochmals ausdrücklich bestätigt[645].

Solange das Verhältnis zwischen der Ermittlung von Amts wegen und der Mitwirkungspflicht des Steuerpflichtigen sowie der damit verbundenen Auswirkungen auf das Beweismaß noch nicht ins Gleichgewicht gebracht worden sind, ist mehr als zweifelhaft, ob die apodiktische Formel des EuGH, dass die Finanzbehörden nichts daran hindere, vom Steuerpflichtigen selbst alle Belege zu verlangen, geeignet ist, den nationalen Untersuchungsstandard aufrechtzuerhalten. Denn anders als der EuGH meint, vermag die Abgabe von Erklärungen und die Vorlage von Belegen durch den Steuerpflichtigen die Kontrolle dieser Angaben und Nachweise durch die Finanzbehörden selbst nicht zu ersetzen[646].

III. Ausreichende Berücksichtigung der unionalen Kompetenzbestimmungen?

Die Verpflichtung der Mitgliedstaaten, das Unionsrecht zu beachten, hat im Grundsatz nicht zur Folge, dass das Unionsrecht in alle Sphären des nationalen Steuerrechts hineinwirkt und die Zuständigkeit der Mitgliedstaaten letztlich leer läuft[647]. Denn neben dem an die Mitgliedstaaten gerichteten Gebot der Beachtung des Vertrages und seiner Prinzipien steht auch die Verpflichtung der

643 Schlussanträge des Generalanwalts *Mengozzi* vom 14.10.2008, Rs. C-318/07, *Persche*, Rz. 110.

644 EuGH v. 27.1.2009, Rs. C-318/07, *Persche*, a.a.O., Rz. 69.

645 EuGH v. 30.6.2011, Rs. C-262/09, *Meilicke II*, a.a.O., Rz. 52; EuGH v. 10.2.2011, verbundene Rechtssachen C-436/08 und C-437/08, *Haribo Lakritzen Hans Riegel und Österreichische Salinen*, a.a.O., Rz. 102.

646 *Schaumburg/Englisch*, Europäisches Steuerrecht, S. 301.

647 *Kokott/Ost*, EuZW 2011, S. 497.

Union zur Beachtung der Befugnisse der Mitgliedstaaten[648]. Dies kommt insbesondere in Art. 4 Abs. 2 EUV zum Ausdruck, wonach die Union die Gleichheit der Mitgliedstaaten vor den Verträgen und ihre jeweilige nationale Identität, die in ihren grundlegenden politischen und verfassungsmäßigen Strukturen einschließlich der regionalen und lokalen Selbstverwaltung zum Ausdruck kommt, achtet. Hinsichtlich der in Art. 3 EUV definierten Ziele der Union hält Abs. 6 dieser Vorschrift bereits ein eigenes Korrektiv bereit, wonach die Union ihre Ziele nur mit geeigneten Mitteln *entsprechend den Zuständigkeiten verfolgt, die ihr in den Verträgen übertragen sind.* In Verbindung mit dem in Art. 5 Abs. 1 und 2 EUV niedergelegten Prinzip der begrenzten Einzelermächtigung wird somit ausdrücklich klargestellt, dass ein Eingreifen der Union in ihr vertraglich nicht zugewiesene Kompetenzbereiche nicht möglich ist. Als weiteren Schutzmechanismus für die Souveränität der Mitgliedstaaten als „Herren der Verträge" sieht Art. 5 Abs. 3 und 4 EUV für den Fall des Vorliegens einer unionalen Kompetenz die Kompetenzausübungsschranken des Subsidiaritätsprinzips und des Verhältnismäßigkeitsgrundsatzes vor.

Vergegenwärtigt man sich diese vertragliche Ausgangslage der Kompetenzabgrenzung und der maßvollen Kompetenzausübung, so stellt sich die Frage, ob sich der EuGH mit seiner Rechtsprechung zu den Grundfreiheiten noch im Rahmen dieses vertraglich festgelegten Koordinatensystems bewegt.

1. Prinzip der begrenzten Einzelermächtigung

Systematischer Ansatzpunkt für die Begrenzung der Auslegung der Grundfreiheiten ist das Prinzip der begrenzten Einzelermächtigung[649], wonach die Union nur innerhalb der Grenzen der ihr in den Verträgen zugewiesenen Befugnisse tätig werden darf. Hierdurch wird klargestellt, dass alle der Union nicht in den Verträgen übertragenen Zuständigkeiten bei den Mitgliedstaaten verbleiben. Für diese Bereiche besteht somit eine grundsätzliche Zuständigkeitsvermutung für die Mitgliedstaaten. Aus dem Prinzip der begrenzten Einzelermächtigung lässt sich damit die Folgerung ableiten, dass diejenigen Sachbereiche, die mangels ausdrücklicher vertraglicher Kompetenzzuweisung an die Union einer *positiven* Integration entzogen sind, nicht mittels *negativer* Integration im Wege einer extensiven Auslegung der Grundfreiheiten geregelt werden dürfen[650].

648 *Lenaerts*, EuR 2009, S. 729.

649 *Valta*, Grundfreiheiten im Kompetenzkonflikt, S. 457; zum Prinzip der begrenzten Einzelermächtigung siehe bereits C. I. 2. a).

650 So zutreffend *Valta*, Grundfreiheiten im Kompetenzkonflikt, S. 457.

Dieser Befund verstärkt sich für den Bereich des nichtharmonisierten Rechts der direkten Steuern und dessen zugrundeliegenden Verfahrensrechts durch die Vorschrift des Art. 114 Abs. 2 AEUV, wonach die Bestimmungen über die Steuern - sowohl in materieller als auch in verfahrensrechtlicher Hinsicht[651] - von der unionalen Kompetenz zur Rechtsangleichung ausdrücklich ausgenommen sind[652]. Während sich die Mitgliedstaaten bewusst ihre Kompetenzen in diesem Bereich vorbehalten haben, beschränkt der EuGH die Ausübung dieser Zuständigkeiten durch die Mitgliedstaaten durch die äußerst weitgehende Interpretation der Grundfreiheiten[653]. Die Grundfreiheiten sind ihrem Wesen nach als *Kompetenzausübungsschranken* zu verstehen. Sie dürfen nicht als - vertraglich nicht vorgesehene - *Kompetenzzuweisungen* an die Europäische Union verstanden und gehandhabt werden. Das Prinzip der begrenzten Einzelermächtigung wird in sein Gegenteil verkehrt, wenn durch die Grundfreiheitenauslegung die an sich gegebene mitgliedstaatliche Zuständigkeit und die daraus entstammende Vermutung für die Zulässigkeit nationaler Regelungen in diesem Bereich umgekehrt wird.

2. Subsidiaritätsprinzip und Verhältnismäßigkeitsgrundsatz

Durch die extensive Rechtsprechung des EuGH zu den Grundfreiheiten wird der unionsrechtliche Rahmen mitgliedstaatlicher Zuständigkeiten zunehmend enger gezogen und in Bereiche eingegriffen, deren Regelung der Union mangels vertraglicher Grundlage an sich entzogen sind. Denn die Grundfragen des Steuerrechtsverhältnisses, die steuerliche Pflichtenbindung und ihr Verhältnis zu den Grundrechten des Steuerpflichtigen, sind jedenfalls Gegenstand des finanzrechtlichen Gesetzesvorbehalts der Mitgliedstaaten und integraler Bestandteil deren verfassungsmäßiger Ordnung[654].

Gemäß Art. 1 des Protokolls über die Anwendung der Grundsätze der Subsidiarität und der Verhältnismäßigkeit[655] ist jedes Organ der Union verpflichtet, stets für die Einhaltung der in Art. 5 EUV niedergelegten Grundsätze der Subsidiarität und der Verhältnismäßigkeit Sorge zu tragen. Was Art und Umfang des Handelns der Union betrifft, war in der vorherigen Fassung des

651 *Khan*, in: Geiger/Khan/Kotzur, EUV/AEUV, Art. 114 AEUV, Rn. 16; *Korte*, in: Calliess/Ruffert, EUV/AEUV, Art. 114 AEUV, Rn. 15.

652 Siehe hierzu bereits C. II. 2 a).

653 *Seiler*, Steuerstaat und Binnenmarkt, in: FS Isensee, 2007, S. 888.

654 Zutreffend *Fischer*, FR 2009, S. 253.

655 ABl. Nr. C 306, S. 150.

Subsidiaritätsprotokolls[656] in Nr. 7 Satz 2 ausdrücklich geregelt, wie viel Raum bei Maßnahmen der Union für nationale Entscheidungen bleiben soll. Hierzu heißt es dort:

> *„Unter Einhaltung der gemeinschaftlichen Rechtsvorschriften sollten bewährte nationale Regelungen sowie Struktur und Funktionsweise der Rechtssysteme der Mitgliedstaaten geachtet werden."*

Diesem Rechtsgedanken entsprechend sollte der EuGH das Anliegen der Mitgliedstaaten anerkennen, die Wirksamkeit ihrer Steueraufsicht zu gewährleisten. Es stellt einen Widerspruch dar, wenn mit Art. 291 Abs. 1 AEUV die administrative Durchführung des Unionsrechts der Verfahrensautonomie der Mitgliedstaaten unterstellt wird, dieser Kompetenzvorbehalt demgegenüber aber dann nicht gelten soll, wenn es nicht um die administrative Durchführung des Unionsrechts, sondern um die Administrierung von rein nationalem nichtharmonisiertem Steuerrecht geht[657].

3. Angemessener Ausgleich zwischen den Anforderungen der europäischen Grundfreiheiten und der Steuersouveränität der Mitgliedstaaten

Der notwendige Ausgleich zwischen den Anforderungen der europäischen Grundfreiheiten und der Steuersouveränität der Mitgliedstaaten lässt sich jedenfalls nicht einseitig dadurch herstellen, dass der EuGH die Mitgliedstaaten zur Aufrechterhaltung der Standards ihrer Steuerermittlungsverfahren auf die EU-Amtshilferichtlinie und die Inpflichtnahme des Steuerpflichtigen verweist, da beide Mittel – wie bereits dargelegt – hierfür nicht die erforderliche Eignung besitzen. Dem Einwand des EuGH, dass die Unzulänglichkeiten bei der Ermittlung grenzüberschreitender Sachverhalte lediglich *verwaltungstechnische Nachteile* darstellen, ist entschieden entgegenzutreten. Die Anforderungen an das nationale Steuerermittlungsverfahren sind vielmehr Ausdruck der Notwendigkeit, die Verfassungsgebote der Gesetzmäßigkeit und der Gleichmäßigkeit der Besteuerung zu gewährleisten.

Die Grenze der Einwirkungen der Grundfreiheiten auf die nationale Besteuerungsgewalt liegt aber dort, wo Verstöße gegen die steuersystematischen Grundlagen

---

656 Protokoll über die Anwendung der Grundsätze der Subsidiarität und der Verhältnismäßigkeit v. 2.10.1997, ABl. Nr. C 340, S. 105.

657 Mit Recht kritisch hierzu *Fischer*, FR 2009, S. 254.

des nationalen Steuerrechts nicht mehr hingenommen werden können[658]. Das nationale Steuerrecht ist in besonderer Weise auf ein der Verifikation dienendes, funktionierendes Steuerermittlungsverfahren angewiesen, um die von Verfassungs wegen gebotene Gesetzmäßigkeit und Gleichmäßigkeit der Besteuerung sicherzustellen[659]. Es ist daher erforderlich, dass sich der EuGH den mitgliedstaatlichen Belangen öffnet, ihr Steuerermittlungsverfahren mit Blick auf die Möglichkeiten und Grenzen angemessener Verifikation auszugestalten. Solange die oben ausführlich dargelegten Schwächen der EU-Amtshilferichtlinie und die Unzulänglichkeiten einer Inanspruchnahme des Steuerpflichtigen bestehen bleiben, insbesondere der Informationsaustausch zwischen den Mitgliedstaaten ausschließlich passiv ausgestaltet ist und den Beamten des ersuchenden Mitgliedstaats keine eigenen Kontrollbefugnisse mit der Möglichkeit der Durchführung einer Außenprüfung im fremden Mitgliedstaat eingeräumt werden, dürfte die Ermittlung besteuerungserheblicher Sachverhalte mit grenzüberschreitendem Bezug auf lange Sicht nicht mit der von Verfassungs wegen gebotenen Verifikation möglich sein. Die Sicherstellung von Gesetzmäßigkeit und Gleichheit der Besteuerung ist hierdurch gefährdet, da sich jegliches Recht, insbesondere aber das Steuerrecht, erst in seinem gleichheitsgerechten Vollzug bewährt[660].

4. Die Rolle des EuGH

Bei der Schaffung eines angemessenen Ausgleichs zwischen den Anforderungen der europäischen Grundfreiheiten und der Steuersouveränität der Mitgliedstaaten kommt dem EuGH als Rechtsprechungsorgan der Union eine wichtige Rolle zu. Das Selbstverständnis des EuGH als „Motor der Integration“ findet in den Verträgen jedoch keine Entsprechung. Gemäß Art. 13 EUV ist der EuGH ein Organ der Union, dem vertraglich nur begrenzt Hoheitsbefugnisse eingeräumt sind; die Kompetenz zur Vertragsänderung ist den Mitgliedstaaten vorbehalten[661]. Die Aufgabe des EuGH besteht gemäß Art. 19 Abs. 1 Satz 2 EUV darin, die Wahrung des Rechts bei der Auslegung und Anwendung der Verträge zu sichern. Offenkundig überschritten ist die Kompetenz des EuGH demnach,

---

658 *Lehner*, DStJG 23 (2000), S. 278.

659 BVerfGE 84, 239, 273, BVerfG v. 27.6.1991, 2 BvR 1493/89; BVerfGE 110, 94, 115, BVerfG v. 9.3.2004, 2 BvL 17/02.

660 Siehe hierzu *Kube*, EuGH-Rechtsprechung zum direkten Steuerrecht – Stand und Perspektiven, S. 41.

661 *P. Kirchhof*, Der deutsche Staat in der europäischen Integration, in: HStR X, 2012, § 214, Rn. 186.

wenn er durch seine extensive Rechtsprechung zu den Grundfreiheiten im Dienste derselben die Handlungsermächtigung der Union über die vertraglich vorgesehenen Bereiche hinaus zu erweitern versucht[662].

Die Thematik dieser Arbeit, die Einwirkung des Unionsrechts auf das nationale Steuerermittlungsverfahren – einen der Union vertraglich nicht zugewiesenen Rechtsbereich –, ist nur eines von zahlreichen Beispielen für diese Entwicklung[663]. Bereits Altbundespräsident *Roman Herzog* hat hieran fundamentale Kritik geübt[664]. Anlass der Kritik war der EuGH, der „mit immer erstaunlicheren Begründungen den Mitgliedstaaten ureigene Kompetenzen entzieht und massiv in ihre Rechtsordnungen eingreift". Hiermit höhle der EuGH „die Kompetenzen der Mitgliedstaaten selbst im Kernbereich nationaler Zuständigkeiten" aus. *Herzog* mutmaßt, dass zurückhaltende Urteile des EuGH „bisweilen bewusst eingestreut werden, um den wachsenden Unmut in den Mitgliedstaaten zu dämpfen". Seine Kritik gipfelt schließlich in der Aussage, dass „der EuGH als letztinstanzlicher Wächter der Subsidiarität und als Schützer der Belange der Mitgliedstaaten ungeeignet" ist.

Die bereits an anderer Stelle[665] skizzierte Rechtsprechung des EuGH ruft zuweilen den Eindruck hervor, oberstes Ziel sei nicht ein ausgewogenes Verhältnis zwischen den Befugnissen von Union und Mitgliedstaaten, sondern eine Stärkung der Unionsbefugnisse über die ihr vertraglich zugewiesenen Kompetenzbereiche hinaus[666]. Nicht die größtmögliche Ausdehnung des Unionsrechts, sondern das im Primärrecht sichtbar angelegte ausgewogene Verhältnis zwischen den Kompetenzen der Union und denen der Mitgliedstaaten ist Ratio der europäischen Verträge[667]. Wenn der EuGH als Vertragsorgan dem Vertrag jedoch einen Inhalt zu geben sucht, den ihm die Mitgliedstaaten als „Herren der Verträge" nicht gegeben haben, so verlässt seine Rechtsprechung den durch das europäische Vertragswerk gesetzten Rahmen. Der EuGH beansprucht in diesem Fall mit seiner Autorität eine Urteilskompetenz, die der Vertrag ihm verweigert[668]. Eine Rückbesinnung auf die vertraglichen Grundlagen des Unionsrechts,

662 Siehe hierzu auch *Kokott*, in: Lehner (Hrsg.), Grundfreiheiten im Steuerrecht der EU-Staaten, 2000, S. 5 f.

663 Für weitere prägnante Beispiele siehe *P. Kirchhof*, Das Maß der Gerechtigkeit, S. 354 ff.

664 *Herzog/Gerken*, Stoppt den Europäischen Gerichtshof, F.A.Z. v. 8.9.2008, S. 8.

665 Siehe hierzu F. I.

666 *Wieland*, NJW 2009, S. 1844.

667 *Wieland*, NJW 2009, S. 1845.

668 *P. Kirchhof*, Das Maß der Gerechtigkeit, S. 356.

die klare Kompetenzzuweisungen bestätigt und Kompetenzübergriffe meidet, tut daher not. Zur Korrektur der ausufernden Rechtsprechung des EuGH bietet sich die Errichtung eines vom EuGH unabhängigen Gerichtshofs für Kompetenzfragen an; dieser würde in der Sache nicht entscheiden, sondern hätte nur zur Aufgabe, Kompetenzüberschreitungen des EuGH zu beanstanden[669].

IV. Zwischenergebnis

Es hat sich gezeigt, dass das Verhältnis zwischen der Amtsermittlung und der Mitwirkungspflicht des Steuerpflichtigen bei der Aufklärung grenzüberschreitender Sachverhalte in zunehmendem Maße dem Einfluss des Unionsrechts unterliegt und insbesondere durch die Rechtsprechung des EuGH zu den binnenmarktfinalen Grundfreiheiten eine entscheidende Prägung erfahren hat.

Nach dem Grundsatz der Verfahrensautonomie der Mitgliedstaaten sind für das Steuerermittlungsverfahren an sich ausschließlich nationale Vorgaben maßgeblich. Trotz Anerkennung der nach wie vor bestehenden Steuersouveränität der Mitgliedstaaten geht der EuGH jedoch in ständiger Rechtsprechung davon aus, dass die Mitgliedstaaten die ihnen verbliebenen Befugnisse unter Wahrung des Unionsrechts ausüben müssen[670]. An dieser Schnittstelle treffen die Vorgaben des Unionsrechts auf die Grundlagen der nationalen Rechtsordnung, wobei besonderes Augenmerk hierbei den verfassungsrechtlichen Anforderungen an das nationale Steuerermittlungsverfahren gilt.

Die Rollenverteilung zwischen der Finanzverwaltung und dem Steuerpflichtigen bei der Aufklärung eines grenzüberschreitenden Sachverhalts hat in der Rechtsprechung des EuGH einen Wandel vollzogen. Während der Schwerpunkt der Sachverhaltsermittlung anfänglich noch bei der Inanspruchnahme der Amtshilferichtlinie lag, wurden die Ermittlungsinstrumente der Amtshilfe und der Mitwirkung des Steuerpflichtigen in der zweiten Phase der Rechtsprechung des EuGH als gleichrangig eingestuft. In einem letzten Schritt wurde schließlich der Mitwirkungspflicht des Steuerpflichtigen der Vorrang vor der Ermittlungsmöglichkeit mittels Amtshilfe eingeräumt. Sowohl der Verweis des EuGH auf die Möglichkeiten der Amtshilfe als auch auf die verstärkte Inpflichtnahme des Steuerpflichtigen haben jedoch die Frage aufgeworfen, ob hierdurch noch eine ausreichende Berücksichtigung des verfassungsrechtlich gebotenen

669 Siehe hierzu *Herzog/Gerken*, Stoppt den Europäischen Gerichtshof, F.A.Z. v. 8.9.2008, S. 8; *P. Kirchhof*, Das Maß der Gerechtigkeit, S. 359; kritisch hierzu aber *Wieland*, NJW 2009, S. 1842.

670 St. Rspr. seit EuGH v. 28.1.1986, Rs. 270/83, *Avoir fiscal*, Slg. 1986, 273 ff.

Verifikationsprinzips gegeben ist. Fest steht insoweit, dass die Begrenzung der nationalen Besteuerungsgewalt durch die Grundfreiheiten die Mitgliedstaaten in einem sensiblen Bereich ihrer Souveränität berührt. Denn die Besteuerungsgewalt sichert die Souveränität des Staates. Einwirkungen auf die Besteuerungsgewalt der Mitgliedstaaten stellen zugleich Einwirkungen auf deren Souveränität dar. Dies gilt für alle Staaten, die eine Grundentscheidung für eine Staatsfinanzierung durch Steuern getroffen haben, insbesondere für die Bundesrepublik Deutschland, die den für die Erfüllung ihrer Aufgaben notwendigen Finanzbedarf im Wesentlichen durch Steuern deckt[671].

Für die Gewährleistung der verfassungsrechtlichen Gebote der Gesetzmäßigkeit und der Gleichmäßigkeit der Besteuerung sieht die Finanzverfassung des Grundgesetzes in Art. 108 Abs. 2 GG die Verwaltung der Steuern durch die Finanzbehörden vor. Das hierbei anzuwendende Verfahren ist in den §§ 85 ff. der AO näher ausgestaltet[672]. Die Ermittlung, Festsetzung und Erhebung der Einkommensteuer hängt in der Praxis allerdings maßgeblich von den Erklärungen des Steuerpflichtigen und von den in seiner Steuererklärung gemachten Angaben ab. Die grundsätzlich vorausgesetzte Steuerehrlichkeit des Erklärenden muss aber durch hinreichende, die steuerliche Belastungsgleichheit gewährleistende Kontrollmöglichkeiten abgestützt werden. Das Deklarationsprinzip bedarf deshalb der Ergänzung durch das Verifikationsprinzip[673].

Das nationale Verfahrensrecht bietet zur Erfüllung des rechtsstaatlichen Auftrags zur gleichmäßigen Besteuerung geeignete Instrumente, die es den Finanzbehörden ermöglichen, das gesetzliche Ziel einer für alle gleichen, gegenwartsnahen und für jeden Einzelnen unausweichlichen Steuererhebung zu verwirklichen. Hierbei ist insbesondere an die Außenprüfung[674] als besonderes Verfahren zur Sachaufklärung zu denken. Die Beachtung der in §§ 85 ff. AO vorgegebenen Grundsätze bereitet bei der Ermittlung rein nationaler Sachverhalte regelmäßig keine Schwierigkeiten[675]; bei der Ermittlung von besteuerungserheblichen Sachverhalten mit Auslandsbezug sind die Finanzbehörden

---

671 *P. Kirchhof*, Staatliche Einnahmen, in: HStR IV, 1992, § 88, Rn. 45.

672 Siehe hierzu B. II., III. und IV.

673 BVerfGE 84, 239, 273, BVerfG v. 27.6.1991, 2 BvR 1493/89; BVerfGE 110, 94, 115, BVerfG v. 9.3.2004, 2 BvL 17/02.

674 §§ 193 bis 207 AO; Weitere besondere Verfahren der Sachaufklärung zur Erfüllung der Aufgabe des § 85 AO sind daneben die Steuerfahndung (§ 208 AO) sowie die Steueraufsicht in Zoll- und Verbrauchsteuersachen (§§ 209 bis 217 AO; § 27b UStG).

675 Vgl. zu den Sachzwängen des steuerlichen Massenverfahrens aber *Drüen*, in: Schön/Beck (Hrsg.), Zukunftsfragen des deutschen Steuerrechts, 2009, S. 2 f. m.w.N.

demgegenüber durch das Territorialitätsprinzip[676] dahingehend eingeschränkt, dass ihnen eine Ermittlungstätigkeit über die Landesgrenze hinaus grundsätzlich nicht gestattet ist.

Auf den Mangel an Ermittlungsmöglichkeiten bei grenzüberschreitenden Sachverhalten reagieren die Mitgliedstaaten zur Sicherung ihres Steueraufkommens in unterschiedlicher Weise, wobei der EuGH die entsprechenden Maßnahmen der Mitgliedstaaten regelmäßig als Verletzungen der Grundfreiheiten ansieht. Dem von den Mitgliedstaaten vorgetragenen und vom EuGH anerkannten Rechtfertigungsgrund der Wirksamkeit der Steueraufsicht[677] hält der EuGH hierbei stets entgegen, dass die gewählte Maßnahme nur dann gerechtfertigt sein kann, wenn sie dem Grundsatz der Verhältnismäßigkeit genügt, also geeignet ist, die Erreichung des mit ihr verfolgten Ziels zu gewährleisten, und nicht über das dazu Erforderliche hinausgeht[678]. Die Verhältnismäßigkeit der mitgliedstaatlichen Maßnahmen ist aus Sicht des EuGH jedenfalls dann nicht gegeben, wenn die mitgliedstaatlichen Finanzbehörden zur Ermittlung des grenzüberschreitenden Sachverhalts die begehrten Informationen im Wege der Amtshilfe nach der EU-Amtshilferichtlinie von den Behörden des fremden Mitgliedstaats erfragen können oder für sie die Möglichkeit besteht, vom Steuerpflichtigen selbst alle notwendigen Belege zu verlangen, um so die Wirksamkeit der Steueraufsicht zu gewährleisten.

Allerdings ist das Verständnis des EuGH von „Steueraufsicht" nicht deckungsgleich mit den verfassungsrechtlichen Anforderungen an diese. Weder der Verweis des EuGH auf die Möglichkeiten der Amtshilferichtlinie noch auf die verstärkte Inpflichtnahme des Steuerpflichtigen sind geeignet, die nationalen Untersuchungsstandards aufrechtzuerhalten. Die Rechtsprechung des EuGH zu den Grundfreiheiten stellt vor diesem Hintergrund eine Gefahr für das nationale Steuersystem dar. Denn diese ist nicht durch eine steuerrechtliche Dogmatik, sondern durch die Logik des Binnenmarktes geprägt[679]. Während die Binnenmarktrechtsprechung sich der Grundsätze des Diskriminierungs- und Beschränkungsverbots bedient, ist die steuerrechtliche Dogmatik durch die verfassungsrechtlichen Grundsätze der Gleichheit und Gerechtigkeit geprägt[680].

---

676 Siehe zum Territorialitätsprinzip bspw. *Herdegen*, Völkerrecht, § 26, Rn. 4 ff.; *Schaumburg*, Internationales Steuerrecht, S. 187.

677 Siehe hierzu E. III. 3. c) bb).

678 Vgl. hierzu nur EuGH v. 27.1.2009, Rs. C-318/07, *Persche*, a.a.O., Rz. 52.

679 *Triantafyllou*, EuR 2007, S. 672.

680 *Triantafyllou*, EuR 2007, S. 672.

Es hat sich gezeigt, dass die Auswirkungen des Unionsrechts auf den Untersuchungsgrundsatz des § 88 AO sowohl im Bereich des harmonisierten Rechts der indirekten Steuern als auch im Bereich des nichtharmonisierten Rechts der direkten Steuern sichtbar sind. Während der EuGH im Bereich des harmonisierten Steuerrechts auf die Einhaltung der in § 88 AO niedergelegten Grundsätze besonders Wert legt, wird der Untersuchungsgrundsatz für den Bereich des nichtharmonisierten Steuerrechts jedoch aufgeweicht.

Seit der Entscheidung des EuGH zur italienischen Steueramnestie[681] ist der Untersuchungsgrundsatz des § 88 AO europarechtlich fundiert. Für den Bereich des harmonisierten Rechts der indirekten Steuern wurde damit geklärt, dass der Untersuchungsgrundsatz auch bezogen auf rein mitgliedstaatsinterne Sachverhalte zu beachten ist, soweit es um den Vollzug unionsrechtlich harmonisierter Steuern geht[682]. Demgegenüber ist deutlich geworden, dass die von der Europäischen Union im Bereich des harmonisierten Rechts der indirekten Steuern verabschiedeten Sekundärrechtsakte[683] durchweg nicht geeignet sind, einen nennenswerten Einfluss auf den Untersuchungsgrundsatz auszuüben. Denn die verabschiedeten Sekundärrechtsakte verweisen für die anzuwendenden Verfahrensvorschriften auf das jeweilige nationale Verfahrensrecht[684], so dass anstelle einer Angleichung oder gar Vereinheitlichung der nationalen Steuerermittlungsverfahren gerade die Betonung von deren Eigenständigkeit tritt.

Obgleich die Einflüsse des Unionsrechts auf den Untersuchungsgrundsatz im nichtharmonisierten Recht der direkten Steuern mangels Kompetenz der Union auf diesem Gebiet an für sich geringer sein müssten als im harmonisierten Steuerrecht, ist eine ungleich stärkere Einwirkung auf den Untersuchungsgrundsatz im Bereich des nichtharmonisierten Rechts der direkten Steuern festzustellen. Der EuGH steht in ständiger Rechtsprechung auf dem Standpunkt, dass sich die Mitgliedstaaten bei der Aufklärung grenzüberschreitender Sachverhalte nicht auf die damit regelmäßig verbundenen *administrativen Schwierigkeiten* berufen dürfen[685]. Daneben verbietet der EuGH den Mitgliedstaaten bei der Ermittlung besteuerungserheblicher Auslandssachverhalte typisierende Regelungen, welche

---

681 EuGH v. 17.7.2008, Rs. C-132/06, *Kommission/Italien*, Slg. 2008, I-5457; siehe hierzu bereits D. IV.

682 *Englisch*, IStR 2009, S. 40.

683 Namentlich sind dies insbesondere die Beitreibungsrichtlinie und die Zusammenarbeitsverordnung; siehe hierzu D. III. 2. und 3.

684 Siehe hierzu D. III. 4.

685 Vgl. hierzu bspw. EuGH v. 28.1.1992, Rs. C-204/90, *Bachmann*, a.a.O., Rz. 17 ff.; EuGH v. 4.3.2004, Rs. C-334/02, *Kommission/Frankreich*, Slg. 2004, I-2229, Rz. 29.

die Finanzbehörden von vornherein von der umfassenden Sachverhaltsaufklärung entbinden und stattdessen die pauschale Versagung bestimmter steuerlicher Abzüge oder Begünstigungen vorsehen[686]. Nach Ansicht des EuGH sollen insbesondere *verwaltungstechnische Nachteile*, die sich aufgrund der eingeschränkten Ermittlungsmöglichkeiten der Finanzbehörden in grenzüberschreitenden Konstellationen ergeben, nicht ausreichen, um dem Steuerpflichtigen einen von diesem begehrten steuerlichen Abzug zu versagen[687]. Den Finanzbehörden wird damit ein *Mehr* an Ermittlungsanstrengungen abverlangt, als dies bei nationalen Sachverhalten erforderlich ist. Dem *Mehr* an Ermittlungs*quantität* im Sinne erweiterter Ermittlungsanstrengungen steht nach Auffassung des EuGH allerdings ein *Weniger* an Ermittlungs*qualität* bezogen auf den durch die Ermittlungen zu erlangenden Überzeugungsgrad der Finanzbehörden gegenüber[688].

Der EuGH versucht der Konfliktlage zwischen grundfreiheitlichen Vorgaben und mitgliedstaatlichem Ermittlungsverfahren abzuhelfen, indem er die Mitgliedstaaten zur Aufrechterhaltung ihrer Untersuchungsstandards routinemäßig auf die Mitwirkungspflicht des Steuerpflichtigen und die Möglichkeiten der EU-Amtshilferichtlinie verweist[689]. Es ist aber deutlich geworden, dass weder die Möglichkeiten der Amtshilfe mittels der EU-Amtshilferichtlinie noch die erweiterten Mitwirkungspflichten des Steuerpflichtigen geeignet sind, nationale Untersuchungsstandards aufrechtzuerhalten.

Der Informationsaustausch mittels der EU-Amtshilferichtlinie ist trotz der erfolgten Modifizierungen ausschließlich passiver Natur; eigene Kontrollbefugnisse der Beamten des ersuchenden Mitgliedstaats fehlen. Anstelle der Einführung einer aktiven Prüfungsbefugnis der Beamten des ersuchenden Mitgliedstaats gestattet die modifizierte Amtshilferichtlinie den Beamten des ersuchenden Mitgliedstaats unter gewissen Umständen lediglich das Recht zur Anwesenheit im fremden Mitgliedstaat und zur Beiwohnung bei den Ermittlungen der ersuchten Behörde, welche sich jedoch ausschließlich nach den Rechts- und Verfahrensvorschriften des ersuchten Mitgliedstaats richten. Darüber hinaus ist die ersuchende Behörde auf die Durchführung der Ermittlungsmaßnahmen durch die ausländische Finanzbehörde angewiesen. Hierbei ist jedoch problematisch, dass die ausländische Finanzbehörde kein eigenes fiskalisches Interesse an der Ermittlung

---

686 *Englisch*, IStR 2009, S. 40; aus der Rechtsprechung vgl. nur EuGH v. 28.10.1999, Rs. C-55/98, *Vestergaard*, a.a.O., Rz. 25; EuGH v. 27.1.2009, Rs. C-318/07, *Persche*, a.a.O., Rz. 51.

687 EuGH v. 27.1.2009, Rs. C-318/07, *Persche*, a.a.O., Rz. 55.

688 *Englisch*, IStR 2009, S. 40.

689 Vgl. hierzu den Rechtsprechungsüberblick unter F. I.

und Aufklärung besteuerungserheblicher Sachverhalte hat, die ausschließlich für das Steueraufkommen eines anderen Mitgliedstaats von Bedeutung sind. Das erforderliche Verständnis für die steuerlichen Rahmenbedingungen des ersuchenden Mitgliedstaats dürfte bei der ersuchten Behörde regelmäßig nicht vorhanden sein[690]. Fraglich ist zudem, ob das Verfahrensrecht des fremden Mitgliedstaats, nach dem sich die Ermittlungsmaßnahmen richten, mit demjenigen der deutschen Abgabenordnung vergleichbar ist[691].

Darüber hinaus ist eine Verlagerung der Darlegungs- und Beweisbeschaffungslast auf den Steuerpflichtigen nicht in allen Fällen geeignet, die verfassungsrechtlich gebotene Überprüfung der tatsächlichen Verhältnisse zu ermöglichen[692]. Denn der Steuerpflichtige ist in der Regel nicht in der Lage, beweiskräftige Unterlagen zu beschaffen und vorzulegen. Auch kann eine hinreichend sichere Verifikation selbst bei Vorlage von Belegen durch den Steuerpflichtigen nicht die Prüfung der tatsächlichen Existenz und der Identität eines angeblichen Empfängers der Mittel ersetzen[693]. Eine solche Prüfung wäre bei einem rein nationalen Sachverhalt mit dem Verfahren einer Außenprüfung möglich[694]. Diese ist jedoch bei grenzüberschreitenden Sachverhalten nicht möglich.

Letztlich ist seitens des EuGH ebenfalls noch nicht abschließend geklärt, ob und gegebenenfalls inwieweit die Finanzbehörden den besteuerungserheblichen Sachverhalt auch dann noch von Amts wegen soweit als möglich aufklären müssen, wenn die vom Steuerpflichtigen vorgelegten Unterlagen und beigebrachten Nachweise keinen hinreichenden Aufschluss geben oder der Steuerpflichtige seine Mitwirkungspflicht verletzt hat[695]. Feststehen dürfte insoweit nur, dass die Mitgliedstaaten dann nicht zur Inanspruchnahme der Möglichkeiten der Amtshilfe verpflichtet sind, wenn der Steuerpflichtige selbst nicht in der Lage ist, die erforderlichen Beweise vorzulegen[696]. Ob dies aber auch dann noch gilt, wenn der Steuerpflichtige alle ihm zumutbaren Maßnahmen der Beweismittelvorsorge und der Beweismittelbeschaffung ergriffen hat, ist zweifelhaft[697]. Der EuGH

690 *Englisch*, IStR 2009, S. 41.
691 Mit berechtigten Zweifeln bspw. *Fischer*, FR 2009, S. 250.
692 BFH v. 9.5.2007, XI R 56/05, Rz. 40.
693 BFH v. 9.5.2007, XI R 56/05, Rz. 40.
694 BFH v. 9.5.2007, XI R 56/05, Rz. 40.
695 *Englisch*, IStR 2009, S. 41.
696 EuGH v. 27.9.2007, C-184/05, *Twoh*, Slg. 2007, I-7897, Rz. 34, 38.
697 Mit Recht kritisch *Englisch*, IStR 2009, S. 41.

tendiert in diesen Fällen offenbar dazu, dass die Finanzbehörden keine Pflicht zur Amtsermittlung trifft und sie stattdessen den begehrten Steuerabzug verweigern können, wenn der Steuerpflichtige die notwendigen Unterlagen nicht vorlegen kann[698].

Diese Entwicklung macht deutlich, dass sich der EuGH im Rahmen seiner Rechtsprechung zu den Grundfreiheiten wieder verstärkt dem der unionalen Kompetenzordnung zugrundeliegenden Prinzip der begrenzten Einzelermächtigung sowie den die Union bindenden Kompetenzausübungsschranken der Subsidiarität und der Verhältnismäßigkeit widmen sollte. Im Hinblick auf die Einwirkungen, die das nationale Steuerermittlungsverfahren durch seine Rechtsprechung zu den Grundfreiheiten erfährt, sollte der EuGH dem mitgliedstaatlichen Anliegen einer wirksamen Steueraufsicht erhöhte Beachtung zuteil werden lassen. Er sollte sich insbesondere wieder darauf besinnen, dass die Steuerhoheit im Bereich des Rechts der direkten Steuern nach wie vor bei den Mitgliedstaaten liegt und die Administrierung dieses Rechts nach dem Grundsatz der Verfahrensautonomie ebenfalls ausschließlich den Mitgliedstaaten obliegt[699].

Die Mitgliedstaaten haben zwar trotz der nach wie vor bestehenden Steuersouveränität ihre Befugnisse unter Wahrung des Unionsrechts auszuüben[700]. Jedoch darf dies nicht zu einer kaum berechenbaren Entleerung der mitgliedstaatlichen Kompetenzen führen. Die Grundfreiheiten, die ihrem Wesen nach als *Kompetenzausübungsschranken* zu verstehen sind, dürfen nicht als – vertraglich nicht vorgesehene – *Kompetenzzuweisungen* an die Europäische Union verstanden und gehandhabt werden. Ein solches Verständnis stünde der vertraglichen Funktion der Grundfreiheiten diametral entgegen.

Die gegenwärtige Auffassung des EuGH von „Steueraufsicht" verkennt, dass die Wirksamkeit der steuerlichen Kontrolle ein Verfassungsgebot darstellt und verfassungsrechtlich der Aufgabenstellung der Mitgliedstaaten als Steuerstaaten eine kompetenzielle und instrumentale Ausstattung der Vollzugsgewalt entsprechen muss[701]. Es tut daher not, dass der EuGH sich den mitgliedstaatlichen Belangen öffnet, ihr Steuerermittlungsverfahren mit Blick auf die Möglichkeiten

---

698 EuGH v. 27.1.2009, Rs. C-318/07, *Persche*, a.a.O., Rz. 69; EuGH v. 30.6.2011, Rs. C-262/09, *Meilicke II*, a.a.O., Rz. 47.

699 Siehe hierzu C. II. 3.

700 St. Rspr. seit EuGH v. 28.1.1986, Rs. 270/83, *Avoir fiscal*, Slg. 1986, 273 ff.; EuGH v. 14.2.1995, Rs. C 279/93, *Schumacker*, Slg. 1995, I-225, Rz. 21; in jüngerer Zeit bspw. EuGH v. 22.3.2007, Rs. C-383/05, *Talotta*, Slg. 2007, I-2555, Rz. 16; EuGH v. 7.9.2004, Rs. C-319/02, *Manninen*, Slg. 2004, I-7477, Rz. 19.

701 *Fischer*, FR 2009, S. 253.

und Grenzen angemessener Verifikation auszugestalten. Die Aufgabe, nationale Untersuchungsstandards bei der Aufklärung grenzüberschreitender Sachverhalte aufrechtzuerhalten, würde erheblich erleichtert, wenn sich Beamte der Steuerverwaltung des ersuchenden Mitgliedstaats nicht nur im Hoheitsgebiet eines anderen Mitgliedstaats aufhalten, sondern auch selbst die Kontrollbefugnisse der Beamten des ersuchten Mitgliedstaats ausüben dürften. Die Einführung einer aktiven Prüfungsbefugnis der Beamten des ersuchenden Mitgliedstaats im Rahmen der Amtshilfe wäre zur Erreichung dieses Ziels geboten[702].

702 Siehe Erwägungsgrund Nr. 12 des Vorschlags der Europäischen Kommission v. 2.2.2009 für eine Richtlinie des Rates über die Zusammenarbeit der Verwaltungsbehörden im Bereich der Besteuerung, KOM (2009) 29, S. 11.

G. Bedeutung der Unionsgrundrechte für das nationale Steuerermittlungsverfahren

An sich sind Maßnahmen der Mitgliedstaaten der Europäischen Union zuvörderst an den Grundrechten der jeweiligen mitgliedstaatlichen Verfassungen zu messen[703]. Soweit sich die Mitgliedstaaten jedoch *im Anwendungsbereich des Unionsrechts* bewegen, sind die nationalen Regelungen nach ständiger Rechtsprechung des EuGH[704] an den Unionsgrundrechten zu messen[705]. Der vom EuGH weit gezogene Anwendungsbereich der Grundrechte hat zur Folge, dass diese auch auf das nationale Steuerermittlungsverfahren ausstrahlen (hierzu nachfolgend unter III.).

Während dieser Befund für den Bereich des harmonisierten Rechts der indirekten Steuern und dem dort zugrundeliegenden Verfahrensrecht durchaus eine Berechtigung hat[706], ist eine Bindung der Mitgliedstaaten an die Unionsgrundrechte im Bereich des nichtharmonisierten Rechts der direkten Steuern widersprüchlich. Denn der Bereich der direkten Steuern fällt nach ständiger Rechtsprechung des EuGH[707] beim gegenwärtigen Stand des Unionsrechts nicht in die Zuständigkeit der Union. Die Befugnis zur Regelung des Rechts der direkten Steuern und des zugrundeliegenden Verfahrensrechts liegt bei den Mitgliedstaaten. Ausgehend von dem Postulat, dass die Mitgliedstaaten die ihnen verbliebenen Befugnisse unter Wahrung des Unionsrechts ausüben müssen, bilden jedoch die Grundfreiheiten das formale Einfallstor für die Anwendung der Unionsgrundrechte im nichtharmonisierten Steuerrecht der Mitgliedstaaten[708].

I. Entwicklungsstufen der Grundrechte

In Anbetracht der in erster Linie wirtschaftlichen Integrationsziele ist es wenig verwunderlich, dass in den Gründungsverträgen der vormals drei Europäischen Gemeinschaften[709] keinerlei Grundrechtsbestimmungen enthalten waren[710]. Die

703 *Kingreen*, in: Calliess/Ruffert, EUV/AEUV, Art. 51 GRCh, Rn. 7.

704 Diese Rechtsprechung hat ihren Ausgangspunkt im Urteil des EuGH v. 13.7.1989, Rs. 5/88, *Wachauf*, Slg. 1989, 2609 genommen.

705 *Zorn/Twardosz*, DStR 2007, S. 2186.

706 Hierzu *Kingreen*, in: Calliess/Ruffert, EUV/AEUV, Art. 51 GRCh, Rn. 13.

707 EuGH v. 14.2.1995, Rs. C-279/93, *Schumacker*, Slg. 1995, I-225, Rz. 21.

708 *Elicker*, DStZ 2011, S. 165.

709 EGKS, EWG und Euratom.

710 Vgl. dazu und zu weiteren Erklärungsansätzen *Kingreen*, in: Calliess/Ruffert, EUV/AEUV, Art. 6 EUV, Rn. 4.

Mitgliedstaaten waren der Auffassung, ihre Bürger seien durch die jeweiligen nationalen Grundrechtsstandards ausreichend geschützt[711]. Es stellte sich jedoch heraus, dass wirtschaftsgestaltende europäische Hoheitsakte mitunter empfindliche Eingriffe in individuelle Grundrechtspositionen darstellen können[712]. In Ermangelung eines verbindlichen Grundrechtsschutzes auf europäischer Ebene hatte das Bundesverfassungsgericht in seiner *Solange I*-Entscheidung[713] herausgestellt, dass unionsrechtliche Hoheitsakte

> *„solange an nationalen Grundrechtsstandards zu messen sind, bis das Gemeinschaftsrecht auch einen von einem Parlament beschlossenen und in Geltung stehenden formulierten Katalog von Grundrechten enthält, der dem Grundrechtskatalog des Grundgesetzes adäquat ist".*

Als Reaktion hierauf entwickelte der EuGH unter Berufung auf die Europäische Konvention zum Schutze der Menschenrechte und Grundfreiheiten und unter Heranziehung der Grundrechtskataloge der einzelnen Mitgliedstaaten schrittweise die *Gemeinschaftsgrundrechte*[714]. Ihre Beachtung gehört zu den *allgemeinen Rechtsgrundsätzen*, deren Wahrung der EuGH zu sichern hat[715].

Ein wichtiger Meilenstein auf dem Weg der Unionsgrundrechte von unverbindlichem Richterrecht hin zu einem rechtsverbindlichen Vertragswerk stellt die im Jahre 1999/2000 unter der Leitung von Bundespräsident a. D. *Roman Herzog* erarbeitete „Charta der Grundrechte der Europäischen Union" dar[716]. Rechtsverbindlich wurde diese jedoch erst mit dem Inkrafttreten des Vertrages von Lissabon am 1.12.2009. Die Charta ist zwar nicht unmittelbar in den Vertragstext des EUV oder des AEUV aufgenommen worden, jedoch wird in Art. 6 Abs. 1 EUV ausdrücklich die Bindung der Union an die Rechte, Freiheiten und Grundsätze der Grundrechtecharta anerkannt, so dass diese durch den Verweis

---

711 *Englisch*, in: Schön/Beck (Hrsg.), Zukunftsfragen des deutschen Steuerrechts, 2009, S. 41.

712 *Kotzur*, in: Geiger/Khan/Kotzur, EUV/AEUV, Einf GR-Charta Anh. 1, Rn. 2.

713 BVerfGE 37, 271, BVerfG v. 29.5.1974, BvL 52/71.

714 *Kingreen*, in: Calliess/Ruffert, EUV/AEUV, Art. 6 EUV, Rn. 6; zur gemeinschaftsrechtlichen Begründung von Grundrechten siehe auch *Nicolaysen*, EuR 2003, S. 719 ff.

715 EuGH v. 17.12.1970, Rs. 11/70, *Internationale Handelsgesellschaft*, Slg. 1970, 1125, Rz. 4.

716 Charta der Grundrechte der Europäischen Union v. 7.12.2000 (2000/C 364/01); ABl. Nr. C 364, S. 1; zur Entstehungsgeschichte der Grundrechtecharta siehe auch *Kingreen*, in: Calliess/Ruffert, EUV/AEUV, Art. 6 EUV, Rn. 9 ff.

in Art. 6 Abs. 1 EUV nunmehr fest im europäischen Primärrecht verankert ist[717]. Sie ist damit ein integraler Bestandteil des europäischen Primärrechts[718] und stellt nicht nur inhaltlich, sondern auch normhierarchisch einen wesentlichen freiheitssichernden Teil des Unionsrechts dar[719]. Sie trägt darüber hinaus zur Stärkung des Charakters der Europäischen Union als Grundrechts- und Wertegemeinschaft bei[720].

II. Inhalt und Anwendungsbereich der Grundrechte

Die Europäische Grundrechtecharta ist in sechs Bereiche gegliedert und umfasst im Einzelnen die folgenden Titel: *Würde des Menschen*, *Freiheiten*, *Gleichheit*, *Solidarität*, *Bürgerrechte* und *Justizielle Rechte*. Ein siebter Titel befasst sich mit der Auslegung und Anwendung der Charta. In insgesamt 54 Artikeln enthält die Charta den derzeitigen Stand europäischen Grundrechtsverständnisses[721], oftmals in Anlehnung an die EMRK[722]. An die Grundrechte sind zunächst die Organe der Europäischen Union sowie deren Behörden gebunden. Daneben binden die Grundrechte auch die Mitgliedstaaten beim Erlass von Maßnahmen, durch die sie Unionsrecht ausführen[723], also insbesondere beim Vollzug von Verordnungen oder bei der Umsetzung von Richtlinien. Art. 51 Abs. 1 Satz 1 GRCh regelt insoweit, dass die Charta für die Mitgliedstaaten *„ausschließlich bei der Durchführung des Rechts der Union"* gilt. Gemäß Art. 51 Abs. 2 GRCh dehnt die Charta

> *„den Geltungsbereich des Unionsrechts nicht über die Zuständigkeiten der Union hinaus aus"* und *„begründet weder neue Zuständigkeiten noch neue Aufgaben für die Union, noch ändert sie die in den Verträgen festgelegten Zuständigkeiten und Aufgaben"*.

---

717 Ausweislich von Art. 6 Abs. 1 EUV handelt es sich allerdings nicht um die ursprüngliche Version der Grundrechtecharta, sondern um die angepasste Fassung wie sie am 12.12.2007 in Straßburg von Rat, Kommission und Europäischem Parlament proklamiert wurde; für die angepasste Fassung der Charta der Grundrechte siehe ABl. Nr. C 303, S. 1.

718 Siehe nur *Kingreen*, in: Calliess/Ruffert, EUV/AEUV, Art. 6 EUV, Rn. 12.

719 *Pache/Rösch*, EuR, 2009, S. 775.

720 Zum Verständnis der Grundrechte als Werteordnung siehe nur *Di Fabio*, JZ 2004, S. 1.

721 *Oppermann/Classen/Nettesheim*, Europarecht, S. 270.

722 Europäische Konvention zum Schutze der Menschenrechte und Grundfreiheiten v. 4.11.1950; siehe zur Bedeutung der EMRK für die Europäische Union statt vieler *Oppermann/Classen/Nettesheim*, Europarecht, S. 280 f.

723 Art. 51 Abs. 1 Satz 1 GRCh; zum Anwendungsbereich der Grundrechte siehe *Herdegen*, Grundrechte der Europäischen Union, in: HStR X, 2012, § 211, Rn. 29 ff.

Wie weit die Bindung an die Unionsgrundrechte darüber hinaus im Einzelfall reicht, ist umstritten[724]. Zu Gunsten der Anwendung nationaler Grundrechte vertritt das Bundesverfassungsgericht eine eher restriktive Auffassung, wonach innerstaatliche Rechtsvorschriften und Vollzugsakte, die Unionsrecht ausführen, nur dann nicht an den nationalen Grundrechten gemessen werden, wenn und soweit das Unionsrecht zwingende Vorgaben macht und der EuGH einen dem Grundgesetz vergleichbaren Grundrechtsschutz gewährleistet[725]. Demgegenüber neigt der EuGH in seiner Rechtsprechung zu einer Ausweitung dieser Bindung[726].

Die bisherige Rechtsprechung des EuGH zur Bindung der Mitgliedstaaten an die Unionsgrundrechte lässt sich im Wesentlichen in zwei Fallgruppen unterteilen[727]. Zum einen geht es um Fälle, in denen die Mitgliedstaaten das Unionsrecht, insbesondere Verordnungen und Richtlinien, umsetzen und durchführen[728], zum anderen um Fälle, in denen die Mitgliedstaaten Grundfreiheiten auf Grund anerkannter Rechtfertigungsgründe durch nationales Recht einschränken[729]. In ähnlicher Weise wie bei der Rechtsprechung zu den Grundfreiheiten ist auch im Bereich der Grundrechte die Tendenz des EuGH festzustellen, den Anwendungsbereich der Grundrechte möglichst weit zu fassen.

Ihren vorläufigen Höhepunkt hat die extensive Rechtsprechung des EuGH mit dem Urteil in der Rechtssache *Fransson*[730] erreicht. Dieser Entscheidung lag ein schwedisches Strafverfahren wegen Steuerhinterziehung zugrunde. Dem schwedischen Steuerpflichtigen *Fransson* wurde vorgeworfen, durch Falschangaben insbesondere Mehrwertsteuern hinterzogen zu haben. Dieses Vergehen war bereits in einem zuvor abgeschlossenen Verwaltungsverfahren steuerlich sanktioniert worden. Die Zulässigkeit der Durchführung eines Strafverfahrens wegen derselben Tat war deshalb wegen des Verbots der Doppelbestrafung nach

---

724 Für eine „weite" Auslegung siehe *Jarass*, NVwZ 2012, 459 ff.; für eine „enge" Auslegung siehe bspw. *Huber*, NJW 2011, 2385 ff.

725 *Solange II* – Beschluss des BVerfG, BVerfGE 73, 339, BVerfG v. 22.10.1986, 2 BvR 197/83; *Kingreen*, in: Calliess/Ruffert, EUV/AEUV, Art. 51 GRCh, Rn. 11 m.w.N.

726 Für Beispiele aus der Rechtsprechung des EuGH siehe statt vieler nur *Kingreen*, in: Calliess/Ruffert, EUV/AEUV, Art. 51 GRCh, Rn. 9.

727 *Herdegen*, Grundrechte der Europäischen Union, in: HStR X, 2012, § 211, Rn. 30.

728 St. Rspr. des EuGH, siehe etwa EuGH v. 13.7.1989, Rs. 5/88, *Wachauf*, Slg. 1989, 2609.

729 St. Rspr. des EuGH, siehe etwa EuGH v. 18.6.1991, Rs. C-260/89, *ERT*, Slg. 1991, I-2925.

730 EuGH v. 26.2.2013, Rs. C-617/10, *Fransson*, EuZW 2013, S. 302 ff.

Art. 50 GRCh fraglich. Klärungsbedürftig war jedoch bereits die Frage, ob in diesem rein innerstaatlichen Sachverhalt überhaupt eine Bindung an das Unionsgrundrecht des Art. 50 GRCh bejaht werden konnte.

Die Europäische Kommission, die Regierungen der beteiligten Mitgliedstaaten sowie der Generalanwalt in seinen Schlussanträgen[731] verneinten eine solche Bindung. Weder die nationale Rechtsvorschrift, aufgrund derer die steuerlichen Sanktionen festgesetzt worden seien, noch diejenige nationale Rechtsvorschrift, die als Grundlage der Anklage diente, beruhten auf der *Durchführung von Unionsrecht* im Sinne von Art. 51 Abs. 1 GRCh[732]. Der Anwendungsbereich der Charta sei dementsprechend nicht eröffnet. Demgegenüber konnte der EuGH die Anwendung der Charta in diesem Fall bejahen, da nach seinem Verständnis über den Wortlaut des Art. 51 Abs. 1 GRCh hinaus auch sonstige Fälle, in denen mitgliedstaatliches Handeln in den *Geltungsbereich des Unionsrechts* fällt, vom Anwendungsbereich des Art. 51 Abs. 1 GRCh erfasst sind[733]. Der EuGH beruft sich hierbei auch auf die einschlägigen Erläuterungen zur Charta, die gemäß Art. 6 Abs. 1 Unterabsatz 3 EUV zu berücksichtigen sind, sowie auf seine vor der Verbindlichkeit der Charta ergangene Rechtsprechung, die ebenfalls eine wesentliche Grundlage für die Auslegung der Grundrechte der Charta bildet[734].

Die Annahme einer Grundrechtsbindung durch den EuGH geht im vorliegenden Fall indes fehl, da die in Frage stehenden schwedischen Steuerstrafvorschriften weder dem Vollzug von Verordnungen noch der Umsetzung von Richtlinien dienten und der Anwendungsbereich des Unionsrechts daher nicht eröffnet ist[735]. Der EuGH stellte jedoch fest, dass die

> *„festgesetzten steuerlichen Sanktionen und das eingeleitete Strafverfahren teilweise im Zusammenhang mit der Nichteinhaltung von Mitteilungspflichten auf dem Gebiet der Mehrwertsteuer stehen“*[736].

731 Schlussanträge des Generalanwalts *Villalón* vom 12.6.2012, Rs. C-617/10, *Fransson*, Rz. 64.

732 EuGH v. 26.2.2013, Rs. C-617/10, *Fransson*, a.a.O., Rz. 16.

733 *Kingreen*, in: Calliess/Ruffert, EUV/AEUV, Art. 51 GRCh, Rn. 8 f.

734 EuGH v. 26.2.2013, Rs. C-617/10, *Fransson*, a.a.O., Rz. 20; *Kingreen*, in: Calliess/Ruffert, EUV/AEUV, Art. 6 EUV, Rn. 18.

735 Dies wurde auch vom EuGH erkannt, jedoch vermochte diese Tatsache sein Ergebnis *„nicht in Frage zu stellen“*, EuGH v. 26.2.2013, Rs. C-617/10, *Fransson*, a.a.O., Rz. 28.

736 EuGH v. 26.2.2013, Rs. C-617/10, *Fransson*, a.a.O., Rz. 24.

Die Mehrwertsteuersystemrichtlinie[737] verpflichte die Mitgliedstaaten, alle Rechts- und Verwaltungsvorschriften zu erlassen, die geeignet sind, die Erhebung der gesamten in ihrem Hoheitsgebiet geschuldeten Mehrwertsteuer zu gewährleisten und Betrug hiergegen zu bekämpfen[738]. Darüber hinaus gebiete Art. 325 AEUV die Bekämpfung von rechtswidrigen Handlungen, die gegen die finanziellen Interessen der Union gerichtet sind[739]. Da auch die Eigenmittel der Union Einnahmen aus den mitgliedstaatlichen Mehrwertsteueraufkommen umfassten, bestehe ein unmittelbarer Zusammenhang zwischen der Erhebung der Mehrwertsteuereinnahmen unter Beachtung des einschlägigen Unionsrechts und der Zurverfügungstellung entsprechender Mehrwertsteuermittel für den Haushalt der Union, so dass jedes Versäumnis bei der Erhebung der Mehrwertsteuern potenziell zu einer Verringerung der Mehrwertsteuermittel für den Unionshaushalt führe[740].

Das Strafverfahren dient dem EuGH gewissermaßen als Vollzugshilfe, denn nach Ansicht des EuGH sind die steuerlichen Sanktionen des Ausgangsverfahrens und das dortige Strafverfahren wegen unrichtiger Angaben zur Mehrwertsteuer zumindest auch als *Durchführung des Unionsrechts* im Sinne von Art. 51 Abs. 1 GRCh anzusehen[741].

In der Sache selbst lehnte der EuGH einen Verstoß gegen das Verbot der Doppelbestrafung zwar ab[742], jedoch etablierte er mit dieser Entscheidung die Grundrechte gleichsam als eigenständige Kompetenzausübungsschranke für nationale Regelungen im Rahmen der von den Mitgliedstaaten wahrgenommenen Kompetenzbereiche. Das Bundesverfassungsgericht hat seinerseits auf die Entscheidung des EuGH mit folgenden Ausführungen reagiert[743]:

> *„Insofern darf die Entscheidung nicht in einer Weise verstanden und angewendet werden, nach der für eine Bindung der Mitgliedstaaten durch die in der Grundrechtecharta niedergelegten Grundrechte der Europäischen Union jeder sachliche Bezug einer Regelung zum bloß abstrakten Anwendungsbereich des Unionsrechts oder rein tatsächliche Auswirkungen auf dieses ausreiche."*

---

737 Richtlinie des Rates v. 28.11.2006 über das gemeinsame Mehrwertsteuersystem (2006/112/EG); ABl. Nr. L 347, S. 1; zuletzt geändert durch Richtlinie des Rates v. 17.12.2013 (2013/61/EU); ABl. Nr. L 353, S. 5.

738 EuGH v. 17.7.2008, C-132/06, *Kommission/Italien*, a.a.O., Rz. 37; siehe hierzu bereits D. IV.

739 EuGH v. 26.2.2013, Rs. C-617/10, *Fransson*, a.a.O., Rz. 26.

740 EuGH v. 26.2.2013, Rs. C-617/10, *Fransson*, a.a.O., Rz. 26.

741 EuGH v. 26.2.2013, Rs. C-617/10, *Fransson*, a.a.O., Rz. 27.

742 EuGH v. 26.2.2013, Rs. C-617/10, *Fransson*, a.a.O., Rz. 37.

743 BVerfG v. 24.4.2013, 1 BvR 1215/07, Rz. 91.

Damit wird die Beachtung von Art. 51 Abs. 1 GRCh gefordert, der vom Verfassungskonvent bewusst geschaffen wurde, um die Kompetenz des EuGH zur Grundrechtskontrolle zu begrenzen und den Anwendungsbereich der Grundrechte enger zu fassen[744].

III. Ausstrahlung auf das Steuerermittlungsverfahren

1. Die Unionsgrundrechte im harmonisierten Bereich

Art. 51 Abs. 1 Satz 1 GRCh ordnet die Geltung der Unionsgrundrechte für die Mitgliedstaaten bei der *Durchführung des Rechts der Union* eigens an. Die Bindung der Mitgliedstaaten an die Unionsgrundrechte setzt damit neben dem *Vorhandensein von Unionsrecht*[745] auch dessen *Durchführung durch die Mitgliedstaaten* voraus. Hiermit ist der gesamte harmonisierte Bereich des Steuerrechts angesprochen. Neben der legislativen Umsetzung umfasst die Durchführung des Europarechts auch dessen administrativen Vollzug durch die Mitgliedstaaten[746]. Praktisch häufigster Anwendungsfall ist dabei die Prüfung von in Umsetzung von Richtlinien ergangenem nationalem Recht, insbesondere im Bereich des Umsatzsteuerrechts[747].

Die Unionsgrundrechte entfalten ihre Wirkkraft *im Anwendungsbereich des Unionsrechts*[748]. Hierzu zählt das mitgliedstaatliche Steuerverfahrensrecht jedoch nur insoweit, als es der Durchführung materiellen Unionsrechts dient[749]. Lediglich in diesem Rahmen sind die nationalen Steuerverwaltungen gehalten, neben den nationalen Grundrechten auch die Unionsgrundrechte bei der Wahl der Mittel für die Sachverhaltsaufklärung zu beachten[750]. In seinem Urteil *Rechnungshof/Österreichischer Rundfunk*[751] hat der EuGH erstmals festgestellt, dass

---

744 *Borowsky*, in: Meyer, Charta der Grundrechte der Europäischen Union, Art. 51, Rn. 16, 24 ff. m.w.N.

745 Neben dem Primärrecht umfasst das *Unionsrecht* auch alle in Art. 288 AEUV genannten Handlungsformen der Union, insbesondere Verordnungen und Richtlinien.

746 *Elicker*, DStZ 2011, S. 166 m.w.N.; *Kingreen*, in: Calliess/Ruffert, EUV/AEUV, Art. 51 GRCh, Rn. 8.

747 *Herdegen*, Grundrechte der Europäischen Union, in: HStR X, 2012, § 211, Rn. 30; *Zorn/Twardosz*, DStR 2007, S. 2187.

748 Vgl. nur EuGH v. 18.6.1991, Rs. C-260/89, *ERT*, Slg. 1991, I-2925, Rz. 42.

749 Siehe hierzu EuGH v. 19.11.1998, Rs. C-85/97, *SFI*, Slg. 1998, I-7447, Rz. 29, 31.

750 *Englisch*, IStR 2009, S. 42.

751 EuGH v. 20.5.2003, Rs. C-465/00, *Rechnungshof/Österreichischer Rundfunk*, Slg. 2003, I-4989.

die *„Erhebung personenbezogener Daten über die beruflichen Einkünfte Einzelner“* zur Weitergabe an staatliche Behörden *„in den Anwendungsbereich von Artikel 8 EMRK fällt“*[752]. In der Sache ging es dabei um die Ermittlung der Höhe der Personalkosten verschiedener öffentlicher Einrichtungen durch den österreichischen Rechnungshof, welche die Kontrolle der ordnungsgemäßen Verwendung der öffentlichen Mittel zum Ziel hatte[753]. Der EuGH hat festgestellt, dass die Angabe der Namen der Betroffenen in Verbindung mit deren Einkünften nur dann nach Art. 8 Abs. 2 EMRK gerechtfertigt werden kann, wenn die Offenlegung, die nicht nur die Höhe der Jahreseinkommen, sondern auch die Namen der Bezieher dieser Einkommen umfasst, durch legitime Informationsbedürfnisse gedeckt und im Hinblick auf das Ziel einer sachgerechten Begrenzung der Bezüge *„sowohl notwendig als auch angemessen“* ist[754].

Als Befund dürfte deshalb im Grundsatz festzuhalten sein, dass die nationale Finanzverwaltung bei der Sachverhaltsaufklärung von Amts wegen zum Zwecke der Erhebung harmonisierter Steuern einem umfassenden Verhältnismäßigkeitsvorbehalt unterliegt, der neben nationale Grundrechtsgarantien tritt[755] und den Schutz der Steuerpflichtigen verstärkt.

2. Die Unionsgrundrechte im nichtharmonisierten Bereich

Nach ständiger Rechtsprechung des EuGH fallen die direkten Steuern zwar in die Zuständigkeit der Mitgliedstaaten, jedoch müssen diese ihre Befugnisse unter Wahrung des Unionsrechts ausüben[756]. Der EuGH überprüft nationale Regelungen im Bereich des direkten Steuerrechts regelmäßig am Maßstab der Grundfreiheiten[757]. Die Eröffnung des Schutzbereichs der Grundfreiheiten ermöglicht dem EuGH zugleich auch die Eröffnung des Anwendungsbereichs der Unionsgrundrechte[758].

---

752 EuGH v. 20.5.2003, Rs. C-465/00, *Rechnungshof/Österreichischer Rundfunk*, a.a.O., Rz. 73.

753 EuGH v. 20.5.2003, Rs. C-465/00, *Rechnungshof/Österreichischer Rundfunk*, a.a.O., Rz. 85.

754 EuGH v. 20.5.2003, Rs. C-465/00, *Rechnungshof/Österreichischer Rundfunk*, a.a.O., Rz. 90.

755 *Englisch*, IStR 2009, S. 43.

756 EuGH v. 14.2.1995, Rs. C-279/93, *Schumacker*, Slg. 1995, I-225, Rz. 21.

757 Vgl. hierzu E. III. 3. c).

758 *Zorn/Twardosz*, DStR 2007, S. 2190; *Elicker*, DStZ 2011, S. 165.

Bei Betrachtung und Prüfung der Situation des Steuerpflichtigen, der sich gegen eine die Grundfreiheiten beschränkende Regelung des nationalen Steuerrechts wendet, stellt sich für den EuGH auf der Rechtfertigungsebene zunächst die Frage, ob die Rechtfertigungsgründe, auf die sich der betreffende Mitgliedstaat stützt, durchgreifen können. Sodann stellt sich die weitere Frage, ob die anerkannten Rechtfertigungsgründe, die dem Steuerpflichtigen zulässigerweise entgegengehalten werden können, ihrerseits auch vor dem Maßstab der Unionsgrundrechte Bestand haben. Der EuGH verortet die Unionsgrundrechte somit dogmatisch als *Schranken-Schranken* bei der Prüfung der Grundfreiheiten[759].

Die Leitentscheidung des EuGH zur Funktion der Unionsgrundrechte als *Schranken-Schranken* stellt das Urteil in der Rechtssache *ERT*[760] dar, in der es um die unionsrechtliche Zulässigkeit des damaligen griechischen staatlichen Fernsehmonopols ging[761]. Der EuGH sah hierin eine Beschränkung des freien Dienstleistungsverkehrs, die zwar grundsätzlich gerechtfertigt werden könne, jedoch seien die Rechtfertigungsgründe *„im Lichte der allgemeinen Rechtsgrundsätze und insbesondere der Grundrechte"* auszulegen[762]. Seither sind die Mitgliedstaaten, wenn sie Rechtfertigungsgründe für die Beschränkung von Grundfreiheiten geltend machen, auch an die Unionsgrundrechte gebunden. Diese Bindung erstreckt sich nach dem EuGH nicht nur auf die geschriebenen, sondern auch auf die ungeschriebenen Rechtfertigungsgründe[763]. Vor diesem Hintergrund bleibt es abzuwarten, ob der EuGH künftig zu einer weiteren Ausdehnung des Anwendungsbereichs auch der Unionsgrundrechte gegenüber dem nationalen Steuerrecht tendiert[764], wovon der an sich der Union entzogene Bereich des Rechts der direkten Steuern und des zugrundeliegenden Steuerermittlungsverfahrens nicht ausgenommen werden dürfte. Infolgedessen dürften künftige Entscheidungen nicht ohne Folgen für die Mittelauswahl der Finanzbehörden bei der Sachverhaltsaufklärung und die Grenzen der Sachverhaltsaufklärung von Amts wegen bleiben.

---

759 Zum Aspekt, dass die Unionsgrundrechte auch *Schranken* sein können, die Eingriffe in die Grundfreiheiten legitimieren können: *Kingreen*, in: Calliess/Ruffert, EUV/AEUV, Art. 51 GRCh, Rn. 16 ff.; *Herdegen*, Grundrechte der Europäischen Union, in: HStR X, 2012, § 211, Rn. 24.

760 EuGH v. 18.6.1991, Rs. C-260/89, *ERT*, Slg. 1991, I-2925.

761 Näher hierzu *Zorn/Twardosz*, DStR 2007, S. 2191.

762 EuGH v. 18.6.1991, Rs. C-260/89, *ERT*, a.a.O., Rz. 43.

763 EuGH v. 26.6.1997, Rs. C-368/95, *Familiapress*, Slg. 1997, I-3689, Rz. 24 ff.

764 Siehe hierzu *Elicker*, DStZ 2011, S. 165.

3. Stellungnahme

Die Bindung der Mitgliedstaaten an die Unionsgrundrechte bei der Durchführung des Unionsrechts – und damit im Bereich des harmonisierten Rechts der indirekten Steuern – ist folgerichtig. Denn Rechtsnormen des Sekundärrechts sind nach Auffassung des EuGH gänzlich und nach Ansicht des Bundesverfassungsgerichts zumindest grundsätzlich der Prüfung am Maßstab nationaler Grundrechte entzogen, was gleichsam auch für den Vollzug der unionsrechtlichen Vorgaben durch die Mitgliedstaaten gilt[765]. Die Verpflichtung zur Beachtung der Unionsgrundrechte im harmonisierten Recht der indirekten Steuern und dem zugrundeliegenden Verfahrensrecht dient somit dem Schutz und den Interessen des Steuerpflichtigen.

Demgegenüber vermag eine Bindung der Mitgliedstaaten an die Unionsgrundrechte auch im Bereich des nichtharmonisierten Rechts der direkten Steuern vor dem Hintergrund des Wortlauts von Art. 51 Abs. 1 Satz 1 GRCh („*(…) ausschließlich bei der Durchführung des Rechts der Union.*“) nicht zu überzeugen. Denn wenn eine mitgliedstaatliche Regelung auf der Tatbestandsebene eine Verletzung der Grundfreiheiten darstellt, diese aber durch einen vom EuGH anerkannten Rechtfertigungsgrund ihrerseits gerechtfertigt ist, bewegt sich das mitgliedstaatliche Handeln nicht *im Bereich* des Unionsrechts[766]. Dass die Grundrechte keine zusätzlichen Befugnisse begründen, sondern die Unionsgewalt mäßigen[767], wird durch die Vorschrift des Art. 51 Abs. 2 GRCh bestätigt. Hiernach darf sich die Charta nicht dahingehend auswirken, dass der Geltungsbereich des Unionsrechts über die in den Verträgen festgelegten Zuständigkeiten der Union hinaus ausgedehnt wird; auch dürfen durch die Charta keine neuen Zuständigkeiten oder Aufgaben für die Union begründet werden. Ferner stellt Art. 6 EUV klar, dass durch die Bestimmungen der Charta die in den Verträgen festgesetzten Zuständigkeiten der Union in keiner Weise erweitert werden. Schließlich untersagt auch das Protokoll über die Anwendung der Charta[768], die Befugnis des EuGH auf der Basis der Charta auszuweiten.

---

765 *Kingreen*, in: Calliess/Ruffert, EUV/AEUV, Art. 51 GRCh, Rn. 13 m.w.N.

766 *Kingreen*, in: Calliess/Ruffert, EUV/AEUV, Art. 51 GRCh, Rn. 20.

767 *P. Kirchhof*, Der deutsche Staat in der europäischen Integration, in: HStR X, 2012, § 214, Rn. 67.

768 Protokoll über die Anwendung der Charta der Grundrechte der Europäischen Union auf Polen und das Vereinigte Königreich vom 17.12.2007, ABl. Nr. C 306, S. 156 f.

Angesichts dieser klaren Ausgangslage ist nicht nachvollziehbar, mit welcher Selbstverständlichkeit der EuGH in seiner Rechtsprechung dazu neigt, die Grundrechte nicht nur als machtbegrenzende, sondern auch als machtbegründende Normen zu handhaben. Wenn aber bereits jeder Sachverhalt, der den Binnenmarkt auch nur im Entferntesten berührt, dem EuGH den Weg in den Anwendungsbereich des Unionsrechts eröffnet, wird das Recht auf den Kopf gestellt. Selbst dem Unionsrecht völlig fernliegende Rechtsbereiche wie das dem nichtharmonisierten Recht der direkten Steuern zugrundeliegende nationale Steuerermittlungsverfahren sind bei einer so verstandenen Handhabung der Grundrechte vor einem „Zugriff" des EuGH nicht geschützt.

Die Konsequenzen und Verwerfungen, die mögliche Eingriffe des EuGH in das den Verfassungsgeboten der Gesetzmäßigkeit und Gleichmäßigkeit der Besteuerung gemäß ausgestaltete nationale Steuerermittlungsverfahren haben, sind derzeit noch nicht absehbar. Es zeigt sich aber schon jetzt, dass der EuGH von Gesetzgeber und Verwaltung für das Verfahrensrecht eine strikte Beachtung des Verhältnismäßigkeitsgrundsatzes einfordern wird[769].

769 *Englisch*, in: Schön/Beck (Hrsg.), Zukunftsfragen des deutschen Steuerrechts, 2009, S. 24 m.w.N.

H. Zusammenfassung der Ergebnisse

I.1. Die Verwaltung der Steuern obliegt gemäß Art. 108 GG den Finanzbehörden. Das Verfahren hierzu ist in verschiedene Stufen unterteilt, die sich im Aufbau der AO widerspiegeln. Zur Vorbereitung der Festsetzung von Steuern werden zunächst die Besteuerungsgrundlagen im Steuerermittlungsverfahren ermittelt. Die wesentlichen Vorschriften über das Steuerermittlungsverfahren befinden sich im Allgemeinen Teil der Verfahrensvorschriften, insbesondere in den §§ 85 bis 117 AO. Die in ihnen niedergelegten Grundsätze können in jedem Stadium des Verfahrens wirken, vom Beginn des Verfahrens mit der Erfassung der Steuerpflicht, über das Festsetzungs-, Erhebungs- und Vollstreckungsverfahren, bis hin zum Rechtsbehelfsverfahren[770].

Aus dem Rechtsstaatsprinzip des Art. 20 Abs. 3 GG ergibt sich das Gebot, dass die Finanzbehörden im Besteuerungsverfahren Gesetz und Recht verwirklichen müssen. Dieses Gebot wird für das Ermittlungsverfahren in den §§ 85 ff. AO konkretisiert. Danach sind die Steuern gleichmäßig und nach Maßgabe der Gesetze festzusetzen und zu erheben (Grundsätze der Gesetzmäßigkeit und Gleichmäßigkeit der Besteuerung; Art. 3 Abs. 1 GG, § 85 Satz 1 AO). Hierbei sind die Finanzbehörden nicht nur berechtigt, sondern auch verpflichtet, die gesetzlich geschuldeten Steuern zu erheben; es gilt nicht das Opportunitäts-, sondern das Legalitätsprinzip. Der rechtsstaatliche Auftrag zur gleichmäßigen Besteuerung kann jedoch nur dann voll erfüllt werden, wenn zum einen das Gesetz die materielle Gleichheit gewährleistet und zum anderen das materielle Gesetz durch ein Verfahrensrecht gestützt wird, das die Belastungsgleichheit im tatsächlichen Erfolg prinzipiell gewährleistet[771]. Das Verfahrensrecht bietet deshalb geeignete Instrumente, die es den Finanzbehörden ermöglichen, das gesetzliche Ziel einer für alle gleichen, gegenwartsnahen und für jeden Einzelnen unausweichlichen Steuererhebung zu verwirklichen[772].

770 *Kruse*, Lehrbuch des Steuerrechts, Bd. 1, Allgemeiner Teil, S. 322; *Seer*, in: Tipke/Kruse, AO/FGO, § 85, Rn. 5.

771 *Söhn*, in: Hübschmann/Hepp/Spitaler, § 85, Rn. 36; BVerfGE 84, 239, 271 ff., BVerfG v. 27.6.1991, 2 BvR 1493/89; BVerfGE 110, 94, 115, BVerfG v. 9.3.2004, 2 BvL 17/02.

772 BVerfGE 96, 1, 8, BVerfG v. 10.4.1997, 2 BvL 77/92.

I.2. Die Ermittlung, Festsetzung und Erhebung der Einkommensteuer im steuerlichen Massenverfahren hängt maßgeblich von den Erklärungen des Steuerpflichtigen und von den in seiner Steuererklärung gemachten Angaben ab. Da jedoch eine Steuererhebung, die nahezu allein auf die Erklärungsbereitschaft des Steuerpflichtigen baut, nicht bei allen Steuerpflichtigen eine vollständige Erklärung voraussetzen kann, verfehlt sie die steuerliche Lastengleichheit, wenn die grundsätzlich vorausgesetzte Steuerehrlichkeit des Erklärenden nicht durch hinreichende, die steuerliche Belastungsgleichheit gewährleistende Kontrollmöglichkeiten abgestützt wird[773]. Eine Besteuerung allein nach Deklaration ohne Verifikation begründet einen strukturellen Erhebungsmangel, der zur Unvereinbarkeit mit Art. 3 Abs. 1 GG führt und eine gesetzgeberische Pflicht zur Normensanierung begründet[774]. Das Deklarationsprinzip bedarf deshalb der Ergänzung durch das Verifikationsprinzip[775].

I.3. Den in § 85 AO niedergelegten rechtsstaatlichen Grundsätzen der Gesetzmäßigkeit und Gleichheit der Besteuerung trägt der Untersuchungsgrundsatz des § 88 AO Rechnung. Nach dem Prinzip der materiellen Wahrheit verpflichtet der Untersuchungsgrundsatz die Finanzbehörden, die für die Aufklärung eines besteuerungserheblichen Sachverhalts notwendigen Tatsachen von Amts wegen vollständig zu ermitteln (§ 88 Abs. 1 Satz 1 AO). Dabei sind sie an das Vorbringen der Beteiligten nicht gebunden (§ 88 Abs. 1 Satz 2 Halbsatz 2 AO) und bestimmen selbst Art und Umfang ihrer Ermittlungen (§ 88 Abs. 1 Satz 2 Halbsatz 1 AO). Die Aufklärungspflicht der Finanzbehörden wird hierbei durch die Mitwirkungspflichten des Steuerpflichtigen nach §§ 90 ff. AO begrenzt. Auf die Richtigkeit und Vollständigkeit der Angaben des Steuerpflichtigen darf zunächst vertraut werden. Erst wenn Anhaltspunkte für Zweifel an den Angaben vorliegen, muss weiter ermittelt werden. Die Ermittlungspflicht endet allerdings dort, wo eine weitere Aufklärung rechtlich und tatsächlich unmöglich oder unverhältnismäßig und unzumutbar ist[776].

---

773 BVerfGE 84, 239, 273, BVerfG v. 27.6.1991, 2 BvR 1493/89; BVerfGE 110, 94, 115, BVerfG v. 9.3.2004, 2 BvL 17/02.

774 BVerfGE 84, 239, 273 f., BVerfG v. 27.6.1991, 2 BvR 1493/89; BVerfGE 110, 94, 115, BVerfG v. 9.3.2004, 2 BvL 17/02.

775 BVerfGE 84, 239, 273, BVerfG v. 27.6.1991, 2 BvR 1493/89; BVerfGE 110, 94, 115, BVerfG v. 9.3.2004, 2 BvL 17/02.

776 *Söhn*, in: Hübschmann/Hepp/Spitaler, § 88, Rn. 136.

Angesichts einer Vielzahl von Fällen und der begrenzten Ressourcen der Finanzbehörden nehmen auch verwaltungsökonomische Erfordernisse dem Legalitätsprinzip ein Stück seiner Striktheit. Insbesondere bei der Aufklärung von Sachverhalten, die Vorgänge im Ausland betreffen, aber für die inländische Besteuerung bedeutsam sind, trifft den Steuerpflichtigen eine verstärkte Mitwirkungspflicht (§ 90 Abs. 2 AO). Hierdurch soll sichergestellt werden, dass die Ermittlung des besteuerungserheblichen Sachverhalts trotz des Fehlens eigener Ermittlungsmöglichkeiten der Finanzbehörden im Ausland verwirklicht werden kann.

Darüber hinaus ist in Fällen erschwerter Sachverhaltsermittlung unter bestimmten Voraussetzungen zur Förderung der Effektivität der Besteuerung sowie zur Sicherung des Rechtsfriedens eine tatsächliche Verständigung über die Annahme eines bestimmten Sachverhalts und über eine bestimmte Sachbehandlung zwischen der Finanzbehörde und dem Steuerpflichtigen möglich. Die Verständigung darf keine Rechtsfragen, sondern nur Fälle erschwerter Sachverhaltsermittlung zum Gegenstand haben. Gleichwohl toleriert der BFH auch eine Verständigung über Rechtsfragen, wenn diese in einem so engen Zusammenhang mit Tatsachen stehen, dass sie sachgerechterweise nicht auseinandergerissen werden können. Eine Verständigung über reine Rechtsfragen bleibt nach Auffassung des BFH aber unzulässig[777].

Ungeachtet der gesteigerten Mitwirkungspflichten des Steuerpflichtigen und der Möglichkeit einer tatsächlichen Verständigung mit dem Steuerpflichtigen verbleibt jedoch die *Letztverantwortung* für die Richtigkeit der ermittelten Tatsachen nach dem Prinzip materieller Wahrheit bei den Finanzbehörden[778]. Mangels Bindung an das Vorbringen der Beteiligten obliegt den Finanzbehörden die Verantwortung für die Verifizierung, Würdigung und Feststellung der im Rahmen der Mitwirkungspflicht durch die Beteiligten offengelegten Tatsachen und angegebenen Erkenntnis- und Beweismittel[779].

777 Jüngst bestätigt durch BFH v. 16.9.2014, VIII R 1/12.

778 *Seer*, in: Tipke/Lang, Steuerrecht, § 21, Rn. 170.

779 *Müller-Franken*, Maßvolles Verwalten, S. 207 f.; *Kobor*, Kooperative Amtsermittlung im Verwaltungsrecht, S. 65; *Seer*, in: Tipke/Kruse, AO/FGO, § 88, Rn. 1.

II.1. Die Europäische Union bietet für das Steuerrecht keine einheitlichen Vorschriften zur Regelung des Steuerverfahrensrechts im Allgemeinen und des Steuerermittlungsverfahrens im Besonderen. Dieser Befund ist in der Kompetenzordnung der Europäischen Union und der Kompetenzabgrenzung zu den Mitgliedstaaten begründet. Die als Staatenverbund konzipierte Europäische Union verfügt nicht über die für Staaten typische Kompetenz-Kompetenz, neuartige Aufgaben aus eigener Zuständigkeit zu übernehmen; sie leitet ihre Kompetenzen vielmehr von den Mitgliedstaaten ab[780]. Grundlage, Rahmen und Grenze jeglichen Handelns der Europäischen Union ergeben sich demnach aus den Verträgen.

II.2. Für die Abgrenzung der Zuständigkeiten zwischen Union und Mitgliedstaaten sowie für die Zuweisung von Kompetenzen an die Union gilt das *Prinzip der begrenzten Einzelermächtigung* (Art. 5 Abs. 1 Satz 1, Abs. 2 EUV). Demnach wird die Union nur innerhalb der Grenzen der Zuständigkeiten tätig, welche die Mitgliedstaaten ihr in den Verträgen zur Verwirklichung der darin niedergelegten Ziele zugewiesen haben (*Kompetenzzuweisung*). Die Zuständigkeit der Europäischen Union und ihrer Organe erstreckt sich nur auf diejenigen Bereiche, die von den Kompetenzen des Primärrechts abgedeckt werden. Sie kann nur dort handeln, wo ihr in den Verträgen die entsprechende Befugnis erteilt worden ist. Sie darf ihren Handlungsraum nicht eigenmächtig erweitern und nicht in die den Mitgliedstaaten verbleibenden Zuständigkeiten eingreifen[781]. Die ihr übertragenen Zuständigkeiten hat die Union entsprechend den Grundsätzen der Subsidiarität und der Verhältnismäßigkeit auszuüben (Art. 5 Abs. 1 Satz 2, Abs. 3 und Abs. 4 EUV; *Kompetenzausübung*).

II.3. Nach geltendem Unionsrecht fehlt der Union für originäre Besteuerungskompetenzen jede Rechtsgrundlage[782]. Die Besteuerungshoheit als Kernelement staatlicher Souveränität ist den Mitgliedstaaten verblieben. Lediglich Art. 113 AEUV gibt dem Rat die Befugnis, Bestimmungen über die Harmonisierung der indirekten Steuern zu erlassen, um das Funktionieren des Binnenmarktes zu gewährleisten. Diese Kompetenzzuweisung ergibt sich daraus, dass die indirekten Steuern reine waren- und produktbezogene Steuern sind, die den grenzüberschreitenden

780 Vgl. C. I. 1.
781 Vgl. C. I. 2. a).
782 Vgl. C. II. 1.

Verkehr betreffen und deshalb einen größeren Binnenmarktbezug als die direkten Steuern aufweisen, aber im Gegensatz zu den direkten Steuern weniger zum identitätsbildenden Kernbestand der Steuerstaatlichkeit beitragen.

Eine besondere Harmonisierungskompetenz für die direkten Steuern besteht dementsprechend nicht. Deren Harmonisierung kann sich allenfalls auf eine allgemeine Harmonisierungskompetenz der Union stützen. Doch sowohl Art. 114 Abs. 1 AEUV als auch Art. 115 AEUV sowie Art. 352 AEUV bieten keine Rechtsgrundlage für eine unionsrechtliche Harmonisierung der direkten Steuern[783].

II.4. Eine Kompetenz zur Regelung des Steuerverfahrensrechts ist der Union vertraglich ebenfalls nicht zugewiesen. Die Verfahrensautonomie liegt grundsätzlich bei den Mitgliedstaaten. Für den Bereich des harmonisierten Rechts der indirekten Steuern hat der Grundsatz der Verfahrensautonomie der Mitgliedstaaten durch den Vertrag von Lissabon in Art. 291 Abs. 1 AEUV eine explizite Regelung und primärrechtliche Absicherung erfahren. Die Administrierung rein nationalen Rechts und damit die Administrierung des nichtharmonisierten Rechts der direkten Steuern richtet sichebenfalls nach dem jeweiligen nationalen Verfahrensrecht.

III.1. Die in den Verträgen niedergelegten steuerlichen Vorschriften beziehen sich lediglich auf Sachverhalte, deren Beseitigung für die Einhaltung der vertraglichen Grundfreiheiten sowie für die Gewährleistungen eines freien Wettbewerbs im gemeinsamen Binnenmarkt erforderlich ist[784].

Für die indirekten Steuern[785] haben die Mitgliedstaaten den Unionsgesetzgeber mit Art. 113 AEUV ausdrücklich ermächtigt, diese Steuern in einem für die Errichtung und das Funktionieren des Binnenmarktes erforderlichen Maß zu harmonisieren. Auf dieser Grundlage hat der Unionsgesetzgeber das nationale Recht der Umsatzsteuer sowie aller fiskalisch bedeutsamen Verbrauchsteuern durch Richtlinien weitgehend angeglichen[786].

Für das *Verfahrensrecht* sieht die MwStSystRL zwar einige Vorschriften über Aufzeichnungs- und Erklärungspflichten vor, enthält aber keine

---

783 Vgl. C. II. 2. a) und b).

784 *Jacobs*, Internationale Unternehmensbesteuerung, S. 113.

785 Zum Begriff siehe C. II. 1.

786 *Englisch*, IStR 2009, S. 37.

weitergehenden Vorgaben hinsichtlich der Ermittlung besteuerungserheblicher Sachverhalte durch die Finanzbehörden. Es fehlen insbesondere Regelungen zu Zielrichtung, Notwendigkeit, Ausmaß, Art und Weise sowie Grenzen der Sachverhaltsermittlung[787]. Auch die weiteren sekundärrechtlichen – die Ermittlung grenzüberschreitender Sachverhalte betreffenden – verfahrensrechtlichen Bestimmungen[788] üben keinen wesentlichen Einfluss auf das nationale Steuerermittlungsverfahren aus; es verbleibt insoweit beim *Grundsatz der Verfahrensautonomie der Mitgliedstaaten*[789]. Denn die verabschiedeten Sekundärrechtsakte verweisen allesamt für die anzuwendenden Verfahrensvorschriften auf das jeweilige nationale Verfahrensrecht[790]. Nationale Steuerermittlungsverfahren werden nicht angeglichen oder gar vereinheitlicht. Vielmehr betont das Sekundärrecht deren Eigenständigkeit.

Das Unionsrecht fördert eine koordinierte Zusammenarbeit der Finanzbehörden der jeweiligen Mitgliedstaaten, beansprucht jedoch keinen darüber hinausgehenden Einfluss auf das jeweilige nationale Steuerermittlungsverfahren[791].

III.2. Demgegenüber sind die in § 85 der deutschen Abgabenordnung niedergelegten verfassungsrechtlichen Grundsätze des Legalitätsprinzips und der Rechtsanwendungsgleichheit sowie die im Untersuchungsgrundsatz des § 88 AO konkretisierten Grundsätze der Gesetzmäßigkeit und Gleichmäßigkeit der Besteuerung im Bereich des harmonisierten Mehrwertsteuerrechts mit der Entscheidung des EuGH zur italienischen Steueramnestie[792] auch europarechtlich fundiert. Die Mitgliedstaaten unterliegen beim indirekten Vollzug von harmonisiertem Recht dem Gebot umfassender Sachverhaltsaufklärung von Amts wegen[793]. Seither ist jeder Mitgliedstaat verpflichtet, alle Rechts- und Verwaltungsvorschriften zu erlassen, die geeignet sind, die Erhebung der gesamten in

787 *Englisch*, IStR 2009, S. 38.

788 Im Bereich der indirekten Steuern sind insbesondere die Beitreibungsrichtlinie sowie die Zusammenarbeitsverordnung zu nennen.

789 Siehe hierzu insbesondere *Englisch*, IStR 2009, S. 38.

790 Siehe hierzu D. III. 4.

791 Zutreffend *Englisch*, IStR 2009, S. 38.

792 EuGH v. 17.7.2008, Rs. C-132/06, *Kommission/Italien*, Slg. 2008, I-5457.

793 *Englisch*, IStR 2009, S. 39.

seinem Hoheitsgebiet geschuldeten Mehrwertsteuer zu gewährleisten[794]. Legalitätsprinzip und Rechtsanwendungsgleichheit, Gesetzmäßigkeit und Gleichmäßigkeit der Besteuerung sowie das Prinzip der materiellen Wahrheit, die für das nationale Steuerermittlungsverfahren charakteristisch sind und sich im Untersuchungsgrundsatz des § 88 AO verwirklichen, sind mithin auch beim Vollzug unionsrechtlich harmonisierter Steuern zu beachten, und zwar auch dann, wenn es sich hierbei um rein mitgliedstaatsinterne Sachverhalte handelt.

IV.1. Direkte Steuern wirken sich nicht in gleicher Weise wie die indirekten Steuern auf das Funktionieren des Binnenmarktes aus[795]. Sie sind jedoch aufgrund ihrer erheblichen Aufkommenswirkungen von besonderer Bedeutung für die mitgliedstaatliche Steuerhoheit[796]. Deshalb enthalten die Verträge keine speziellen Regelungen zur Angleichung der direkten Steuern. Eine Angleichung ist daher allenfalls aufgrund der allgemeinen Rechtsangleichungskompetenz des Art. 115 AEUV möglich. Dessen enger Tatbestand und das geltende Einstimmigkeitsprinzip haben aber dazu geführt, dass Harmonisierungsmaßnahmen auf dem Gebiet der direkten Steuern bislang Ausnahmen geblieben sind. Im Wesentlichen sind hier die Mutter-Tochter-Richtlinie[797], die Fusionsrichtlinie[798] sowie die Zins- und Lizenzrichtlinie[799] zu nennen. Auch in Bezug auf das *Verfahrensrecht*

794 EuGH v. 17.7.2008, C-132/06, *Kommission/Italien*, a.a.O., Rz. 37.

795 Vgl. hierzu *Seiler*, Steuerstaat und Binnenmarkt, in: FS Isensee, 2007, S. 885.

796 *Seiler*, in: Grabitz/Hilf, Art. 113 AEUV, Rn. 51.

797 Richtlinie des Rates v. 23.7.1990 über das gemeinsame Steuersystem der Mutter- und Tochtergesellschaften verschiedener Mitgliedstaaten (90/435/EWG); ABl. Nr. L 225, S. 6; zuletzt geändert durch Richtlinie des Rates v. 30.11.2011 (2011/96/EU); ABl. Nr. L 345, S. 8 sowie durch Richtlinie des Rates v. 27.1.2015 (2015/121/EU); ABl. Nr. L 21, S. 1.

798 Richtlinie des Rates v. 23.7.1990 über das gemeinsame Steuersystem für Fusionen, Spaltungen, die Einbringung von Unternehmensteilen und den Austausch von Anteilen, die Gesellschaften verschiedener Mitgliedstaaten betreffen, sowie für die Verlegung des Sitzes einer Europäischen Gesellschaft oder einer Europäischen Genossenschaft von einem Mitgliedstaat in einen anderen Mitgliedstaat (90/434/EWG); ABl. Nr. L 225, S. 1; zuletzt geändert durch Richtlinie des Rates v. 13.5.2013 (2013/13/EU); ABl. Nr. L 141, S. 30.

799 Richtlinie des Rates v. 3.6.2003 über eine gemeinsame Steuerregelung für Zahlungen von Zinsen und Lizenzgebühren zwischen verbundenen Unternehmen verschiedener Mitgliedstaaten (2003/49/EG); ABl. Nr. L 157, S. 49 ff.; zuletzt geändert durch Richtlinie des Rates v. 13.5.2013 (2013/13/EU); ABl. Nr. L 141, S. 30.

sehen die Verträge keine Kompetenz zur Harmonisierung vor; die Verfahrensautonomie liegt grundsätzlich weiter bei den Mitgliedstaaten[800]. Dennoch ist das dem direkten Steuerrecht zugrundeliegende Steuerermittlungsverfahren nicht frei von Einflüssen des Unionsrechts. Hierbei ist zwischen dem Primärrecht als Prüfungsmaßstab für das nationale Steuerermittlungsverfahren und den Einflüssen durch Sekundärrecht zu unterscheiden.

IV.2. *Primärrechtliche Vorgaben* für die Ausgestaltung und Anwendung des nationalen Steuerermittlungsverfahrens ergeben sich aus den aus Art. 4 Abs. 3 EUV abgeleiteten Geboten der Äquivalenz und der Effektivität sowie insbesondere aus den europäischen Grundfreiheiten. Der Anwendung der Grundfreiheiten steht zwar der Umstand entgegen, dass die Europäische Union auf dem Gebiet der direkten Steuern keine eigene Regelungskompetenz besitzt und es sich bei den direkten Steuern deshalb um ein nur in Randbereichen harmonisiertes Rechtsgebiet handelt. Als „Einfallstor" dient dem EuGH jedoch die Formel, dass die Mitgliedstaaten ihre vorbehaltenen Zuständigkeiten auch auf dem Gebiet der direkten Steuern unter Beachtung des Unionsrechts ausüben müssen[801].

Die Grundfreiheiten berühren das nationale Steuerermittlungsverfahren auf der Ebene der Rechtfertigung. Im Rahmen seiner Rechtfertigungsprüfung zieht der EuGH nicht nur die in den Verträgen niedergelegten (geschriebenen) Rechtfertigungsgründe heran, sondern bedient sich der von ihm selbst richterrechtlich entwickelten ungeschriebenen Rechtfertigungsgründe[802]. Insbesondere der Rechtfertigungsgrund der *Gewährleistung wirksamer Steueraufsicht* ist für das nationale Steuerermittlungsverfahren von herausragender Bedeutung. Denn die Wirksamkeit steuerlicher Kontrollen ist notwendige Voraussetzung für die von Verfassungs wegen gebotene Verifikation besteuerungserheblicher Sachverhalte und dient der Sicherstellung der Gesetzmäßigkeit und Gleichheit der Besteuerung.

---

800 *Kahl*, in: Calliess/Ruffert, EUV/AEUV, Art. 4 EUV, Rn. 64.

801 EuGH v. 14.2.1995, Rs. C-279/93, *Schumacker*, Slg. 1995, I-225, Rz. 21; Siehe bereits auch EuGH v. 28.1.1986, Rs. 270/83, *Avoir fiscal*, Slg. 1986, 273 ff.

802 *Englisch*, in: Tipke/Lang, Steuerrecht, § 4, Rn. 93.

IV.3. *Sekundärrechtliche Vorgaben* für das Verfahrensrecht existieren in Gestalt der Beitreibungsrichtlinie[803] und insbesondere der EU-Amtshilferichtlinie 2011/16/EU[804]. Die Neufassung der EU-Amtshilferichtlinie 2011/16/EU ist zwar durchaus geeignet, zu einer effizienteren und schnelleren Zusammenarbeit der Finanzbehörden der Mitgliedstaaten bei der Ermittlung grenzüberschreitender Steuersachverhalte beizutragen. Durch die Änderungsrichtlinien vom 9.12.2014 (Änderungsrichtlinie 2014/107/EU), vom 8.12.2015 (Änderungsrichtlinie (EU) 2015/2376), vom 25.5.2016 (Änderungsrichtlinie (EU) 2016/881) sowie vom 6.12.2016 (Änderungsrichtlinie (EU) 2016/2258) wurden den Steuerbehörden weitere Instrumente zur Bekämpfung von Steuerbetrug, Steuerhinterziehung und aggressiver Steuerplanung im Zusammenhang mit Finanzkonten, Steuervorbescheiden und Vorabverständigungsvereinbarungen an die Hand gegeben. Durch die Einführung des verpflichtenden automatischen Informationsaustauschs über länderbezogene Berichte ist es zu einer weiteren Stärkung der Verwaltungszusammenarbeit zwischen den Steuerbehörden der Mitgliedstaaten gekommen. Bei genauer Betrachtung ist jedoch deutlich geworden, dass auch mit der modifizierten EU-Amtshilferichtlinie kein wesentlicher Einfluss auf das nationale Steuerermittlungsverfahren ausgeübt wird und es beim Grundsatz der Verfahrensautonomie der Mitgliedstaaten verbleibt. Denn die Modalitäten der Sachverhaltsermittlung richten sich ausschließlich nach den Vorschriften des nationalen Ermittlungsverfahrens des ersuchten Mitgliedstaats.

Die EU-Amtshilferichtlinie stellt daher nur eine scheinbare Ausnahme vom Grundsatz der Verfahrensautonomie der Mitgliedstaaten dar und übt keinen über eine koordinierte Verwaltungszusammenarbeit der Finanzbehörden der Mitgliedstaaten hinausgehenden Einfluss auf das nationale Steuerermittlungsverfahren aus.

---

803 Richtlinie des Rates v. 16.3.2010 über die Amtshilfe bei der Beitreibung von Forderungen in Bezug auf bestimmte Steuern, Abgaben und sonstige Maßnahmen (2010/24/EU); ABl. Nr. L 84, S. 1 ff.

804 Richtlinie des Rates v. 15.2.2011 über die Zusammenarbeit der Verwaltungsbehörden im Bereich der Besteuerung und zur Aufhebung der Richtlinie 77/799/EWG (2011/16/EU); ABl. Nr. L 64, S. 1 ff.; zuletzt geändert durch Richtlinie des Rates v. 6.12.2016 (2016/2258/EU); ABl. Nr. L 342, S. 1.

V.1. Durch die Rechtsprechung des EuGH zu den binnenmarktfinalen Grundfreiheiten unterliegt das in §§ 88 ff. AO angelegte und austarierte Verhältnis zwischen der Amtsermittlung und der Mitwirkungspflicht des Steuerpflichtigen bei der Aufklärung grenzüberschreitender Sachverhalte in zunehmendem Maße dem Einfluss des Unionsrechts. Während der EuGH im Bereich des harmonisierten Rechts der indirekten Steuern auf die Einhaltung der in § 88 AO niedergelegten Grundsätze besonderen Wert legt, scheint der Untersuchungsgrundsatz für den Bereich des nichtharmonisierten Rechts der direkten Steuern aufgeweicht zu werden.

V.2. Zum einen steht der EuGH in ständiger Rechtsprechung auf dem Standpunkt, dass sich die Mitgliedstaaten bei der Aufklärung grenzüberschreitender Sachverhalte nicht auf die damit regelmäßig verbundenen administrativen Schwierigkeiten berufen dürfen. Zum anderen verbietet der EuGH den Mitgliedstaaten bei der Ermittlung besteuerungserheblicher Auslandssachverhalte typisierende Regelungen, welche die Finanzbehörden von vornherein von der umfassenden Sachverhaltsaufklärung entbinden und stattdessen die pauschale Versagung bestimmter steuerlicher Abzüge oder Begünstigungen vorsehen. Nach Ansicht des EuGH sollen insbesondere verwaltungstechnische Nachteile, die sich aufgrund der eingeschränkten Ermittlungsmöglichkeiten der Finanzbehörden in grenzüberschreitenden Konstellationen ergeben, nicht ausreichen, um dem Steuerpflichtigen einen von diesem begehrten steuerlichen Abzug zu versagen.

Den Finanzbehörden wird damit ein *Mehr* an Ermittlungsanstrengungen abverlangt, als dies bei reinen Inlandssachverhalten erforderlich ist. Denn im deutschen Steuerermittlungsverfahren haben die Finanzbehörden dem Prinzip der materiellen Wahrheit entsprechend nur solange zu ermitteln, wie „Zweifel" bestehen. Ihre Ermittlungspflicht endet nach nationalen Maßstäben jedenfalls dort, wo eine weitere Sachaufklärung rechtlich und tatsächlich unmöglich oder unverhältnismäßig und unzumutbar ist. Dem *Mehr* an Ermittlungs*quantität* im Sinne erweiterter Ermittlungsanstrengungen steht nach Auffassung des EuGH allerdings ein *Weniger* an Ermittlungs*qualität* des durch die Ermittlungen zu erlangenden Überzeugungsgrads der Finanzbehörden gegenüber. Dem Steuerpflichtigen sollen steuerliche Abzüge und Vergünstigungen bisweilen aufgrund eines geringeren Beweismaßes für das Vorliegen der dafür notwendigen Umstände zugestanden werden, als dies in rein innerstaatlichen Sachverhalten der Fall ist.

V.3. Der EuGH versucht der Konfliktlage zwischen grundfreiheitlichen Vorgaben und mitgliedstaatlichem Ermittlungsverfahren die Brisanz zu nehmen, indem er die Mitgliedstaaten zur Aufrechterhaltung ihrer Untersuchungsstandards auf die Mitwirkungspflicht des Steuerpflichtigen und die Möglichkeiten der EU-Amtshilferichtlinie verweist[805]. Die Rollenverteilung zwischen der Finanzverwaltung und dem Steuerpflichtigen bei der Aufklärung eines grenzüberschreitenden Sachverhalts hat dabei in der Rechtsprechung des EuGH einen Wandel vollzogen. Während der Schwerpunkt der Sachverhaltsermittlung anfänglich noch bei der Inanspruchnahme der Amtshilferichtlinie lag, wurden die Ermittlungsinstrumente der Amtshilfe und der Mitwirkung des Steuerpflichtigen in der zweiten Phase der Rechtsprechung des EuGH als gleichrangig eingestuft. In einem letzten Schritt wurde schließlich der Mitwirkungspflicht des Steuerpflichtigen der Vorrang vor der Ermittlungsmöglichkeit mittels Amtshilfe eingeräumt.

V.4. Weder die Möglichkeiten der Amtshilfe nach der EU-Amtshilferichtlinie noch die erweiterten Mitwirkungspflichten des Steuerpflichtigen sind geeignet, nationale Untersuchungsstandards aufrechtzuerhalten.

Der Informationsaustausch nach der EU-Amtshilferichtlinie ist trotz der Modifizierungen ausschließlich passiver Natur; insbesondere fehlen eigene Kontrollbefugnisse der Beamten des ersuchenden Mitgliedstaats. Anstelle der Einführung einer aktiven Prüfungsbefugnis der Beamten des ersuchenden Mitgliedstaats gestattet die modifizierte EU-Amtshilferichtlinie den Beamten des ersuchenden Mitgliedstaats unter gewissen Umständen lediglich das Recht zur Anwesenheit im fremden Mitgliedstaat und zur Beiwohnung bei den Ermittlungen der ersuchten Behörde. Die Befugnisse richten sich jedoch ausschließlich nach den Rechts- und Verfahrensvorschriften des ersuchten Mitgliedstaats. Darüber hinaus verbleibt das grundsätzliche Problem, dass die ersuchende Behörde auf die Durchführung der Ermittlungsmaßnahmen durch die ausländische Finanzbehörde angewiesen ist. Diese hat jedoch kein eigenes fiskalisches Interesse an der Ermittlung und Aufklärung besteuerungserheblicher Sachverhalte, die ausschließlich für das Steueraufkommen eines anderen Mitgliedstaats von Bedeutung sind. Auch dürfte es der ersuchten Behörde regelmäßig am erforderlichen Verständnis für die steuerlichen

805 Vgl. hierzu den Rechtsprechungsüberblick unter F. I.

Rahmenbedingungen des ersuchenden Mitgliedstaats fehlen[806]. In gleicher Weise ist fraglich, ob das Pflichtenprogramm des Verfahrensrechts des fremden Mitgliedstaats, nach dem sich die Ermittlungsmaßnahmen richten, demjenigen der deutschen Abgabenordnung entspricht. Denn die Verwaltung der Steuern umschließt den gesamten vierten Teil der AO, der neben der systematischen Personenstands- und Betriebsaufnahme, den Anzeigepflichten, der Anlage von Akten einschließlich der Sammlung und Vernetzung von Informationen auch die Möglichkeit einer Außenprüfung umfasst[807]. Insbesondere die Außenprüfung ist in der modifizierten EU-Amtshilferichtlinie jedoch nicht vorgesehen.

Darüber hinaus ist eine Verlagerung der Darlegungs- und Beweisbeschaffungslast auf den Steuerpflichtigen nicht in allen Fällen geeignet, die verfassungsrechtlich gebotene Überprüfung der tatsächlichen Verhältnisse zu ermöglichen[808]. Der Steuerpflichtige ist regelmäßig schon nicht in der Lage, beweiskräftige Unterlagen zu beschaffen und vorzulegen. Zudem ist eine hinreichend sichere Verifikation selbst bei Vorlage von Belegen durch den Steuerpflichtigen nicht garantiert. Eine solche Prüfung wäre bei einem rein nationalen Sachverhalt mit dem Verfahren einer Außenprüfung möglich[809], die bei grenzüberschreitenden Sachverhalten indes nicht möglich ist.

V.5. Der pauschale Verweis des EuGH auf die Möglichkeiten der Amtshilfe sowie auf die verstärkte Inpflichtnahme des Steuerpflichtigen hat die Frage aufgeworfen, ob hierdurch noch eine ausreichende Berücksichtigung des verfassungsrechtlich gebotenen Verifikationsprinzips gegeben ist. Die Begrenzung der nationalen Besteuerungsgewalt durch die Grundfreiheiten berührt die Mitgliedstaaten in einem sensiblen Bereich ihrer Souveränität. Denn die Besteuerungsgewalt sichert die Souveränität des Staates, so dass Einwirkungen auf die Besteuerungsgewalt der Mitgliedstaaten zugleich Einwirkungen auf deren Souveränität darstellen. Dies gilt auch für die Bundesrepublik Deutschland, die den für die Erfüllung ihrer Aufgaben notwendigen Finanzbedarf im Wesentlichen durch Steuern deckt[810].

---

806 *Englisch*, IStR 2009, S. 41.

807 Siehe hierzu auch *Fischer*, FR 2009, S. 250.

808 BFH v. 9.5.2007, XI R 56/05, Rz. 40.

809 BFH v. 9.5.2007, XI R 56/05, Rz. 40.

810 *P. Kirchhof*, Staatliche Einnahmen, in: HStR IV, 1992, § 88, Rn. 45.

Für die Sicherstellung des Steueraufkommens und die Gewährleistung der verfassungsrechtlichen Gebote der Gesetzmäßigkeit und der Gleichmäßigkeit der Besteuerung sieht die Finanzverfassung des Grundgesetzes in Art. 108 Abs. 2 GG die Verwaltung der Steuern durch die Finanzbehörden vor. Das hierbei anzuwendende Verfahren ist in den §§ 85 ff. der AO näher ausgestaltet[811]. Zur Erfüllung des rechtsstaatlichen Auftrags zur gleichmäßigen Besteuerung hält das nationale Verfahrensrecht geeignete Instrumente vor, die es den Finanzbehörden ermöglichen, das gesetzliche Ziel einer für alle gleichen, gegenwartsnahen und für jeden Einzelnen unausweichlichen Steuererhebung zu verwirklichen. Hierbei ist insbesondere an die Außenprüfung[812] als besonderes Verfahren zur Sachaufklärung zu denken.

Während die Beachtung der in §§ 85 ff. AO vorgegebenen Grundsätze bei der Ermittlung rein nationaler Sachverhalte regelmäßig keine Schwierigkeiten bereitet[813], stoßen die Finanzbehörden bei der Ermittlung von besteuerungserheblichen Sachverhalten mit Auslandsbezug jedoch im Wortsinn an eine Grenze, da ihnen nach dem Territorialitätsprinzip[814] eine Ermittlungstätigkeit über die Landesgrenze hinaus nicht gestattet ist. Dem Grundsatz der formellen Territorialität steht das Gebot der materiellen Universalität gegenüber.

V.6. Zur Sicherung ihres Steueraufkommens haben die Mitgliedstaaten in unterschiedlicher Weise auf den Mangel an Ermittlungsmöglichkeiten bei grenzüberschreitenden Sachverhalten reagiert, wobei der EuGH jedoch die entsprechenden Maßnahmen der Mitgliedstaaten regelmäßig als Verletzungen der Grundfreiheiten ansieht. Den von den Mitgliedstaaten vorgetragenen und vom EuGH anerkannten Rechtfertigungsgrund der Wirksamkeit der Steueraufsicht[815] prüft der EuGH am Grundsatz der Verhältnismäßigkeit. Auch Verfahrensmaßnahmen genügen dem

811 Siehe hierzu B. II., III. und IV.

812 §§ 193 bis 207 AO; Weitere besondere Verfahren der Sachaufklärung zur Erfüllung der Aufgabe des § 85 AO sind daneben die Steuerfahndung (§ 208 AO) sowie die Steueraufsicht in Zoll- und Verbrauchsteuersachen (§§ 209 bis 217 AO; § 27b UStG).

813 Vgl. zu den Sachzwängen des steuerlichen Massenverfahrens aber *Drüen*, in: Schön/Beck (Hrsg.), Zukunftsfragen des deutschen Steuerrechts, 2009, S. 2 f. m.w.N.

814 Siehe zum Territorialitätsprinzip bspw. *Herdegen*, Völkerrecht, § 26, Rn. 4 ff.; *Schaumburg*, Internationales Steuerrecht, S. 187.

815 Siehe hierzu E. III. 3. c) bb).

Verhältnismäßigkeitsprinzip nur, wenn sie geeignet sind, die Erreichung des mit ihnen verfolgten Ziels zu gewährleisten, und nicht über das dazu Erforderliche hinausgehen[816]. Doch die Verhältnismäßigkeit der mitgliedstaatlichen Maßnahmen ist aus Sicht des EuGH jedenfalls dann nicht gegeben, wenn die mitgliedstaatlichen Finanzbehörden zur Ermittlung des grenzüberschreitenden Sachverhalts die begehrten Informationen im Wege der Amtshilfe nach der EU-Amtshilferichtlinie von den Behörden des fremden Mitgliedstaats erfragen können oder für sie die Möglichkeit besteht, vom Steuerpflichtigen selbst alle erforderlichen Belege zu verlangen, um so die Wirksamkeit der Steueraufsicht zu gewährleisten. Bei genauer Betrachtung ist deutlich geworden, dass das Verständnis des EuGH von „Steueraufsicht" nicht deckungsgleich mit den verfassungsrechtlichen Anforderungen einer deutschen Aufsicht ist und weder der Verweis des EuGH auf die Möglichkeiten der EU-Amtshilferichtlinie noch auf die verstärkte Inpflichtnahme des Steuerpflichtigen geeignet sind, die nationalen Untersuchungsstandards aufrechtzuerhalten. Die Rechtsprechung des EuGH zu den Grundfreiheiten stellt vor diesem Hintergrund eine Gefahr für das nationale Steuersystem dar, da sie nicht durch eine steuerrechtliche Dogmatik, sondern durch die Logik des Binnenmarktes geprägt ist[817]. Während die Binnenmarktrechtsprechung sich der Grundsätze des Diskriminierungs- und Beschränkungsverbots bedient, ist die steuerrechtliche Dogmatik durch die verfassungsrechtlichen Grundsätze der Gleichheit und Gerechtigkeit geprägt[818]. Die Grenze für Einwirkungen der Grundfreiheiten auf die nationale Besteuerungsgewalt ist jedoch dort zu ziehen, wo Verstöße gegen die steuersystematischen Grundlagen des nationalen Steuerrechts nicht mehr hingenommen werden können[819].

VI.1. In ähnlicher Weise wie bei der Rechtsprechung des EuGH zu den Grundfreiheiten hat auch der vom EuGH weit gezogene Anwendungsbereich der Grundrechte zur Folge, dass diese auf das nationale Steuerermittlungsverfahren einwirken. An sich sind Maßnahmen der Mitgliedstaaten der Europäischen Union zwar zuvörderst an den Grundrechten der jeweiligen mitgliedstaatlichen Verfassungen zu messen[820]. Nach ständiger

816 Vgl. hierzu nur EuGH v. 27.1.2009, Rs. C-318/07, *Persche*, a.a.O., Rz. 52.
817 *Triantafyllou*, EuR 2007, S. 672.
818 *Triantafyllou*, EuR 2007, S. 672.
819 *Lehner*, DStJG 23 (2000), S. 278.
820 *Kingreen*, in: Calliess/Ruffert, EUV/AEUV, Art. 51 GRCh, Rn. 7.

Rechtsprechung des EuGH[821] sind nationale Regelungen aber dann an den Unionsgrundrechten zu messen, wenn sich die Mitgliedstaaten *im Anwendungsbereich des Unionsrechts* bewegen[822]. Hierzu zählt das mitgliedstaatliche Steuerverfahrensrecht jedoch nur insoweit, als es der Durchführung materiellen Unionsrechts dient[823]. Lediglich in diesem Rahmen sind die nationalen Steuerverwaltungen gehalten, neben den nationalen Grundrechten auch die Unionsgrundrechte bei der Wahl der Mittel für die Sachverhaltsaufklärung zu beachten[824].

Die Bindung der Mitgliedstaaten an die Unionsgrundrechte bei der *Durchführung* des (harmonisierten) Unionsrechts ist folgerichtig. Denn Rechtsnormen des Sekundärrechts sind nach Auffassung des EuGH gänzlich und nach Ansicht des Bundesverfassungsgerichts zumindest grundsätzlich der Prüfung am Maßstab nationaler Grundrechte entzogen, was auch für den Vollzug der unionsrechtlichen Vorgaben durch die Mitgliedstaaten gilt[825]. Dadurch dass die nationale Finanzverwaltung bei der Sachverhaltsaufklärung von Amts wegen zum Zwecke der Erhebung harmonisierter Steuern einem umfassenden Verhältnismäßigkeitsvorbehalt unterliegt, der neben nationale Grundrechtsgarantien tritt[826], wird der Schutz des Steuerpflichtigen verstärkt.

VI.2. Im Bereich des nichtharmonisierten Rechts der direkten Steuern überprüft der EuGH nationale Regelungen regelmäßig am Maßstab der Grundfreiheiten[827]. Die Eröffnung des Schutzbereichs der Grundfreiheiten erschließt dem EuGH den Anwendungsbereich der Unionsgrundrechte[828]. Der EuGH verortet die Unionsgrundrechte dogmatisch insbesondere als *Schranken-Schranken* bei der Prüfung der Grundfreiheiten[829]. Die Bindung der Mitgliedstaaten an die Unionsgrundrechte

---

821 Diese Rechtsprechung hat ihren Ausgangspunkt im Urteil des EuGH v. 13.7.1989, Rs. 5/88, *Wachauf*, Slg. 1989, 2609 genommen.

822 *Zorn/Twardosz*, DStR 2007, S. 2186.

823 Siehe hierzu EuGH v. 19.11.1998, Rs. C-85/97, *SFI*, Slg. 1998, I-7447, Rz. 29, 31.

824 *Englisch*, IStR 2009, S. 42.

825 *Kingreen*, in: Calliess/Ruffert, EUV/AEUV, Art. 51 GRCh, Rn. 13 m.w.N.

826 *Englisch*, IStR 2009, S. 43.

827 Vgl. hierzu E. III. 3. c).

828 *Zorn/Twardosz*, DStR 2007, S. 2190; *Elicker*, DStZ 2011, S. 165.

829 Zum Aspekt, dass die Unionsgrundrechte auch *Schranken* sein können, die Eingriffe in die Grundfreiheiten legitimieren können: *Kingreen*, in: Calliess/Ruffert, EUV/AEUV, Art. 51 GRCh, Rn. 16 ff.

erstreckt sich nach Ansicht des EuGH hierbei nicht nur auf die geschriebenen, sondern auch auf die ungeschriebenen Rechtfertigungsgründe[830].

Eine Bindung der Mitgliedstaaten an die Unionsgrundrechte auch im Bereich des nichtharmonisierten Rechts der direkten Steuern vermag vor dem Hintergrund des eindeutigen Wortlauts von Art. 51 Abs. 1 Satz 1 GRCh („*(...) bei der Durchführung des Rechts der Union.*") jedoch nicht zu überzeugen. Denn wenn eine mitgliedstaatliche Regelung auf der Tatbestandsebene eine Verletzung der Grundfreiheiten darstellt, diese aber durch einen vom EuGH anerkannten Rechtfertigungsgrund ihrerseits gerechtfertigt ist, bewegt sich das mitgliedstaatliche Handeln nicht *im Bereich* des Unionsrechts[831]. Auch darf die Charta nach Art. 51 Abs. 2 GRCh den Geltungsbereich des Unionsrechts nicht über die in den Verträgen festgelegten Zuständigkeiten der Union hinaus erweitern. Dass durch die Charta keine neuen Zuständigkeiten oder Aufgaben für die Union begründet werden dürfen, stellen auch Art. 6 EUV sowie das Protokoll über die Anwendung der Charta[832] in eindeutiger Weise klar. Die Grundrechte begründen demnach keine zusätzlichen Befugnisse, sondern mäßigen die Unionsgewalt[833].

Vor dem Hintergrund der sich abzeichnenden Rechtsprechung ist zu vermuten, dass der EuGH künftig zu einer weiteren Ausdehnung des Anwendungsbereichs auch der Unionsgrundrechte gegenüber dem nationalen Steuerrecht neigt[834]. Davon dürfte der an sich der Union entzogene Bereich des nichtharmonisierten Rechts der direkten Steuern und des zugrundeliegenden Steuerermittlungsverfahrens nicht ausgenommen bleiben.

VII.1. Der EuGH hat sich im Rahmen seiner Rechtsprechung zu den *Grundrechten* und den *Grundfreiheiten* wieder verstärkt dem der unionalen Kompetenzordnung zugrundeliegenden Prinzip der begrenzten Einzelermächtigung sowie den die Union bindenden Kompetenzausübungsschranken der Subsidiarität und der Verhältnismäßigkeit zu widmen.

---

830 EuGH v. 26.6.1997, Rs. C-368/95, *Familiapress*, Slg. 1997, I-3689, Rz. 24 ff.

831 *Kingreen*, in: Calliess/Ruffert, EUV/AEUV, Art. 51 GRCh, Rn. 20.

832 Protokoll über die Anwendung der Charta der Grundrechte der Europäischen Union auf Polen und das Vereinigte Königreich vom 17.12.2007, ABl. Nr. C 306, S. 156 f.

833 *P. Kirchhof*, Der deutsche Staat in der europäischen Integration, in: HStR X, 2012, § 214, Rn. 67.

834 Siehe hierzu *Elicker*, DStZ 2011, S. 165.

VII.2. Was die *Grundrechte* anbelangt, steht zu befürchten, dass bei einer Fortsetzung der bisherigen Rechtsprechung die Grundrechte nicht nur als machtbegrenzende, sondern auch als machtbegründende Normen gehandhabt werden. Jeder Sachverhalt, der den Binnenmarkt auch nur im Entferntesten berührt, eröffnet dem EuGH dann den Weg in den Anwendungsbereich des Unionsrechts. Der EuGH gewährleistet nicht die Grundrechte als Schranke der Hoheitsgewalt, sondern gewinnt in den Grundrechten Hoheitsbefugnisse. Selbst dem Unionsrecht völlig fernliegende Rechtsbereiche wie das dem nichtharmonisierten Recht der direkten Steuern zugrundeliegende nationale Steuerermittlungsverfahren sind bei einer so verstandenen Handhabung der Grundrechte vor einem „Zugriff" des EuGH nicht geschützt. Vor diesem Hintergrund ist eine Rückbesinnung auf die vertraglichen Grundlagen des Unionsrechts angezeigt, die klare Kompetenzzuweisungen bestätigt und Kompetenzübergriffe meidet. Zur Korrektur der ausufernden Rechtsprechung des EuGH bietet sich die Errichtung eines vom EuGH unabhängigen Gerichtshofs für Kompetenzfragen an, der in der Sache nicht entscheiden würde, sondern nur zur Aufgabe hätte, Kompetenzüberschreitungen des EuGH zu beanstanden[835].

VII.3. Da die Steuerhoheit im Bereich der direkten Steuern bei den Mitgliedstaaten liegt und die Administrierung dieses Rechts nach dem Grundsatz der Verfahrensautonomie ebenfalls ausschließlich den Mitgliedstaaten obliegt[836], haben diese ihre Befugnisse im Rahmen der bestehenden Steuersouveränität auszuüben. Dabei sind die Unionsrechte zu wahren[837], was aber nicht zu einer Entleerung der mitgliedstaatlichen Kompetenzen führen darf. Die *Grundfreiheiten* sind ihrem Wesen nach als *Kompetenzausübungsschranken* zu verstehen. Deren Verständnis und Handhabung als – vertraglich nicht vorgesehene – *Kompetenzzuweisungen* an die Europäische Union bilden einen scharfen Gegensatz zur vertraglichen Funktion der Grundfreiheiten. Darüber hinaus verkennt das gegenwärtige Verständnis des EuGH von „Steueraufsicht", dass die Wirksamkeit der

835 Siehe hierzu F. III. 4.

836 Siehe hierzu C. II. 3.

837 St. Rspr. seit EuGH v. 28.1.1986, Rs. 270/83, *Avoir fiscal*, Slg. 1986, 273 ff.; EuGH v. 14.2.1995, Rs. C-279/93, *Schumacker*, Slg. 1995, I-225, Rz. 21; in jüngerer Zeit bspw. EuGH v. 22.3.2007, Rs. C-383/05, *Talotta*, Slg. 2007, I-2555, Rz. 16; EuGH v. 7.9.2004, Rs. C-319/02, *Manninen*, Slg. 2004, I-7477, Rz. 19.

steuerlichen Kontrolle ein Verfassungsgebot darstellt und verfassungsrechtlich der Aufgabenstellung der Mitgliedstaaten eine kompetenzielle und instrumentale Ausstattung der Vollzugsgewalt entsprechen muss[838].

VII.4. Zur Verwirklichung der von Verfassungs wegen gebotenen Wirksamkeit der Steueraufsicht bei der Aufklärung grenzüberschreitender Sachverhalte ist vorrangig im Rahmen der Amtshilfe neben der Verstärkung des kooperativen Verwaltens insbesondere in Gestalt gemeinsamer Außenprüfungen von Unternehmen[839] an die Einführung einer Befugnis zur aktiven Außenprüfung auch im Ausland zu denken. Wenn sich Beamte der Steuerverwaltung des ersuchenden Mitgliedstaats nicht nur im Hoheitsgebiet eines anderen Mitgliedstaats aufhalten, sondern auch selbst Ermittlungen und Kontrollen durchführen dürften, wäre dies ein wichtiger Schritt, das Ziel der Aufrechterhaltung nationaler Untersuchungsstandards zu erreichen. Denn jegliches Recht, insbesondere aber das Steuerrecht, bewährt sich erst in seinem gleichheitsgerechten Vollzug[840].

---

838 *Fischer*, FR 2009, S. 253.

839 Bei der Durchführung des Informationsaustauschs haben die Finanzbehörden den Grundsatz der Verhältnismäßigkeit sowie den gesetzmäßigen Schutz des Steuerpflichtigen (einschließlich der Wahrung des Steuergeheimnisses) zu wahren, siehe hierzu BMF-Schreiben v. 6.1.2017; zur gemeinsamen Außenprüfung von Unternehmen siehe E. III. 2. b).

840 Siehe hierzu *Kube*, EuGH-Rechtsprechung zum direkten Steuerrecht – Stand und Perspektiven, S. 41.

Literaturverzeichnis

Birk, Dieter: Das sog. „Europäische Steuerrecht", FR 2005, S. 121–127.
(*zit.*: *Birk*, FR 2005, S.)

Brühl, Raimund: Die Sachverhaltsermittlung im Verwaltungsverfahren und ihre Bedeutung für den Entscheidungsprozess, JA 1992, S. 193–200.
(*zit.*: *Brühl*, JA 1992, S.)

Calliess, Christian: Die neue Europäische Union nach dem Vertrag von Lissabon, 2010.
(*zit.*: *Calliess*, Die neue Europäische Union nach dem Vertrag von Lissabon, S.)

Calliess, Christian: Subsidiaritäts- und Solidaritätsprinzip in der Europäischen Union, 2. Auflage 1999.
(*zit.*: *Calliess*, Subsidiaritäts- und Solidaritätsprinzip in der Europäischen Union, S.)

Calliess, Christian/Ruffert, Matthias: EUV/AEUV, 5. Auflage 2016.
(*zit.*: *Bearbeiter*, in: Calliess/Ruffert, EUV/AEUV, Art., Rn..

Cordewener, Axel: Europäische Grundfreiheiten und nationales Steuerrecht: „Konvergenz" des Gemeinschaftsrechts und „Kohärenz" der direkten Steuern in der Rechtsprechung des EuGH, 2002 (zugleich Diss., Universität Bonn, 2001).
(*zit.*: *Cordewener*, Europäische Grundfreiheiten und nationales Steuerrecht, S.)

Crezelius, Georg: Steuerrechtliche Verfahrensfragen bei grenzüberschreitenden Sachverhalten, IStR 2002, S. 433–441.
(*zit.*: *Crezelius*, IStR 2002, S.)

Czakert, Ernst: Generalthema 2 und Seminar D: Der internationale Informationsaustausch und die grenzüberschreitende Kooperation der Steuerverwaltungen, IStR 2013, S. 596–603.
(*zit.*: *Czakert*, IStR 2013, S.)

Dauses, Manfred: Handbuch des EU-Wirtschaftsrechts, Stand: Juni 2016 (40. Ergänzungslieferung).
(*zit.*: *Bearbeiter*, in: Dauses, EU-Wirtschaftsrecht, J. Steuerrecht, Rn.)

Di Fabio, Udo: Das Recht offener Staaten, 1998.
(*zit.*: *Di Fabio*, Das Recht offener Staaten, S.)

Di Fabio, Udo: Grundrechte als Werteordnung, JZ 2004, S. 1–8.
(*zit.*: *Di Fabio*, JZ 2004, S.)

Drüen, Klaus-Dieter: Rechtsrahmen und Rechtsfragen der multilateralen Betriebsprüfung, DStR-Beihefter zu Heft 41/2013, S. 82–88.
(*zit.*: *Drüen*, DStR-Beih 2013, S.)

Drüen, Klaus-Dieter/Kahler, Björn: Die nationale Steuerhoheit im Prozess der Europäisierung, StuW 2005, S. 171–184.
(*zit.*: *Drüen/Kahler*, StuW 2005, S.)

Dürrschmidt, Daniel: „Europäisches Steuerrecht" nach Lissabon, NJW 2010, S. 2086–2090.
(*zit.*: *Dürrschmidt*, NJW 2010, S.)

Eisgruber, Thomas: Praxiserfahrungen zu Joint Audits, DStR-Beihefter zu Heft 41/2013, S. 89–92.
(*zit.*: *Eisgruber*, DStR-Beih 2013, S.)

Elicker, Michael: Die Unionsgrundrechte nach Lissabon: Ein starker Hebel im Finanzprozess, DStZ 2011, S. 162–170.
(*zit.*: *Elicker*, DStZ 2011, S.)

Englisch, Joachim: Aufteilung der Besteuerungsbefugnisse – Ein Rechtfertigungsgrund für die Einschränkung von EG-Grundfreiheiten?, 2008.
(*zit.*: *Englisch*, Aufteilung der Besteuerungsbefugnisse – Ein Rechtfertigungsgrund für die Einschränkung von EG-Grundfreiheiten?, S.)

Englisch, Joachim: Europarechtliche Einflüsse auf den Untersuchungsgrundsatz im Steuerverfahren, IStR 2009, S. 37–43.
(*zit.*: *Englisch*, IStR 2009, S.)

Epiney, Astrid: Zur Abgrenzung der Kompetenzen zwischen EU und Mitgliedstaaten in der „Europäischen Verfassung", Jura 2006, S. 755–761.
(*zit.*: *Epiney*, Jura 2006, S.)

Everling, Ulrich: Die Europäische Union als föderaler Zusammenschluss von Staaten und Bürgern, in: von Bogdandy, Armin/Bast, Jürgen (Hrsg.), Europäisches Verfassungsrecht, 2. Auflage 2009, S. 961–1007.
(*zit.*: *Everling*, Die Europäische Union als föderaler Zusammenschluss von Staaten und Bürgern, in: von Bogdandy/Bast (Hrsg.), Europäisches Verfassungsrecht, 2009, S.)

Feld, Lars P.: Zum zukünftigen Finanzrahmen der EU, in: Konrad, Kai A./Lohse, Tim (Hrsg.): Einnahmen- und Steuerpolitik in Europa: Herausforderungen und Chancen, 2009, S. 133–149.
(*zit.*: *Feld*, Zum zukünftigen Finanzrahmen der EU, S.)

Fischer, Peter: Das EuGH-Urteil Persche zu Auslandsspenden – die Entstaatlichung des Steuerstaates geht weiter, FR 2009, S. 249–257.
(*zit.*: *Fischer*, FR 2009, S.)

Gabert, Isabel: Deutsche Amtshilfe nach dem EU-Amtshilfegesetz (EUAHiG) und ihr Einfluss auf das Ertragsteuerrecht, FR 2013, S. 986–992.
(*zit.*: *Gabert*, FR 2013, S.)

Gabert, Isabel: Die neue EU-Amtshilferichtlinie, IWB 2011, S. 250–260.
(*zit.*: *Gabert*, IWB, 2011, S.)

Geiger, Rudolf/Khan, Daniel-Erasmus/Kotzur, Markus: EUV/AEUV, 6. Auflage 2017.
(*zit.*: *Bearbeiter*, in: Geiger/Khan/Kotzur, EUV/AEUV, Art., Rn.)

Grabitz, Eberhard/Hilf, Meinhard/Nettesheim, Martin: Das Recht der Europäischen Union, Band I EUV/AEUV, Loseblattsammlung, Stand: Oktober 2016 (60. Ergänzungslieferung).
(*zit.*: *Bearbeiter*, in: Grabitz/Hilf, Art., Rn.)

Haase, Florian: Internationales und Europäisches Steuerrecht, 5. Auflage 2017.
(*zit.*: *Haase*, Internationales Steuerrecht, Rn.)

Habermas, Jürgen: Zur Verfassung Europas, 2011.
(*zit.*: *Habermas*, Zur Verfassung Europas, S.)

Haratsch, Andreas/Koenig, Christian/Pechstein, Matthias: Europarecht, 10. Auflage 2016.
(*zit.*: *Haratsch/Koenig/Pechstein*, Europarecht, Rn.)

Hendricks, Michael: Internationale Informationshilfe im Steuerverfahren: Grundlagen, Systematik und Grenzen der informationellen zwischenstaatlichen Rechts- und Amtshilfe, 2004.
(*zit.*: *Hendricks*, Internationale Informationshilfe im Steuerverfahren, S.)

Herdegen, Matthias: Völkerrecht, 16. Auflage 2017.
(*zit.*: *Herdegen*, Völkerrecht, §, Rn.)

Herzog, Roman/Gerken, Lüder: Stoppt den Europäischen Gerichtshof, erschienen in der F.A.Z. vom 8.9.2008.
(*zit.*: *Herzog/Gerken*, Stoppt den Europäischen Gerichtshof, F.A.Z. v. 8.9.2008, S. 8)

Hoffmann, Jürgen: Der maßvolle Gesetzesvollzug im Steuerrecht, 1999 (zugleich Diss., Universität Heidelberg, 1999).
(*zit.*: *Hoffmann*, Der maßvolle Gesetzesvollzug im Steuerrecht, S.)

Huber, Peter: Auslegung und Anwendung der Charta der Grundrechte, NJW 2011, S. 2385–2390.
(*zit.*: *Huber*, NJW 2011, S.)

Hübschmann, Walter/Hepp, Ernst/Spitaler, Armin: Kommentar zur Abgabenordnung und Finanzgerichtsordnung, Stand: Mai 2017 (242. Ergänzungslieferung).
(*zit.*: *Bearbeiter*, in: Hübschmann/Hepp/Spitaler, §, Rn.)

Isensee, Josef: Das Billigkeitskorrektiv des Steuergesetzes – Rechtfertigung und Reichweite des Steuererlasses im Rechtssystem des Grundgesetzes, in: Festschrift für Werner Flume zum 70. Geburtstag, Bd. 2, 1978, Jakobs, Horst Heinrich (Hrsg.), S. 129–149.
(*zit.*: *Isensee*, Das Billigkeitskorrektiv des Steuergesetzes, in: FS Flume, Bd. 2, 1978, S.)

Isensee, Josef/Kirchhof, Paul: Handbuch des Staatsrechts der Bundesrepublik Deutschland.

Band IV, Finanzverfassung – Bundesstaatliche Ordnung, 2. Auflage 1999;

Band V, Rechtsquellen, Organisation, Finanzen, 3. Auflage 2007;

Band VII, Normativität und Schutz der Verfassung – Internationale Beziehungen, 1. Auflage 1992;

Band X, Deutschland in der Staatengemeinschaft, 3. Auflage 2012.
(*zit.*: *Bearbeiter*, Titel, in: HStR Band, Erscheinungsjahr, §, Rn.)

Jacobs, Otto H./Endres, Dieter/Spengel, Christoph (Hrsg.): Internationale Unternehmensbesteuerung, 8. Auflage 2016.
(*zit.*: *Jacobs*, Internationale Unternehmensbesteuerung, S.)

Jarass, Hans: Die Bindung der Mitgliedstaaten an die EU-Grundrechte, NVwZ 2012, S. 457–461.
(*zit.*: *Jarass*, NVwZ 2012, S.)

Jarass, Hans: Die Kompetenzverteilung zwischen der Europäischen Gemeinschaft und den Mitgliedstaaten, AöR 1996, S. 173–199.
(*zit.*: *Jarass*, AöR 1996, S.)

Jatzke, Harald: Das System des deutschen Verbrauchsteuerrechts unter Berücksichtigung der Ergebnisse der Verbrauchsteuerharmonisierung in der Europäischen Union, 1997 (zugleich Diss., Universität Tübingen, 1995/1996).
(*zit.*: *Jatzke*, Das System des deutschen Verbrauchsteuerrechts unter Berücksichtigung der Ergebnisse der Verbrauchsteuerharmonisierung in der Europäischen Union, S.)

Jellinek, Georg: Allgemeine Staatslehre, 1914.
(*zit.*: *Jellinek*, Allgemeine Staatslehre, S.)

Kahl, Wolfgang: Hat die EG die Kompetenz zur Regelung des Allgemeinen Verwaltungsrechts?, NVwZ 1996, S. 865–869.
(*zit.*: *Kahl*, NVwZ 1996, S.)

Kanitz, Ralf/Wendel, Mattias: Gemeinschaftsrechtlich gebotene Grenzen der Bestandskraftdurchbrechung im europäisierten Verwaltungsverfahren? Zur Frage prozessualer Vorbedingungen und zeitlicher Schranken der Überprüfungspflicht bestandskräftiger Verwaltungsakte, EuZW 2008, S. 231–235.
(*zit.*: *Kanitz/Wendel*, EuZW 2008, S.)

Kempermann, Michael: Amtsermittlung, Mitwirkungspflichten und Beweislast bei Auslandssachverhalten, FR 1990, S. 437–442.
(*zit.*: *Kempermann*, FR 1990, S.)

Kirchhof, Paul: 40 Jahre Umsatzsteuergesetz – Eine Steuer im Umbruch, DStR 2008, S. 1–8.
(*zit.*: *P. Kirchhof*, DStR 2008, S.)

Kirchhof, Paul: Besteuerung nach Gesetz, in: Festschrift für Heinrich Wilhelm Kruse zum 70. Geburtstag, S. 17–37.
(*zit.*: *P. Kirchhof*, Besteuerung nach Gesetz, in: FS Kruse, 2001, S.)

Kirchhof, Paul: Das Maastricht-Urteil des Bundesverfassungsgerichts, in: Hommelhoff, Peter/Kirchhof, Paul (Hrsg.), Der Staatenverbund der Europäischen Union, 1994, S. 11–24.
(*zit.*: *P. Kirchhof*, Das Maastricht-Urteil des Bundesverfassungsgerichts, in: Hommelhoff/Kirchhof (Hrsg.), Der Staatenverbund der Europäischen Union, S.)

Kirchhof, Paul: Das Maß der Gerechtigkeit, 2009.
(*zit.*: *P. Kirchhof*, Das Maß der Gerechtigkeit, S.)

Kirchhof, Paul: Der europäische Staatenverbund, in: von Bogdandy, Armin/Bast, Jürgen (Hrsg.), Europäisches Verfassungsrecht, 2. Auflage 2009, S. 1009–1043.
(*zit.*: *P. Kirchhof*, Der europäische Staatenverbund, in: von Bogdandy/Bast (Hrsg.), Europäisches Verfassungsrecht, 2009, S.)

Kirchhof, Paul: Europäische Einigung und der Verfassungsstaat der Bundesrepublik Deutschland, in: Isensee, Josef (Hrsg.), Europa als politische Idee und als rechtliche Form, 1993, S. 63–101.
(*zit.*: *P. Kirchhof*, Europäische Einigung und Verfassungsstaat, in: Isensee, Josef (Hrsg.), Europa als politische Idee und als rechtliche Form, S.)

Kirchhof, Paul: Steuergleichheit, StuW 1984, S. 297–314.
(*zit.*: *P. Kirchhof*, StuW 1984, S.)

Kirchhof, Paul: Steuergleichheit durch Steuervereinfachung, DStJG 21 (1998), S. 9–28.
(*zit.*: *P. Kirchhof*, DStJG 21 (1998), S.)

Klimeck, Lars: Einfluss des europäischen Primärrechts auf das nationale Verfahrensrecht, Münster 2006 (zugleich Diss., Universität Münster, 2005).
(*zit.*: *Klimeck*, Einfluss des europäischen Primärrechts auf das nationale Verfahrensrecht, 2006, S.)

Kobor, Hagen: Kooperative Amtsermittlung im Verwaltungsrecht, 1. Auflage 2009 (zugl. Habil.-Schrift, Universität Augsburg, 2007).
(*zit.*: *Kobor*, Kooperative Amtsermittlung im Verwaltungsrecht, S.)

Koenig, Ulrich: Abgabenordnung, 3. Auflage 2014.
(*zit.*: *Bearbeiter*, in: Koenig, AO, §, Rn.)

Kokott, Juliane/Ost, Hartmut: Europäische Grundfreiheiten und nationales Steuerrecht, EuZW 2011, S. 496–503.
(*zit.*: *Kokott/Ost*, EuZW 2011, S.)

Kopp, Ferdinand: Verfassungsrecht und Verwaltungsverfahrensrecht, 1971.
(*zit.*: *Kopp*, Verfassungsrecht, S.)

Kopp, Ferdinand/Ramsauer, Ulrich: Verwaltungsverfahrensgesetz, 17. Auflage 2016.
(*zit.*: *Kopp/Ramsauer*, VwVfG, §, Rn.)

Kruse, Heinrich Wilhelm: Lehrbuch des Steuerrechts, Bd. 1, Allgemeiner Teil, 1991.
(*zit.*: *Kruse*, Lehrbuch des Steuerrechts, Bd. 1, S.)

Kube, Hanno: EuGH-Rechtsprechung zum direkten Steuerrecht – Stand und Perspektiven: Referat im Rahmen der Vortragsreihe „Rechtsfragen der Europäischen Integration", 2009.
(*zit.*: *Kube*, EuGH-Rechtsprechung zum direkten Steuerrecht – Stand und Perspektiven, S.)

Kube, Hanno: Grenzüberschreitende Verlustverrechnung und die Zuordnung von Verantwortung, IStR 2008, S. 305–312.
(*zit.*: *Kube*, IStR 2008, S.)

Lang, Michael: Die Rechtsprechung des EuGH zu den direkten Steuern, 2007.
(*zit.*: *M. Lang*, Die Rechtsprechung des EuGH zu den direkten Steuern, S.)

Lehner, Moris: Begrenzung der nationalen Besteuerungsgewalt durch die Grundfreiheiten und Diskriminierungsverbote des EG-Vertrages, DStJG 23 (2000), S. 263–285.
(*zit.*: *Lehner*, DStJG 23 (2000), S.)

Lehner, Moris (Hrsg.): Grundfreiheiten im Steuerrecht der EU-Staaten, 2000.
(*zit.*: *Bearbeiter*, in: Lehner (Hrsg.), Grundfreiheiten im Steuerrecht der EU-Staaten, 2000, S.)

Lenaerts, Koen: Die Entwicklung der Rechtsprechung des Gerichtshofs der Europäischen Gemeinschaften auf dem Gebiet der direkten Besteuerung, EuR 2009, S. 728–748.
(*zit.*: *Lenaerts*, EuR 2009, S.)

Lerche, Peter: „Kompetenz-Kompetenz" und das Maastricht-Urteil des Bundesverfassungsgerichts, in: Verfassungsrecht im Wandel. Zum 180jährigen Bestehen der Carl Heymanns Verlag KG, 1995, S. 409–424.
(*zit.*: *Lerche*, „Kompetenz-Kompetenz" und das Maastricht-Urteil des Bundesverfassungsgerichts, in: Verfassungsrecht im Wandel. Zum 180jährigen Bestehen der Carl Heymanns Verlag KG, S.)

Lieb, Julia/Maurer, Andreas (Hrsg.): Der Vertrag von Lissabon (Kurzkommentar), 3. Auflage 2009.
(*zit.*: *Bearbeiter*, in: Lieb/Maurer (Hrsg.), Der Vertrag von Lissabon, S.)

Meickmann, Till: Verfahrensrechtliche Probleme bei der Besteuerung grenzüberschreitender Sachverhalte – Gemeinsame Betriebsprüfungen als Lösungsmodell, IStR 2014, S. 591–596.
(*zit.*: *Meickmann*, IStR 2014, S.)

Meyer, Jürgen: Charta der Grundrechte der Europäischen Union, 4. Auflage 2014.
(*zit.*: *Bearbeiter*, in: Meyer, Charta der Grundrechte der Europäischen Union, Art., Rn.)

Merten, Detlef: Die Subsidiarität Europas, 2. Auflage 1994.
(*zit.*: *Merten*, Die Subsidiarität Europas, S.)

Möllenbeck, Claus: Das Verhältnis der EG-Amtshilfe zu den erweiterten Mitwirkungspflichten bei internationalen Steuerfällen, 2010 (zugleich Diss., Universität Bochum, 2009).
(*zit.*: *Möllenbeck*, Das Verhältnis der EG-Amtshilfe zu den erweiterten Mitwirkungspflichten bei internationalen Steuerfällen, S.)

Mosiek, Marcus: Effet utile und Rechtsgemeinschaft – Zugleich ein Beitrag zur Kompetenzordnung der Europäischen Gemeinschaft, 2003 (zugleich Diss., Universität Köln, 2003).
(*zit.*: *Mosiek*, Effet utile und Rechtsgemeinschaft, S.)

Müller-Franken, Sebastian: Maßvolles Verwalten, 2004.
(*zit.*: *Müller-Franken*, Maßvolles Verwalten, S.)

Nettesheim, Martin: Kompetenzen, in: von Bogdandy, Armin/Bast, Jürgen (Hrsg.), Europäisches Verfassungsrecht, 2. Auflage 2009, S. 389–439.
(*zit.*: *Nettesheim*, Kompetenzen, in: von Bogdandy/Bast (Hrsg.), Europäisches Verfassungsrecht, 2009, S.)

Nicolaysen, Gert: Die gemeinschaftsrechtliche Begründung von Grundrechten, EuR 2003, S. 719–743.
(*zit.*: *Nicolaysen*, EuR 2003, S.)

Nicolaysen, Gert: Zur Theorie von den Implied Powers in den Europäischen Gemeinschaften, EuR 1966, S. 129–142.
(*zit.*: *Nicolaysen*, EuR 1966, S.)

Oertel, Eva/Merx, Michael/Reimann, Ellen: Das Internationale Steuerzentrum – Eine Plattform für effiziente internationale Verwaltungszusammenarbeit, ISR 2015, S. 153–155.
(*zit.*: *Oertel/Merx/Reimann*, ISR 2015, S.)

Oppermann, Thomas/Classen, Dieter/Nettesheim, Martin: Europarecht, 7. Auflage 2016.
(*zit.*: *Oppermann/Classen/Nettesheim*, Europarecht, S.)

Pache, Eckhard/Rösch, Franziska: Die neue Grundrechtsordnung der EU nach dem Vertrag von Lissabon, EuR 2009, S. 769–789.
(*zit.*: *Pache/Rösch*, EuR 2009, S.)

Pernice, Ingolf: Die Dritte Gewalt im europäischen Verfassungsverbund, EuR 1996, S. 27–43.
(*zit.*: *Pernice*, EuR 1996, S.)

Pernice, Ingolf: Kompetenzabgrenzung im Europäischen Verfassungsverbund, JZ 2000, S. 866–876.
(*zit.*: *Pernice*, JZ 2000, S.)

Pestalozza, Christian: Der Untersuchungsgrundsatz, in: Schmitt Glaeser, Walter (Hrsg.): Verwaltungsverfahren, Festschrift zum 50jährigen Bestehen des Richard Boorberg Verlags, 1977, S. 185–204.
(*zit.*: *Pestalozza*, Der Untersuchungsgrundsatz, in: FS für R. Boorberg Verlag, 1977, S.)

Pezzer, Heinz-Jürgen: Gleichmäßiger Gesetzesvollzug in der Steuerrechtsordnung, StuW 2007, S. 101–111.
(*zit.*: *Pezzer*, StuW 2007, S.)

Saenger, Ingo: Handkommentar zur ZPO, 7. Auflage 2017.
(*zit.*: *Bearbeiter*, in Saenger, Handkommentar zur ZPO, §, Rn.)

Schaumburg, Harald: Internationales Steuerrecht, 4. Auflage 2017.
(*zit.*: *Schaumburg*, Internationales Steuerrecht, S.)

Schaumburg, Harald/Englisch, Joachim: Europäisches Steuerrecht, 2015.
(*zit.*: *Schaumburg/Englisch*, Europäisches Steuerrecht, S.)

Schnitger, Arne: Die erweiterte Mitwirkungspflicht und ihre gemeinschaftsrechtlichen Grenzen, BB 2002, S. 332–338.
(*zit.*: *Schnitger*, BB 2002, S.)

Schön, Wolfgang/Beck, Karin E.M. (Hrsg.): Zukunftsfragen des deutschen Steuerrechts, 2009.
(*zit.*: *Bearbeiter*, in: Schön/Beck (Hrsg.), Zukunftsfragen des deutschen Steuerrechts, 2009, S.)

Schulze, Reiner/Zuleeg, Manfred/Kadelbach, Stefan (Hrsg.): Europarecht, 3. Auflage 2015.
(*zit.*: *Bearbeiter*, in: Schulze/Zuleeg/Kadelbach, Europarecht, §, Rn.)

Seer, Roman: Verständigungen in Steuerverfahren, 1996.
(*zit.*: *Seer*, Verständigungen in Steuerverfahren, S.)

Seiler, Christian: Steuerstaat und Binnenmarkt, in: Staat im Wort, Festschrift für Josef Isensee, 2007, S. 875–895.
(*zit.*: *Seiler*, Steuerstaat und Binnenmarkt, in: FS Isensee, 2007, S.)

Seyr, Sibylle: Der *effet utile* in der Rechtsprechung des EuGH, 2008 (zugleich Diss., Universität Göttingen, 2006/2007).
(*zit.*: *Seyr*, Der *effet utile* in der Rechtsprechung des EuGH, S.)

Spensberger, Erich/Steiner, Gerhard: Grenzüberschreitende Betriebsprüfungen - Praktische Erfahrungen mit Österreich, ISR 2015, S. 156–162.
(*zit.*: *Spensberger/Steiner*, ISR 2015, S.)

Staringer, Claus: Steuervollzug bei grenzüberschreitenden Sachverhalten, DStJG Band 31 (2008), S. 135–157.
(*zit.*: *Staringer*, DStJG 31 (2008), S.)

Stelkens, Paul/Bonk, Heinz Joachim/Sachs, Michael: Verwaltungsverfahrensgesetz, 8. Auflage 2014.
(*zit.*: *Bearbeiter*, in: Stelkens/Bonk/Sachs, VwVfG, §, Rn.)

Streinz, Rudolf: Europarecht, 10. Auflage 2016.
(*zit.*: *Streinz*, Europarecht, Rn.)

Terhechte, Jörg Philipp: Verwaltungsrecht der Europäischen Union, 2011.
(*zit.*: *Bearbeiter*, in: Terhechte, Verwaltungsrecht der Europäischen Union, §, Rn.)

Tiedtke, Klaus/Mohr, Martin: Die Grundfreiheiten als zulässiger Maßstab für die direkten Steuern, EuZW 2008, S. 424–428.
(*zit.*: *Tiedtke/Mohr*, EuZW 2008, S.)

Tipke, Klaus: Die Steuerrechtsordnung, Bd. 1, Wissenschaftsorganisatorische, systematische und grundrechtlich-rechtsstaatliche Grundlagen, 2. Auflage 2000.
(*zit.*: *Tipke*, StRO I, S.)

Tipke, Klaus: Zwischen materiellem Steuerrecht und Steuerverfahrensrecht, StuW 2004, S. 3–23.
(*zit.*: *Tipke*, StuW 2004, S.)

Tipke, Klaus/Kruse, Heinrich Wilhelm: Kommentar zur AO und FGO, Loseblattsammlung, Stand: April 2017 (148. Ergänzungslieferung).
(*zit.*: *Bearbeiter*, in: Tipke/Kruse, AO/FGO, §, Rn.)

Tipke, Klaus/Lang, Joachim: Steuerrecht, 22. Auflage 2015.
(*zit.*: *Bearbeiter*, in: Tipke/Lang, Steuerrecht, §, Rn.)

Triantafyllou, Dimitris: Auf dem Wege zur Koordinierung der direkten Steuern in der EG?, EuR 2007, S. 671–682.
(*zit.*: *Triantafyllou*, EuR 2007, S.)

Valta, Stefanie: Grundfreiheiten im Kompetenzkonflikt, 2013 (zugleich Diss., Universität Heidelberg, 2011).
(*zit.*: *Valta*, Grundfreiheiten im Kompetenzkonflikt, S.)

Vogel, Klaus/Lehner, Moris: Doppelbesteuerungsabkommen der Bundesrepublik Deutschland auf dem Gebiet der Steuern vom Einkommen und Vermögen, 6. Auflage 2015.
(*zit.*: *Bearbeiter*, in: Vogel/Lehner, DBA, Art., Rn.)

von Danwitz, Thomas: Europäisches Verwaltungsrecht, 2008.
(*zit.*: *von Danwitz*, Europäisches Verwaltungsrecht, S.)

Wieland, Joachim: Der EuGH im Spannungsverhältnis zwischen Rechtsanwendung und Rechtsgestaltung, NJW 2009, S. 1841–1845.
(*zit.*: *Wieland*, NJW 2009, S.)

Winterhoff, Christian: Steuerverfahrensrecht und tatsächliche Belastungsgleichheit, 2004 (zugleich Diss., Universität Göttingen, 2004).
(*zit.*: *Winterhoff*, Steuerverfahrensrecht, S.)

Wittmann, Rolf: Mitwirkungspflicht und Aufklärungspflicht in der AO, StuW 1987, S. 35–50.
(*zit.*: *Wittmann*, StuW 1987, S.)

Zippelius, Reinhold: Allgemeine Staatslehre, 16. Auflage 2010.
(*zit.*: *Zippelius*, Allgemeine Staatslehre, S.)

Zorn, Nikolaus/Twardosz, Benjamin: Gemeinschaftsgrundrechte und Verfassungsgrundrechte im Steuerrecht, DStR 2007, S. 2185–2194.
(*zit.*: *Zorn/Twardosz*, DStR 2007, S.)

www.ingramcontent.com/pod-product-compliance
Ingram Content Group UK Ltd.
Pitfield, Milton Keynes, MK11 3LW, UK
UKHW021853290926
8980IPUK00005B/813

9 783631 738450